Der schönste
Name für Dich

Ines Schill

Der schönste Name für Dich

4000 Vornamen
für Mädchen und Jungen

Bassermann

Kurze Geschichte der Vornamen

Als die Menschen noch in Sippen und kleinen Gruppen zusammenlebten, genügte ein einziger Name, um jede Person eindeutig anzusprechen. Verwechslungen waren ausgeschlossen. Viele von diesen Namen sind durch historische Quellen überliefert, die meisten sind heute allerdings ungebräuchlich.

Unsere Vorfahren hatten eine Vorliebe für zweigliedrige Namen, die ursprünglich eine Sinneinheit darstellten. Adalbert beispielsweise besteht aus »adal« (edel, vornehm) und »beraht« (glänzend), also sinngemäß »von glänzender Abstammung«. Aus diesem Namen entwickelten sich im Laufe der Zeit viele Kurz- und Nebenformen, von denen einige bis heute gebräuchlich sind (wie etwa Albert, Albrecht, Bert). Diese Sinneinheit der Namen ging aber schon sehr früh verloren, da es Sitte wurde, die Namen der Kinder beliebig zusammenzusetzen. Dabei griff man häufig auf jeweils einen Namensbestandteil des Vaters und der Mutter zurück. Die so entstandenen Namen ließen sich zwar noch in ihren Bestandteilen deuten, bildeten aber keine Sinneinheit mehr.

Für die Zeit zwischen etwa 750 und 1080 lassen Urkunden bereits auf etwa tausend in unserem Sprachraum gebräuchliche Namen schließen. Die ständig wachsende Bevölkerung machte es etwa ab dem 12. Jahrhundert erforderlich, den einzelnen Personen zur besseren Unterscheidung einen Beinamen zuzuordnen. Dabei griff man zunächst auf Berufsbezeichnungen zurück, von denen sich viele bis heute erhalten haben, beispielsweise Müller, Richter oder Schulze. So entwickelten sich allmählich unsere heutigen Familiennamen.

Zu dieser Zeit drangen auch vereinzelt Vornamen aus fremden Sprachbereichen in den deutschen Sprachraum ein. Andere Vornamen wurden der Bibel entnommen wie etwa Adam, Eva, Judith, Daniel, Andreas, Johannes, Stephan, Elisabeth und Michael. Im 13. Jahrhundert wurde es dann üblich, jedem Kind einen Namenspatron zur Seite zu stellen. So blieben bis heute neben den biblischen auch viele altdeutschen Namen erhalten, die an Märtyrer und Heilige erinnern.

Im Mittelalter waren fremde Namen nichtkirchlicher Herkunft nahezu ausschließlich Frauennamen. Sie wurden im deutschen Sprachraum meist durch die Heirat von Adligen mit den Töchtern ausländischer Herrscherhäuser bekannt; volkstümlich wurden sie freilich nie (wie zum Beispiel Beatrix). Im 16. Jahrhundert wurden von humanistischen Gelehrten verstärkt Namen des griechischen und römischen Altertums übernommen. Aber auch solche Namen fanden keine besondere Verbreitung, ausgenommen vielleicht die Namen August (Augustus) und Julius. Diese wurden von den Fürstenhäusern Sachsens, Thüringens und Braunschweigs aufgegriffen und dadurch später auch im Volk weit verbreitet. In der Zeit des Humanismus wurden auch alte deutsche Namen, die fast vergessen schienen, neu belebt. Außerdem gewannen die Doppelnamen eine immer größere Bedeutung. Damit wurde es möglich, den Namen des Vaters, der Mutter oder der Taufpaten mit auf den Lebensweg zu geben, ohne ihn jedoch als Rufnamen erscheinen zu lassen. Die Sitte der Doppelnamen hat sich bis heute erhalten, wenn auch nicht mehr in der ursprünglichen Absicht.

In der Zeit des Pietismus (17./18. Jahrhundert) drückte sich das fromme Lebensgefühl auch in der Neubildung von Vornamen aus. Beispiele hierfür sind Christlieb, Gotthold, Gottlieb, Leberecht und Traugott. Diese Namen sind heute zwar noch bekannt, spielen bei der Namenswahl jedoch kaum noch eine Rolle. Gleichzeitig gewannen durch den Einfluss der Literatur allmählich immer mehr fremde Namen im deutschen Sprachraum an Bedeutung und blieben zum großen Teil bis heute erhalten.

Im 19. Jahrhundert wurden durch die romantische Literatur, die Ritter- und Räuberdichtung sehr viele alte deutsche Namen neu belebt, und zu Beginn des 20. Jahrhunderts wurden die unzähligen Zeitungs- und Zeitschriftenromane oft zur Quelle der Namenswahl.

Heute steht den werdenden Eltern eine Fülle von deutschen und ausländischen Namen zur Verfügung, die mit den vielen Kurz-, Neben- und Koseformen kaum noch zu überblicken ist.

Verbreitung von Vornamen

Einen »Xaver« wird man sich unwillkürlich mit einer bayrischen Heimat vorstellen, während man eine »Frauke« wohl eher in Norddeutschland vermutet. Zwar hat die Entwicklung zur modernen Industrie- und Mediengesellschaft viele regionale und landschaftliche Eigenarten und Besonderheiten verwischt und verblassen lassen, trotzdem sind die gebräuchlichen Vornamen nicht gleichmäßig über das deutsche Sprachgebiet verteilt. Eine Ursache für diese unterschiedliche Verbreitung ist die Glaubensreformation im 16. Jahrhundert. In den reformierten Gegenden wurden die katholischen Heiligennamen gemieden und eher biblische Namen – gefördert durch die Bibelübersetzung Luthers – bevorzugt. So kommt es, dass lange

Zeit Namen wie Anton, Joseph oder Therese im Süden und Westen wesentlich geläufiger waren als typisch protestantische Namen wie Gustav, Christian und Joachim.

Ein zweiter Grund ist die Namensgebung nach den herrschenden Fürstenfamilien. Für manchen Friedrich, Georg, Wilhelm, Philipp oder Gustav vergangener Zeiten mag der Landesvater das Namensvorbild gewesen sein. Schließlich macht sich in den Randgebieten des deutschen Sprachraums der nachbarschaftliche Einfluss bemerkbar: Jens und Lars in Schleswig-Holstein zeigen die Nähe zu den skandinavischen Ländern, Jan und Milan im ostdeutschen Sprachraum erinnern an die slawischen Nachbarn, und wenn ein Georg im Südwesten »Schorsch« gerufen wird, so ist das eine eingebürgerte Eindeutschung des entsprechenden französischen Vornamens.

Beliebte Vornamen der Gegenwart

Vergleicht man die Vornamensstatistiken aus mehreren Jahrzehnten miteinander, so fallen einerseits Namen auf, die als Ausdruck des jeweiligen Zeitgeschmacks gelten können, andererseits zeigt sich, dass Eltern über Generationen hinweg viel beständiger und »konservativer« sind, als man das vielleicht annehmen mag.

Auch heute gilt: Schlagerwettbewerbe, Fernsehserien und Wimbledon-Siege ziehen keinen Vornamen-Boom nach sich und beeinflussen die langfristigen Trends kaum.

Bei den Jungen waren in den vergangenen zehn Jahren Lukas, Niklas, Tim und Philipp regelmäßig unter den zehn beliebtesten; neu aufgekommen sind Leon, Jonas und Paul. Bei den Mädchen hielten sich Laura, Sarah, Julia und Katharina am beständigsten, während in den letzten Jahren vor allem Hanna und Lisa an Beliebtheit gewannen. Die folgenden Vornamen waren 2006 und 2007 in Deutschland die Spitzenreiter:

Die beliebtesten Vornamen 2006

Jungen
1. Alexander
2. Maximilian
3. Leon
4. Lukas / Lucas
5. Luca
6. Paul
7. Jonas
8. Felix
9. Tim
10. David

Mädchen
1. Marie
2. Sophie / Sofie

3. Maria
4. Anna/Anne
5. Leonie
6. Lena
7. Emily
8. Lea/Leah
9. Julia
10. Laura

Die beliebtesten Vornamen 2007

Jungen
1. Leon
2. Maximilian
3. Alexander
4. Lukas/Lucas
5. Paul
6. Luca
7. Tim
8. Felix
9. David
10. Elias

Mädchen
1. Marie
2. Sophie/Sofie
3. Maria
4. Anna/Anne
5. Leonie
6. Lena
7. Emily
8. Johanna
9. Laura
10. Lea/Leah

Noch ein kurzer Blick auf die Situation in Österreich und der Schweiz: Der Vergleich mit der österreichischen Vornamensgebung zeigt eine weitgehende Übereinstimmung mit der deutschen Beliebtheitsskala.

Besonders beliebte Jungennamen waren Daniel, Alexander, Florian, Lukas und Maximilian. Bei den Mädchennamen kamen Julia, Katharina, Sophie, Sarah, Anna und Lisa auf die Spitzenplätze.

In der Schweiz – so könnte man vermuten – spielt die Vielsprachigkeit des Landes auch bei der Namensgebung eine Rolle und der Blick auf die Statistik bestätigt dies, zeigt aber auch wieder Gemeinsamkeiten mit den beiden deutschsprachigen Nachbarn. Der andere Sprach- und Kulturkreis äußert sich in der Bevorzugung von Namen wie David, Simon, Luca, Pascal und Marco, während Michael, Daniel, Patrick und Nicolas wieder sehr bekannt klingen. Ähnlich verhält es sich bei den Mädchennamen: Jessica, Vanessa und Lea werden in der Eidgenossenschaft häufiger gewählt, während Sarah, Maria, Laura und Julia von Schweizer Eltern ebenso bevorzugt werden wie von österreichischen und deutschen.

Hinweise zur Namenswahl

Bedenken Sie, dass Ihr Kind mit seinem Vornamen ein ganzes Leben lang auskommen muss! Wenn der Name erst einmal vom Standesbeamten in das Geburtsregister eingetragen ist, gibt es fast keinen Weg mehr, um ihn zu ändern. (Günstig ist es, wenn Sie sowohl den ausgewählten Mädchen- als auch den Jungennamen in der gewünschten Schreibweise auf einem Zettel notieren und ihn mit zur Entbindung in die Klinik oder auch zum Standesamt mitnehmen. Das vermeidet Missverständnisse und Ärger.) Nachfolgend sind ein paar Gesichtspunkte zusammengestellt, die die Namenswahl etwas erleichtern sollen:

Bedenken Sie, dass Sie in erster Linie nicht Ihre Wünsche, sondern die Interessen Ihres Kindes berücksichtigen sollten.

Vermeiden Sie stark landschaftlich geprägte Namen. So kann zum Beispiel Sepp in Bayern sehr schön und geläufig sein, aber wenn er später in Hamburg lebt, wird er sicherlich oft der Anlass von Bayern-Witzen werden.

Wählen Sie keinen langen Vornamen bei langem Familiennamen; dasselbe gilt für kurze Vornamen bei kurzen Familiennamen.

Vor- und Familienname sollten aufeinander abgestimmt sein und zu einem harmonischen Wechsel von betonten und unbetonten Silben führen (Beate Seuberlich).

Vor- und Familienname sollten sich nicht reimen. So ist beispielsweise bei einer Grete Bethe der Spott schon vorprogrammiert.

Der Vorname sollte anders auslauten als der Familienname anlautet (also nicht: Hannes Sütz).

Vorsicht bei der Wahl fremder und ausgefallener Vornamen! Eltern sind vielleicht stolz auf den »besonderen« Namen oder die »besondere« Schreibweise, für das Kind jedoch kann dieser Name eine Belastung werden.

Lassen Sie auch Vorsicht bei der Wahl von Namen walten, mit denen literarische oder historische Personen assoziiert werden. So denkt man bei einer Brunhilde sicher an eine Walküre, bei Aida an Verdi und bei Romeo an Shakespeare.

Wenn Sie Ihrem Kind zwei Vornamen mit auf den Lebensweg geben möchten, so ist die getrennte Schreibung zu empfehlen. Zusammen sollten sie nur geschrieben werden, wenn beide Namen kurz und in einem Hauptton gesprochen werden, wie etwa bei Hansjürgen oder Annemarie. Enge Namenspaare kann man natürlich auch mit einem Bindestrich verbinden, wie bei Karl-Heinz oder Klaus-Peter.

Namensrechtliche Bestimmungen

Heute haben die Eltern die freie Wahl des Vornamens für ihr Kind. Dieses Recht ist im Bürgerlichen Gesetzbuch verankert und wird geregelt durch die Dienstanweisung für die Standesbeamten und ihrer Aufsichtsbehörden (Ausgabe 1968, geänderte Fassung 1971, 1975 und 1981). In dieser Dienstanweisung wird die Anzeige der Geburt, die Schreibweise der Vornamen, die nachträgliche Anzeige der Vornamen und die Änderung von Namen und Vornamen geregelt.

Nachfolgend die wichtigsten Bestimmungen aus dieser Dienstanweisung:

– Das Recht zur Erteilung der Vornamen ergibt sich aus der Personensorge. Bei ehelichen Kindern steht dieses den Eltern gemeinsam zu, bei nichtehelichen Kindern steht das Recht der Mutter zu.

– Die Schreibweise der Vornamen richtet sich nach den allgemeinen Regeln der Rechtschreibung, ausgenommen ist die ausdrücklich gewünschte andere Schreibweise eines Vornamens.

– Das Geschlecht des Kindes muss aus dem Namen eindeutig erkennbar sein. Wenn dies nicht der Fall ist, zum Beispiel »Kai«, muss ein eindeutiger Zweitname vergeben werden.

– Vornamen fremder Kulturen müssen wie in ihrem Herkunftsland geschrieben oder nach den Lautregeln der deutschen Rechtschreibung übertragen werden.

– Der Gesetzgeber verbietet, dem Kind einen lächerlichen oder verunglimpfenden Vornamen zu geben. Des Weiteren dürfen Bezeichnungen, die ihrem Wesen nach keine Vornamen sind, nicht eingetragen werden. Diese Bestimmung wird aber schon seit einiger Zeit nicht mehr so eng ausgelegt. So wurden zum Beispiel als weibliche Vornamen »Birke«, »Flora«, »Viola«, »Jasmin«, »Europa« und »Germania« und als männlicher Vorname beispielsweise »Oleander« zugelassen. Außerdem wurden »Pumuckl« und »Winnetou« von Eltern als männliche Zweitnamen gerichtlich erstritten. Verboten sind aber Standesbezeichnungen wie »Princess«, »Graf« und »Earl«. In Deutschland ebenfalls nicht zugelassen sind »Jesus« und »Christus«, obwohl diese in anderen Kulturkreisen geläufige Vornamen sind.

– Verboten sind auch Vornamen, die mit Produkt- und Firmennamen identisch sind wie zum Beispiel »Audi« und »Siemens«. Außerdem sind negativ behaftete biblische Vornamen wie zum Beispiel »Satan«, »Kain« und »Judas« nicht erlaubt. Kosenamen wie zum Beispiel »Puschel« oder »Maxerl« werden in der Regel ebenfalls nicht zugelassen.

– Die Anzahl der Vornamen wird meist auf fünf beschränkt. Mehrere Vornamen dürfen durch Bindestriche gekoppelt werden, Kommas dagegen sind unzulässig.

– Doppelnamen mit Bindestrich, zum Beispiel »Klaus-Georg«, die im Geburtseintrag so verzeichnet sind, müssen auch mit dem Bindestrich in allen amtlichen Dokumenten (zum Beispiel bei einer Unterschrift) erscheinen.

Verzeichnis der verwendeten Abkürzungen

ägypt.	ägyptisch	finn.	finnisch
ahd.	althochdeutsch	fläm.	flämisch
altengl.	altenglisch	fränk.	fränkisch
altfranzös.	altfranzösisch	französ.	französisch
altisländ.	altisländisch	fries.	friesisch
altnord.	altnordisch		
altruss.	altrussisch	gäl.	gälisch
altsächs.	altsächsisch	geb.	geboren
amerikan.	amerikanisch	german.	germanisch
angelsächs.	angelsächsisch	got.	gotisch
arab.	arabisch	griech.	griechisch
aram.	aramäisch		
argentin.	argentinisch	hebr.	hebräisch
		hess.	hessisch
balt.	baltisch		
bask.	baskisch	ind.	indisch
bayr.	bayrisch	iran.	iranisch
belg.	belgisch	israel.	israelisch
böhm.	böhmisch	italien.	italienisch
breton.	bretonisch		
bulgar.	bulgarisch	Jh.	Jahrhundert
byzantin.	byzantinisch	jüd.	jüdisch
		jugosl.	jugoslawisch
chilen.	chilenisch		
		kelt.	keltisch
dän.	dänisch	kolumbian.	kolumbianisch
		kuban.	kubanisch
elsäss.	elsässisch		
engl.	englisch	lapp.	lappländisch
estn.	estnisch	lat.	lateinisch
etrusk.	etruskisch	lett.	lettisch
		libanes.	libanesisch

litau.	litauisch	röm.	römisch
luxemburg.	luxemburgisch	rumän.	rumänisch
		russ.	russisch
männl.	männlich		
mazedon.	mazedonisch	sächs.	sächsisch
mexikan.	mexikanisch	schles.	schlesisch
mhd.	mittelhochdeutsch	schott.	schottisch
mittelniederd.	mittelniederdeutsch	schwed.	schwedisch
monegass.	monegassisch	schweiz.	schweizerisch
		serbokroat.	serbokroatisch
nhd.	neuhochdeutsch	sibir.	sibirisch
niederd.	niederdeutsch	skand.	skandinavisch
niederländ.	niederländisch	slaw.	slawisch
nord.	nordisch	slowak.	slowakisch
nordfries.	nordfriesisch	sorb.	sorbisch
normann.	normannisch	sowjet.	sowjetisch
norweg.	norwegisch	span.	spanisch
		St.	Sankt
oberd.	oberdeutsch		
österr.	österreichisch	tschech.	tschechisch
ostfries.	ostfriesisch		
		ungar.	ungarisch
pers.	persisch		
poln.	polnisch	v. Chr.	vor Christus
portug.	portugiesisch	Vorn.	Vorname
preuß.	preußisch		
		walis.	walisisch
rätoroman.	rätoromanisch	weibl.	weiblich
rhein.	rheinisch		

A

Aaltje weibl., fries. und niederländ. Form von Adelheid

Aaron männl., aus der Bibel übernommener Vorn. hebr. Ursprungs, »Bergbewohner, Erleuchteter«. In der Bibel ist Aaron der ältere Bruder von Moses. *Weitere Formen:* Aron

Abel männl., aus der Bibel übernommener Vorn. hebr. Ursprungs, »Hauch, Vergänglichkeit«; im Mittelalter galt Abel auch als Kurzform von Albrecht und Adalbert. In der Bibel ist Abel der zweite Sohn von Adam und Eva, der von seinem Bruder Kain erschlagen wird.

Abelke weibl., fries. Kurzform von Vorn. mit »Adal-«, vor allem von Adalberta

Abelone weibl., dän. und norweg. Form von Apollonia

Abigail weibl., aus der Bibel übernommener Vorn., »Vaterfreude«. In der Bibel ist Abigail die Frau (oder Schwester?) von König David.

Abo männl., Kurzform von Adalbert. *Weitere Formen:* Abbo, Abbe

Abraham männl., aus der Bibel übernommener Vorn. hebr. Ursprungs, »erhabener Vater, Vater der Menge«. *Weitere Formen:* Abi; Abe, Bram (engl.); Äbi (schweiz.); Ibrahim (arab.). *Bekannter Namensträger:* Abraham Lincoln, amerikan. Präsident

Absalon männl., aus der Bibel übernommener Vorn. hebr. Ursprungs, »Vater des Friedens«. In der Bibel ist Absalon der Sohn von König David. *Weitere Formen:* Absalom; Axel (schwed.)

Achill männl., griech.; Bedeutung unklar. In der griech. Mythologie ist Achill der Held von Troja. *Weitere Formen:* Achilles

Achillina weibl. Form von Achill

Achim männl., Kurzform von Joachim. *Bekannter Namensträger:* Achim von Arnim, deutscher Dichter

Achmed männl., arab., »lobenswert«. *Andere Formen:* Ahmed

Ada weibl., Kurzform von Vorn., die mit »Adal-«, »Adel-« oder »Adar-« zusammengesetzt sind. *Weitere Formen:* Adda

Adalbert männl., aus dem ahd. »adal« (edel, vornehm) und »beraht« (glänzend). *Weitere Formen:* Adelbert, Adalbrecht, Adelbrecht, Edelbert,

Abo, Albrecht, Albert, Elbert, Abel, Bert, Brecht, Abbe; Apke (fries.); Adalberto (italien.). *Bekannte Namensträger:* Adalbert von Chamisso, deutscher Dichter; Adalbert Stifter, österr. Schriftsteller. *Namenstag:* 20. Juni

Adalberta weibl. Form von Adalbert. *Weitere Formen:* Adalberte

Adalbrecht männl., Nebenform von Adalbert

Adalfried männl., aus dem ahd. »adal« (edel, vornehm) und »fridu« (Friede). *Weitere Formen:* Alfried

Adalfriede weibl., Nebenform von Adelfriede

Adalgard weibl., aus dem ahd. »adal« (gut, edel) und »gard« (Schutz). *Weitere Formen:* Edelgard

Adalger männl., aus dem ahd. »adal« (edel, vornehm) und »ger« (Speer). *Weitere Formen:* Aldeger, Aldiger

Adalgunde weibl., aus dem ahd. »adal« (edel, vornehm) und »gund« (Kampf): *Weitere Formen:* Adalgundis, Aldegunde, Algonde, Algunde

Adalgundis weibl., Nebenform von Adalgunde

Adalhard männl., aus dem ahd.

»adal« (edel, vornehm) und »harti« (hart). *Weitere Formen:* Adalhart

Adalhart männl., Nebenform von Adalhard

Adalhelm männl., aus dem ahd. »adal« (edel, vornehm) und »helm« (Helm)

Adalie weibl., Kurzform von Vorn., die mit »Adal-« zusammengesetzt sind, und von Adelheid

Adalmar männl., aus dem ahd. »adal« (edel, vornehm) und »mari« (berühmt). *Weitere Formen:* Adelmar

Adalrich männl., aus dem ahd. »adal« (edel, vornehm) und »rihhi« (reich, mächtig). *Weitere Formen:* Adelrich, Alderich

Adalwin männl., aus dem ahd. »adal« (edel, vornehm) und »wini« (Freund). *Weitere Formen:* Adelwin, Alwin

Adam männl., aus der Bibel übernommener Vorn. hebr. Usprungs, »Mann aus roter Erde«. In der Bibel ist Adam der Stammvater aller Menschen. *Bekannte Namensträger:* Adam Riese, deutscher Rechenpädagoge; Adam Opel, deutscher Industrieller; Adam Ant, engl. Popmusiker

Adelaide weibl., französ. Form von Adelheid

Adelbert, Adelbrecht männl., Nebenformen von Adalbert

Adele weibl., Nebenform von Adelheid. *Weitere Formen:* Adela; Adely (engl.). *Bekannte Namensträgerinnen:* Adele Schopenhauer, deutsche Schriftstellerin; Adele Sandrock, deutsche Schauspielerin

Adelfriede weibl. Form von Adalfried. *Weitere Formen:* Adalfriede

Adelgunde weibl., aus dem ahd. »adal« (edel, vornehm) und »gund« (Kampf)

Adelheid weibl., aus dem ahd. »adal« (edel, vornehm) und »heit« (Wesen, Art). Im Mittelalter war der Name durch die Verehrung der Heiligen Adelheid, Gattin von Otto dem Großen und Regentin für Otto III., sehr beliebt. *Andere Formen:* Adele, Adalie, Adeline, Alheit, Alida, Heide, Heidi, Lida; Aaltje, Aletta, Ailke, Alita, Altje, Elke, Lida, Tale, Tela, Tida, Talida, Talika, Teida (fries., niederländ.); Alice (engl.); Adelaide (französ.); Talesia (bask.). *Namenstag:* 16. Dezember

Adelhilde weibl., aus dem ahd. »adal« (edel, vornehm) und »hiltja« (Kampf)

Adelina weibl., Nebenform von Adeline

Adeline weibl., Nebenform von Adelheid. *Weitere Formen:* Adelina

Adellinde weibl., aus dem ahd. »adal« (edel, vornehm) und »linta« (Schutzschild aus Lindenholz)

Adelmute weibl., aus dem ahd. »adal« (edel, vornehm) und »muot« (Geist, Gemüt). *Weitere Formen:* Almut, Almud, Almoda, Almod, Almundis

Adelrune weibl., aus dem ahd. »adal« (edel, vornehm) und »runa« (Geheimnis)

Adeltraud weibl., aus dem ahd. »adal« (edel, vornehm) und »trud« (Kraft, Stärke). *Weitere Formen:* Adeltrud, Edeltraud

Adeltrud weibl., Nebenform von Adeltraud

Adelwin männl., aus dem ahd. »adal« (edel, vornehm) und »wini« (Freund)

Adi männl., Kurzform von Adolf. *Weitere Formen:* Adje, Addi

Adina weibl., aus der Bibel übernommener Vorn. hebr. Ursprungs, »weich, zart, schlank«, oder Kurzform von Vorn. mit »Adal«. *Weitere Formen:* Dina

Adna weibl., Nebenform von Edna

Ado männl., Kurzform von Adolf

Adolar männl., aus dem ahd. »adal« (edel, vornehm) und »aro« (Adler). *Weitere Formen:* Adelar, Udelar

Adolf männl., aus dem ahd. »adal« (edel, vornehm) und »wolf« (Wolf). Durch den Schwedenkönig Gustav Adolf war der Name weit verbreitet. Seit Adolf Hitler wird der Name gemieden. *Andere Formen:* Ado, Adi, Alf, Dolf; Adolph (engl.); Adolphe (franzòs.); Adolfo, Ezzo (italien.). *Namenstag:* 13. Februar

Adolfa weibl. Form von Adolf. *Weitere Formen:* Adolfina, Adolfine

Adolfina weibl., Nebenform von Adolfa

Adolfo männl., italien. Form von Adolf

Adolph männl., engl. Form von Adolf. *Bekannter Namensträger:* Adolph von Menzel, deutscher Maler

Adolphe männl., franzòs. Form von Adolf

Adonia weibl. Form von Adonis

Adonis männl., aus dem Griech. übernommener Vorname. In der griech. Mythologie ist Adonis ein schöner

Jüngling und Liebling der Venus. *Weitere Formen:* Adonias

Adrian männl., lat., »der aus der Hafenstadt Adria Stammende«. Der Name war als Name mehrerer Päpste im Mittelalter verbreitet, besonders in Flandern und im Rheinland. *Weitere Formen:* Hadrian, Adrien (franzòs.); Arian, Adriaan (niederländ.)

Adriana weibl. Form von Adrian. *Weitere Formen:* Adriane, Adrienne (franzòs.)

Adriano männl., italien. Form von Adrian. *Bekannter Namensträger:* Adriano Celentano, italien. Filmschauspieler und Sänger

Agathe weibl., aus dem griech. »agathós« (gut). *Weitere Formen:* Agatha, Agi; Agascha, Agafia (russ.); Agda (dän., schwed.). *Bekannte Namensträgerin:* Agatha Christie, engl. Schriftstellerin. *Namenstag:* 5. Februar

Agi weibl., Kurzform von Agnes

Ägid männl., griech., »Schildhalter«. *Weitere Formen:* Ägidius, Egid, Egidius, Gid, Gil, Gillo, Illg; Egidio (italien.); Gils, Gilg (niederländ.); Giles (engl.); Gilles (franzòs.). *Namenstag:* 1. September

Agilbert männl., aus dem ahd. »agal«

(Schwertspitze) und »beraht« (glänzend). *Weitere Formen:* Agilo, Eilbert

Agilo männl., Nebenform von Agilbert

Agilolf männl., aus dem ahd. »agal« (Schwertspitze) und »wolf« (Wolf). *Weitere Formen:* Aigulf, Egilolf. *Namenstag:* 9. Juli

Agilmar männl., Nebenform von Agimar

Agilmund männl., Nebenform von Agimund

Agimar männl., aus dem ahd. »agal« (Schwertspitze) und »mari« (berühmt)

Agimund männl., aus dem ahd. »agal« (Schwertspitze) und »munt« (Schutz der Unmündigen). *Weitere Formen:* Agilmund

Agin männl., Kurzform von Vorn. mit »agal« (Schwertspitze)

Aginald männl., aus dem ahd. »agal« (Schwertspitze) und »waltan« (walten, herrschen). *Weitere Formen:* Eginald

Aginolf männl., aus dem ahd. »agal« (Schwertspitze) und »wolf« (Wolf). *Weitere Formen:* Aginulf

Aginulf männl., Nebenform von Aginolf

Aglaia weibl., aus dem griech. »aglaia« (Glanz, Pracht). In der griech. Mythologie ist Aglaia die Göttin der Anmut. *Weitere Formen:* Aglaja

Agna weibl., schwed. Kurzform von Agnes

Agnes weibl., griech., »die Keusche«. Im Mittelalter durch die Verehrung der Heiligen Agnes, Patronin der Jungfräulichkeit, verbreitet. Ebenfalls bekannt durch die Bürgertochter Agnes Bernauer, die die heimliche Geliebte von Bayernherzog Albrecht III. war und von ihrem Vater 1435 als Zauberin ertränkt wurde. *Weitere Formen:* Agnete; Agnita, Agneta (schwed.); Agnese (italien.); Inés (span.). *Bekannte Namensträgerin:* Agnes Straub, deutsche Schauspielerin. *Namenstag:* 21. Januar

Agnese weibl., Nebenform von Agnes

Agneta, Agnete, Agnita weibl., Nebenformen von Agnes

Ago männl., Kurzform von Vorn. mit »Agi-« oder »Ago-«

Agomar männl., Nebenform von Agimar

Aida weibl., Herkunft und Bedeutung

unklar. Seit Verdis gleichnamiger Oper als Vorname öfter gewählt

Aila weibl., finn. und lapp. Form von Helga

Ailke weibl., fries. und niederländ. Form von Adelheid

Aimé, Aimée weibl. französ. Form von Amatus

Aimo männl., Kurzform von Haimo

Aja weibl., italien., »die Erzieherin«

Akelei weibl., Name einer Blume (Hahnenfußgewächs)

Akim männl., slaw. Form von Joachim

Al männl., amerikan. Kurzform von Vorn. mit »Al«. *Bekannte Namensträger:* Al Pacino, amerikan. Schauspieler; Al Jarreau, amerikan. Sänger

Alain männl., die Alani waren ein iran. Steppenvolk, von denen ein Teil mit den Germanen nach Westen wanderte, der andere Teil wurde von den Mongolen verdrängt. Der Vorn. ist vor allem im französ. Sprachgebiet verbreitet. *Weitere Formen:* Alan, Allan, Allen; Alanus (lat.). *Bekannte Namensträger:* Alain Prost, französ. Autorennfahrer; Alain Delon, französ. Filmschauspieler

Alan männl., engl. Nebenform von Alain. *Bekannter Namensträger:* Alan Parsons, engl. Rockmusiker

Alanus männl., lat. Form von Alain

Alba weibl., aus dem lat. »alba« (weiße Perle)

Alban männl., lat. »Mann aus Alba«. *Bekannter Namensträger:* Dr. Alban (Alban Nwapa), schwed.-nigerian. Popmusiker

Alberich männl., aus dem ahd. »alb« (Naturgeist) und »rihhi« (reich, mächtig). *Weitere Formen:* Elberich

Albero männl., aus dem ahd. »alb« (Naturgeist) und »bero« (Bär)

Albert männl., Kurzform von Adalbert. *Weitere Formen:* Albert (französ.); Alberto (italien.); Alik (russ.); Al (amerikan.). *Bekannte Namensträger:* Albert Bassermann, deutscher Schauspieler; Albert Lortzing, deutscher Komponist; Albert Schweitzer, elsäss. Theologe und Urwaldarzt in Lambarene; Albert Einstein, deutscher Physiker

Alberta weibl. Form von Albert. *Weitere Formen:* Alberte, Albertina, Albertine, Abelke, Berta

Alberte weibl., Nebenform von Alberta

Albertine weibl., Nebenform von Alberta

Alberto männl., italien. Form von Albert

Albina weibl. Form von Albin, einer Nebenform von Albwin; oder aus dem Lat., »die Weiße«

Alboin männl., Nebenform von Albwin

Albrecht männl., Kurzform von Adalbert. *Bekannte Namensträger:* Albrecht·Dürer, deutscher Maler und Grafiker; Albrecht Altdorfer, deutscher Maler und Stadtbaumeister von Regensburg; Albrecht Haller, deutscher Dichter

Albuin männl., Nebenform von Albwin

Alburg weibl., aus dem ahd. »adal« (edel, vornehm) und »burg« (Schutz). *Weitere Formen:* Adelburga

Albwin männl., aus dem ahd. »alb« (Naturgeist) und »wini« (Freund). *Weitere Formen:* Albin, Alboin, Albuin

Aldeger männl., Nebenform von Adalger

Aldina weibl., Kurzform von Geraldina. *Weitere Formen:* Aldine

Aldo männl., Kurzform von Vorn. mit »Adal-«

Aldona weibl. Form von Aldo

Alec männl., engl. Kurzform von Alexander. *Bekannte Namensträger:* Alec Baldwin, amerikan. Filmschauspieler; Alec Guiness, engl. Charakterdarsteller

Alena weibl., ungar. Form von Magdalena. *Weitere Formen:* Alene

Alene weibl., russ. Form von Helene oder ungar. Form von Magdalena. *Weitere Formen:* Alina, Alenica

Alenka weibl., slaw. Form von Magdalena

Alessandro männl., italien. Form von Alexander

Aletta weibl., fries. und niederländ. Form von Adelheid. *Weitere Formen:* Alette, Aleta

Alex männl., Kurzform von Alexander; weibl., Kurzform von Alexandra; eindeutiger Zweitname erforderlich

Alexander männl., griech., »der Männer Abwehrende, der Schützer«. In Deutschland durch die Bewunderung für den russ. Zaren Alexander I. im 18. Jh. stärker verbreitet. *Weitere Formen:* Alex, Alexis, Lex, Xander;

Alessandro, Sandro (italien.); Sander (engl.); Alexandr, Alexej, Aljoscha, Sanja, Sascha (russ.); Sándor (ungar.); Alexandre (französ.). *Bekannte Namensträger:* Alexander Dubček, tschech. Politiker; Alexander von Humboldt, deutscher Naturforscher und Geograf; Alexander Puschkin, russ. Schriftsteller; Alexander Solschenizyn, russ. Schriftsteller und Nobelpreisträger. *Namenstag:* 3. Mai

Alexandr männl., russ. Form von Alexander

Alexandra weibl. Form von Alexander. *Weitere Formen:* Alexia, Alexandrina, Alex, Sandra; Alla (schwed.); Alja, Sanja (russ.); Alessandra (italien.). *Namenstag:* 21. April

Alexandre männl., französ. Form von Alexander. *Bekannter Namensträger:* Alexandre Dumas der Ältere, französ. Schriftsteller

Alexej männl., russ. Form von Alexander. *Weitere Formen:* Alexei

Alexis männl., Kurzform von Alexander; weibl. Form von Alexandra. Eindeutiger Zweitname erforderlich. *Weitere Formen:* Alexius. *Namenstag:* 17. Juli

Alf männl., Kurzform von Adolf; bekannt geworden durch »Alf«, eine amerikan. Fernsehserie

Alfons männl., romanisierter westgot. Vorn. aus german. »hathu« (Kampf) und »funs« (eifrig). Durch die german. Völkerwanderung in roman. Gebieten angesiedelt, später durch französ. und span. Einfluss wieder in Deutschland bekannt geworden. Größere Verbreitung im 19. Jh. durch die Verehrung des Heiligen Alfons von Zignori. *Weitere Formen:* Alphons; Alphonse (französ.); Alfonso (italien., span.). *Namenstag:* 2. August

Alfonso männl., italien. und span. Form von Alfons

Alfred männl., aus dem altengl. »aelf« (Naturgeist) und »read« (Rat, Ratgeber). *Weitere Formen:* Alf, Fred; Alfredo (italien.). *Bekannte Namensträger:* Alfred Krupp, deutscher Industrieller; Alfred Nobel, schwed. Chemiker; Alfred Döblin, deutscher Schriftsteller; Alfred Brehm, deutscher Zoologe; Alfred Kubin, österr. Zeichner und Grafiker; Alfred Hitchcock, engl. Regisseur; Alfred Hrdlicka, österr. Bildhauer und Grafiker; Alfred Biolek, deutscher Fernsehmoderator. *Namenstag:* 28. Oktober

Alfreda weibl. Form von Alfred

Alfredo männl., italien. Form von Alfred

Alger männl., fries. Vorn. ahd. Ur-

A

sprungs von »adal« (edel, vornehm) und »ger« (Speer). *Weitere Formen:* Alker

Algunde weibl., Nebenform von Adelgunde

Alheid weibl., Nebenform von Alheit

Alheit weibl., Nebenform von Adelheid. *Weitere Formen:* Aleit, Alheid

Alice weibl., engl. Form von Adelheid, Alexandra oder Elisabeth. Bekannt auch durch L. Carrolls Kinderbuch »Alice im Wunderland«. *Weitere Formen:* Alisa, Alison. *Bekannte Namensträger:* Alice Kessler, deutsche Tänzerin; Alice Schwarzer, deutsche Journalistin der Frauenbewegung

Alida weibl., Kurzform von Adelheid. *Weitere Formen:* Alide, Alid

Alide weibl., Nebenform von Alida

Alina, Aline weibl., arab., »die Erhabene«

Aljoscha männl., russ. Form von Alexander

Allan, Allen männl., Nebenformen von Alain

Alma weibl., span. Vorn. lat. Ursprungs, »die Nährende«. *Bekannte Na-*

mensträgerin: Alma Mahler-Werfel, Witwe des Komponisten Gustav Mahler

Almut weibl., Nebenform von Adelmute

Alois männl., romanisierte Form des ahd. Vorn. Alawis, »vollkommen weise«. Im 18. Jh. durch die Verehrung des Heiligen Aloysius von Gonzaga im gesamten deutschsprachigen Raum verbreitet, vor allem aber in Süddeutschland. *Weitere Formen:* Aloisius, Aloys, Aloysius; Aloyse, Louis (französ.); Aloisio, Luigi (italien.); Alajos (ungar.). *Namenstag:* 21. Juni

Aloisa weibl. Form von Alois. *Weitere Formen:* Aloisia, Aloysia

Aloisio männl., italien. Form von Alois

Aloyse männl., französ. Form von Alois

Alphons männl., Nebenform von Alfons

Alphonse männl., französ. Form von Alfons

Alraune weibl., Nebenform von Adelrune

Alrich männl., Kurzform von Adalrich

Altfried männl., Nebenform von Adalfried

Altje weibl., fries. und niederländ. Form von Adelheid

Altman männl., aus dem ahd. »alda« (erfahren) und »man« (Mann). *Weitere Formen:* Altmann, Aldeman

Alto männl., fries. Form von Vorn. mit »Alde-« oder »Adal-«

Altraud weibl., Nebenform von Adeltraud. *Weitere Formen:* Altrud, Altrude

Alvis männl., angloamerikan., geht wohl auf den Zwerg Alviss aus der altnord. Mythologie zurück

Alvaro männl., span. Vorn. ahd. Ursprungs, zu »ala« (all, ganz) und »wart« (Hüter)

Alwara weibl. Form von Alvaro

Alwin männl., Nebenform von Adalwin. *Bekannter Namensträger:* Alwin Schockemöhle, deutscher Springreiter

Alwine weibl. Form von Alwin. *Weitere Formen:* Alwina; Alwyne, Alwy (engl.); Alvina, Alvi, Alvy (schwed.)

Alwy weibl., engl. Form von Alwine

Alwyne weibl., Nebenform von Alwine

Amabel weibl., engl. Vorn. lat. Ursprungs, »die Liebenswerte«. *Weitere Formen:* Amabella; Mabel (engl.)

Amadeus männl., lat., »liebe Gott!«. *Weitere Formen:* Amadeo (italien.); Amédée (französ.); Amate (bask.). *Bekannter Namensträger:* Wolfgang Amadeus Mozart, österr. Komponist

Amalberga weibl., aus dem ahd. »amal« (Kampf) und »bergan« (schützen). *Weitere Formen:* Alma, Male

Amalberta weibl., aus dem ahd. »amal« (Kampf) und »beraht« (glänzend)

Amalgard weibl., aus dem ahd. »amal« (Kampf) und »gard« (Schutz)

Amalia weibl., Kurzform von Vorn. mit »Amal-«, besonders von Amalberga. Im 18. Jh. war der Name sehr beliebt und wurde vor allem durch die Gestalt der Amalia in Schillers Drama »Die Räuber« bekannt. *Weitere Formen:* Amalie, Amalina, Amalindis, Male, Malchen, Mali; Amélie, Ameline (französ.)

Amalie weibl., Nebenform von Amalia

Amalinde weibl., aus dem ahd.

21

»amal« (Kampf) und »linta« (Schutz-schild aus Lindenholz). *Weitere Formen:* Ameline, Amalindis

Amalrich männl., aus dem ahd. »amal« (Kampf) und »rihhi« (reich, mächtig). *Weitere Formen:* Emmerich; Amelric (engl.); Amaury (französ.); Amerigo, Emerico (italien.); Amalrik (russ.)

Amalrik männl., russ. Form von Amalrich

Amand männl., Nebenform von Amandus

Amanda weibl. Form von Amandus. *Weitere Formen:* Manda, Mandy; Maite (bask.)

Amandus männl., aus dem lat. »amandus« (liebenswürdig). *Weitere Formen:* Mandus, Amand (französ.). *Namenstag:* 6. Februar

Amarante weibl., Name einer Blume, »nie welkend, unvergänglich«

Amaryllis weibl., ursprüngl. der Name einer griech. Nymphe, dann der Name einer wohl riechenden Zier-pflanzenfamilie

Amata weibl., aus dem lat. »amata« (die Geliebte). *Weitere Formen:* Amy (engl.); Aimée (französ.)

Amatus männl., aus dem lat. »ama-tus« (der Geliebte)

Amber weibl., engl. Form von Ambra

Ambra weibl., italien. Vorn. arab. Ur-sprungs, »Bernstein« oder »die Blon-de«. *Weitere Formen:* Amber (engl.); Ambre (französ.)

Ambre weibl., französ. Form von Ambra

Ambros männl., Kurzform von Am-brosius

Ambrosia weibl. Form von Ambro-sius. *Weitere Formen:* Amrosine (engl.)

Ambrosio männl., italien. Form von Ambrosius

Ambrosius männl., griech., »der Un-sterbliche«. Im Mittelalter durch die Verehrung des Heiligen Ambrosius, Bischof von Mailand und Kirchen-lehrer (4. Jh.), weit verbreitet. *Weitere Formen:* Ambros, Bros, Brasch; Ambro-se (engl.); Ambroise (französ.); Am-brogio, Ambrosio, Brogio (italien.). *Namenstag:* 7. Dezember

Amelia weibl., Nebenform von Ama-lia

Amelie weibl., Nebenform von Ama-lie. *Bekannte Namensträgerin:* Amelie

Fried, Fernsehmoderatorin und Journalistin

Ammon männl., griech. Name des ägypt. Sonnengottes »Amun Re«; oder amerikan. Vorn. hebr. Ursprungs, »Sohn meines Volkes«. *Weitere Formen:* Amon

Amos männl., aus der Bibel übernommener Vorn. hebr. Ursprungs, »von Gott getragen«. In der Bibel ist Amos ein Viehhirte, der von Gott zum Propheten berufen wird.

Amrei weibl., Kurzform von Annemarie, vor allem in der Schweiz und in Süddeutschland verbreitet. *Weitere Formen:* Annemarei

Amy weibl., engl. Form von Amata

Ana weibl., span. Form und Kurzform von Anna

Anabel weibl., Nebenform von Annabella

Anastasia weibl. Form von Anastasius. Verbreitung im Mittelalter durch die Verehrung der Heiligen Anastasia. Im 20. Jh. wurde der Name durch die jüngste Zarentochter, die der Ermordung ihrer Familie entkommen sein soll, neu belebt. *Weitere Formen:* Stasi; Nastasja, Tassja, Asja, Assja (russ.)

Anastasius männl., griech., eigentlich »der Auferstandene«. *Weitere Formen:* Stasl, Statz; Anastasie (französ.); Anastasio (italien.). *Namenstag:* 22. Januar

Anastasie männl., französ. Form von Anastasius

Anastasio männl., italien. Form von Anastasius

Anatol männl., griech., »der aus Anatolien Stammende«. *Weitere Formen:* Anatole (französ.); Anatolij (russ.); Anatolio (italien.). *Bekannte Namensträger:* Anatole France, französ. Schriftsteller und Nobelpreisträger; Anatolij Karpow, russ. Schachweltmeister

Anatole männl., französ. Form von Anatol

Anatolij männl., russ. Form von Anatol

Anderl männl., österr. Form von Andreas

Anders männl., skand. Form von Andreas

Andi männl., Kurzform von Andreas

Andor männl., ungar. Form von Andreas

Andra weibl., Kurzform von Alexandra

András männl., ungar. Form von Andreas

André männl., französ. Form von Andreas. *Bekannte Namensträger:* André Gide, französ. Schriftsteller und Nobelpreisträger; André Heller, österr. Kabarettist und Chansonnier

Andrea weibl. Form von Andreas. *Weitere Formen:* Andrée (französ.); Andreane, Andrejana (slaw.); auch männl. italien. Form von Andreas

Andreane weibl., slaw. Form von Andrea

Andreas männl., aus der Bibel übernommener Vorn. griech. Ursprungs, »der Mannhafte, der Tapfere«. In der Bibel ist der Apostel Andreas der Bruder von Petrus und wird an einem Schrägbalkenkreuz hingerichtet (daher die Bezeichnung »Andreaskreuz«). *Weitere Formen:* Andi; Andrea (italien.); André (französ.); Andrew, Andy (engl.); Andrej (slaw.); Andrees (niederländ.), Andor, András (ungar.); Drewes, Drees, Ainers, Andris, Andres (fries.); Anders (skand.); Anderl (österr.); Andruscha (russ.). *Bekannte Namensträger:* Andreas Hofer, Tiroler Freiheitsheld; Andreas Gryphius, deutscher Dichter; Andreas Brehme,

deutscher Fußballspieler. *Namenstag:* 30. November

Andrees männl., niederländ. Form von Andreas

Andrej männl., slaw. Form von Andreas. *Bekannte Namensträger:* Andrej Sacharow, russ. Atomphysiker und Bürgerrechtler; Andrej Szczypiorski, poln. Schriftsteller

Andres männl., fries. Form von Andreas

Andrew männl., engl. Form von Andreas. *Bekannter Namensträger:* Andrew Lloyd Webber, engl. Komponist berühmter Musicals, z. B. »Cats«

Andris männl., fries. Form von Andreas

Andruscha männl., russ. Form von Andreas

Andy männl., engl. Koseform von Andreas. *Bekannter Namensträger:* Andy Warhol, amerikan. Pop-Art-Künstler

Angela weibl. Form von Angelus. *Weitere Formen:* Angelia, Angelika, Gela, Angeli, Angie; Angelina, Agnola (italien., span.); Angèle (französ.); Angel (engl.); Aniela (poln.). *Bekannte Namensträgerin:* Angela Merkel, deutsche Bundeskanzlerin

Angelica weibl., Nebenform von Angelika

Angelika weibl., Nebenform von Angela. *Weitere Formen:* Angelica; Angélique (französ.)

Angelina weibl., erweiterte Form von Angela; auch italien. »die Engelgleiche«. *Weitere Formen:* Angeline, Gelja. *Bekannte Namensträgerin:* Angelina Jolie, amerik. Schauspielerin

Angelus männl., lat., aus dem griech. »angelos« (Bote Gottes, Engel)

Anica weibl., slaw. Form von Anna

Anita weibl., span. Form von Anna. *Bekannte Namensträgerinnen:* Anita Kupsch, deutsche Schauspielerin; Anita Wachter, österr. Skiläuferin

Anja weibl., russ. Form von Anna. *Weitere Formen:* Anjuta, Anjuscha. *Bekannte Namensträgerinnen:* Anja Kruse, deutsche Schauspielerin; Anja Fichtel, deutsche Fechterin

Anka weibl., poln. und slaw. Form von Anna

Anke weibl., niederländ. und fries. Form von Anna. *Bekannte Namensträgerinnen:* Anke Fuchs, deutsche Politikerin, Anke Engelke, deutsche Schauspielerin

Ann weibl., Kurzform von Anna. *Weitere Formen:* Ann-Kathrin

Anna weibl., hebr., »Gottes Gnade« oder weibl. Form von Anno. Durch die Verehrung der Mutter der biblischen Maria im Mittelalter weit verbreitet. Im 19. Jh. durch die Gestalt Anna Karenina in Tolstois gleichnamigem Roman neu belebt. *Weitere Formen:* Anne, Andel, Ann, Anny, Anneli, Änne, Nanna, Nanne, Annina, Nanina; Anja (russ.); Anka, Anninka (poln.); Antje, Anke, Anneke (niederländ., fries.); Anne, Nancy (engl.); Ana, Anita, Ania (span.); Annika (schwed.); Anica, Anjuschka, Anninka, Anka (slaw.); Anjuta (bulgar.); Annette, Nannette, Nanon (französ.). *Bekannte Namensträgerinnen:* Anna Pawlowa, russ. Ballerina; Anna Seghers, deutsche Schriftstellerin; Anna Magnani, italien. Schauspielerin. *Namenstag:* 26. Juli

Annabarbara weibl., Doppelname aus Anna und Barbara

Annabella weibl., Doppelname aus Anna und Bella oder Nebenform von Amabel. *Weitere Formen:* Annabell

Annabeth weibl., Doppelname aus Anna und Elisabeth

Annalene weibl., Doppelname aus Anna und Helene

Annalisa weibl., Doppelname aus Anna und Lisa

Annbritt weibl., schwed. Doppelname aus Anna und Brigitte

Änne weibl., Nebenform von Anna

Anne weibl., Nebenform und engl. Form von Anna. *Bekannte Namensträgerin:* Anne Frank, jüd. Mädchen, kam im März 1945 im Konzentrationslager Bergen-Belsen um, wurde berühmt durch ihr Tagebuch

Annedore weibl., Doppelname aus Anna und Dora. *Weitere Formen:* Annedora

Annegret weibl., Doppelname aus Anna und Margarete. *Bekannte Namensträgerin:* Annegret Richter, deutsche Leichtathletin

Anneke weibl., niederländ. und fries. Form von Anna

Anneli weibl., Nebenform von Anna

Annelore weibl., Doppelname aus Anna und Lore

Annelotte weibl., Doppelname aus Anna und Lotte

Annemarie weibl., Doppelname aus Anna und Marie. *Weitere Formen:* Anne-

mie. *Bekannte Namensträgerin:* Annemarie Renger, deutsche Politikerin

Annemie weibl., Nebenform von Annemarie

Annerose weibl., Doppelname aus Anna und Rosa

Annett weibl., Nebenform von Annette

Annette weibl., französ. Form von Anna. *Weitere Formen:* Annett. *Bekannte Namensträgerinnen:* Annette von Droste-Hülshoff, deutsche Schriftstellerin; Annette Kolb, deutsche Schriftstellerin; Annette Bening, amerikan. Schauspielerin

Annika weibl., slaw. Form von Anna. *Weitere Formen:* Anika, Anik

Annina weibl., Nebenform von Anna

Anninka weibl., poln. und schwed. Form von Anna

Anno männl., Kurzform von Arnold

Annunziata weibl., italien. Vorn., »die Angekündigte«. Der Name bezieht sich auf das Fest Mariä Verkündigung am 25. März

Anny weibl., Koseform von Anna. *Weitere Formen:* Anni, Annie

Ansbert männl., aus dem german. »ans« (Gott) und dem ahd. »beraht« (glänzend)

Anselm männl., aus dem german. »ans« (Gott) und dem ahd. »helm« (Helm, Schutz)

Anselma weibl. Form von Anselm

Ansfried männl., aus dem german. »ans« (Gott) und dem ahd. »fridu« (Friede)

Ansgar männl., aus dem german. »ans« (Gott) und dem ahd. »ger« (Speer). Bekannter ist heute die Nebenform Oskar. *Namenstag:* 3. Februar

Answald männl., aus dem german. »ans« (Gott) und dem ahd. »waltan« (walten, herrschen)

Ante männl., Nebenform von Antek

Antek männl., slaw. Form von Anton. *Weitere Formen:* Ante

Anthony männl., engl. Form von Anton. *Bekannte Namensträger:* Anthony Quinn, amerikan. Schauspieler; Anthony Perkins, amerikan. Schauspieler; Anthony Hopkins, engl. Schauspieler und Oscarpreisträger

Antje weibl., niederländ. und fries. Form von Anna. *Weitere Formen:* Antine.

Bekannte Namensträgerin: Antje Vollmer, deutsche Politikerin

Antoine männl., französ. Form von Anton. *Bekannter Namensträger:* Antoine de Saint-Exupéry, französ. Schriftsteller

Antoinette weibl., französ. Form von Antonia. *Bekannte Namensträgerin:* Marie Antoinette, Gattin von Ludwig XVI.

Anton männl., lat., ursprünglich ein röm. Sippenname. Durch die Verehrung des Heiligen Antonius von Padua (12./13. Jh.) auch in Deutschland beliebt. *Weitere Formen:* Toni, Tönnies, Tünnes (rhein.); Antonio, Antonello (italien.); Anthony (engl.); Antoine (französ.); Antek (slaw.); Antonin (tschech.). *Bekannte Namensträger:* Anton Bruckner, österr. Komponist; Anton Rubinstein, russ. Komponist; Anton Tschechow, russ. Erzähler. *Namenstag:* 17. Januar, 13. Juni

Antonia weibl. Form von Anton. *Weitere Formen:* Thona, Tona, Antonie, Antonetta, Nina; Antonietta, Antonella (italien.); Antonina (slaw.); Antoinette (französ.)

Antonin männl., tschech. Form von Anton. *Bekannter Namensträger:* Antonin Dvořák, tschech. Komponist

Antonina weibl., Nebenform von Antonia

Antonio männl., italien. Form von Anton. *Bekannter Namensträger:* Antonio Vivaldi, italien. Komponist

Anuscha weibl., slaw. Verkleinerungsform von Anna. *Weitere Formen:* Anuschka

Apollinarius männl., lat. Form von Apollonius

Apolline weibl., Nebenform von Apollonia

Apollonia weibl. Form von Apollonius. *Weitere Formen:* Apolline, Loni; Polly (engl.); Abelone (dän., norweg.); Apolka (ungar.)

Apollonius männl., griech., »der dem Gott Apollo Geweihte«. *Weitere Formen:* Apollinarius, Apollinaris (lat.). *Namenstag:* 18. April

Arabel weibl., engl. Form von Arabella

Arabella weibl., span., »kleine Araberin«. *Weitere Formen:* Bella; Arabel (engl.). *Bekannte Namensträgerin:* Arabella Kiesbauer, österr. Talkmasterin

Araldo männl., italien. Form von Harold

Aranka weibl., ungar. Form von Aurelie

Arbogast männl., aus dem ahd. »arbi« (Erde) und »gast« (Fremder, Gast). *Weitere Formen:* Arp, Erb, Eppo (fries.)

Archibald männl., aus dem ahd. »erchan« (echt, rein) und »bald« (kühn)

Archimbald männl., Nebenform von Archibald

Areta weibl., angloamerikan. Vorn. griech. Ursprungs, »die Vortreffliche«. *Weitere Formen:* Aretha. *Bekannte Namensträgerin:* Aretha Franklin, amerikan. Soul- und Gospelsängerin

Ariadne weibl., griech., Bedeutung unklar. *Weitere Formen:* Arieta, Arietta; Aria (niederländ.); Ariane (französ.); Arianna, Arianne (italien.)

Arian männl., niederländ. und ungar. Kurzform von Adrian. *Weitere Formen:* Ariano (span.)

Ariane weibl., französ. Form von Ariadne

Aribert männl., französ. Form von Herbert. *Bekannter Namensträger:* Aribert Reimann, deutscher Pianist und Komponist

Arild männl., dän. Form von Arnold

Arist männl., Kurzform von Aristide

Arista weibl. Form von Arist

Aristid männl., Kurzform von Aristide

Aristide männl., französ. Vorn. aus dem griech. »aristos« (Bester, Vornehmster). *Weitere Formen:* Arist; Aristides (griech.)

Arlette weibl., französ.; Herkunft und Bedeutung unklar; vielleicht vom german. »hari« (Heer). *Weitere Formen:* Arlett

Armand männl., französ. Form von Hermann

Armanda weibl., italien. Form von Hermanna. *Weitere Formen:* Armida, Armide

Armande weibl., französ. Form von Hermanna

Armando männl., italien. Form von Hermann

Armgard weibl., Nebenform von Irmgard

Armin männl., latinisierte Form eines Vorn. mit german. »irmin« (groß). Der Name geht zurück auf den Cheruskerfürst Arminius, der 9 n. Chr. die Römer schlug. *Bekannte Namensträger:* Armin Mueller-Stahl, deutscher

Schauspieler; Armin Hary, deutscher Ex-Weltrekordsprinter

Arnaldo männl., italien. Form von Arnold. *Weitere Formen:* Arnoldo

Arnauld männl., französ. Form von Arnold

Arnd männl., Kurzform von Arnold und anderen Vorn. mit »Arn-«. *Weitere Formen:* Arndt, Arne, Arnt

Arnfried männl., aus dem ahd. »arn« (Adler) und »fridu« (Friede)

Arnfrieda weibl. Form von Arnfried

Arnger männl., aus dem ahd. »arn« (Adler) und »ger« (Speer)

Arnhold männl., Nebenform von Arnold. *Weitere Formen:* Arnholt, Arnolt

Arno männl., Kurzform von Arnold und anderen Vorn. mit »Arn-«. *Weitere Formen:* Arniko (ungar.). *Bekannte Namensträger:* Arno Holz, deutscher Dichter; Arno Schmidt, deutscher Schriftsteller. *Namenstag:* 13. Juli

Arnold männl., aus dem ahd. »arn« (Adler) und »waltan« (walten, herrschen). Durch die Verehrung des Heiligen Arnold, Lautenspieler am Hof von Karl dem Großen, verbreitet. *Wei-*

tere Formen: Arnd, Arno, Arnhold, Nolde; Arnaud (französ.); Arild (dän.); Arnaldo (italien.). *Bekannte Namensträger:* Arnold Böcklin, schweiz. Maler; Arnold Zweig, deutscher Schriftsteller; Arnold Schwarzenegger, österr.-amerikan. Filmschauspieler. *Namenstag:* 18. Juli

Arnolde weibl. Form von Arnold. *Weitere Formen:* Arnoldine; Arnika (ungar.)

Arnoldo männl., italien. Form von Arnold

Arnulf männl., aus dem ahd. »arn« (Adler) und »wolf« (Wolf). *Namenstag:* 19. August

Aron männl., Nebenform von Aaron

Arthur männl., engl. Der Vorn. geht wahrscheinlich auf den Britenkönig Artus (um 500) zurück, vielleicht von kelt. »artus« (Bär). König Artus und seine Ritter der Tafelrunde wurden zu Gestalten eines großen Sagenkreises, der im Mittelalter sehr beliebt war. Im 19. Jh. diente Sir Arthur Duke of Wellington als Namensvorbild, der zusammen mit Blücher Napoleon bei Waterloo besiegte (1815). *Weitere Formen:* Artus, Artur, Arturo. *Bekannte Namensträger:* Arthur Miller, amerikan. Schriftsteller; Arthur Schnitzler, österr. Schriftsteller; Arthur Schopen-

hauer, deutscher Philosoph; Artur Rubinstein, poln. Pianist

Artura weibl. Form von Arthur

Asmus männl., Nebenform von Erasmus

Assunta weibl., italien., »die (in den Himmel) Aufgenommene«, bezieht sich auf das Fest Mariä Himmelfahrt (15. August). *Weitere Formen:* Asunción

Asta weibl., Nebenform von Augusta, Astrid oder Anastasia. *Bekannte Namensträgerin:* Asta Nielsen, dän. Schauspielerin

Astrid weibl., nord. Vorn. german. Ursprungs zu »ans« (Gott) und »fridhr« (schön). *Weitere Formen:* Asta, Estrid. *Bekannte Namensträgerin:* Astrid Lindgren, schwed. Schriftstellerin

Aswin männl., aus dem ahd. »ask« (Eschenspeer) und »wini« (Freund). *Weitere Formen:* Aschwin, Ascwin, Askwin

Aswine weibl. Form von Aswin

Athanasius männl., griech., »der Unsterbliche«. *Namenstag:* 2. Mai

Attila männl., geht auf den Hunnenkönig Attila zurück, von got. »attila« (Väterchen). *Bekannter Namens-*

träger: Attila Hörbiger, österr. Schauspieler

Audrey weibl., engl. Form von Adeltraud. *Bekannte Namensträgerinnen:* Audrey Hepburn, amerikan. Schauspielerin; Audrey Landers, amerikan. Schauspielerin

Augosto männl., italien. Form von August

August männl., lat., »der Erhabene« und ursprünglich ehrender Beiname des röm. Kaisers Gaius Julius Caesar Augustus; ihm zu Ehren wurde der achte Monat des Jahres August genannt. Seit dem 16. Jh. durch das Interesse an der röm. Geschichte beim Adel sehr beliebter Vorname. Im 19. Jh. war der Name so verbreitet, dass er durch die Gestalt des »dummen August« abgewertet wurde. *Weitere Formen:* Augustin, Gustl, Augustus (lat.): Austen (niederd.); Austin (engl.); Auguste (französ.); Augosto (italien.). *Bekannte Namensträger:* August der Starke, Kurfürst von Sachsen und König von Polen; August Bebel, Gründer der SPD; August Strindberg, schwed. Schriftsteller; August Macke, deutscher Maler

Augusta weibl. Form von August. Namensvorbilder waren die Frauen von Kaiser Wilhelm I. und von Kaiser Wilhelm II. *Weitere Formen:* Auguste,

Augustina, Asta, Austina, Guste, Gustel; Gutja (russ.). *Namenstag:* 27. März

Auguste männl., französ. Form von August; weibl. Nebenform von Augusta; eindeutiger Zweitname erforderlich

Augustin, Augustinus männl., alte Nebenformen von August. Verbreitet durch die Verehrung des Heiligen Augustin, Bischof von Hippo und bedeutendster Kirchenlehrer des christlichen Altertums (354–430). Allgemein bekannt war der Name auch durch das Lied »Ach, du lieber Augustin«. *Namenstag:* 28. August

Augustina weibl., Nebenform von Augusta. *Weitere Formen:* Augustine

Augustine weibl., Nebenform von Augusta

Augustus männl., lat. Form von August

Aurea weibl., Nebenform von Aurelie

Aurela weibl., Nebenform von Aurelie

Aurelia weibl., Nebenform von Aurelie

Aurelie weibl. Form von Aurelius. *Weitere Formen:* Aurelia, Aurea; Aurela, Orella (bask.); Oralia, Oriel, Goldy (engl.); Aurélie (französ.); Auralia (niederländ.); Aura, Aurica (rumän.); Aranka (ungar.); Zlatka, Zlata (slaw.)

Aurelius männl., lat., »Mann aus dem Geschlecht der Aurelier« (der Goldene): Bekannt wurde der Name durch den römischen Kaiser Mark Aurel, eigentlich Marcus Aurelius Antonius. *Weitere Formen:* Aurel, Aurelian; Aurèle (französ.); Zlatko, Zlatan (slaw.); Aurelio (italien.); Orell (schweiz.)

Aurica weibl., aus dem lat. »aureus« (golden); rumän. Form von Aurelia

Austen männl., niederd. Form von August

Austin männl., engl. Form von August

Austina weibl., Nebenform von Augusta. *Weitere Formen:* Austine

Axel männl., skand. Kurzform von Absalom. *Weitere Formen:* Aksel (dän.). *Bekannte Namensträger:* Axel Springer, deutscher Zeitungsverleger; Axel Schulz, deutscher Boxer

Azius männl., Kurzform von Bonifazius, Pankrazius und Servazius (die drei Eisheiligen)

Azzo männl., italien. Koseform von Adolf. *Weitere Formen:* Azzing

Babette, Babs weibl., Koseformen von Barbara

Baldegunde weibl., aus dem ahd. »bald« (mutig) und »gund« (Kampf)

Baldemar männl., aus dem ahd. »bald« (mutig) und »mari« (berühmt)

Balder männl., Nebenform von Baldur oder Kurzform von Vorn. mit »Bald-«

Baldo, männl., fries. Kurzform von Vorn. mit »Bald-«

Baldouin männl., französ. Form von Balduin

Balduin männl., aus dem ahd. »bald« (mutig) und »wini« (Freund). Balduin war im Mittelalter Taufname der Grafen zu Flandern. *Weitere Formen:* Balko, Bauwen; Baldwin (engl.); Baldouin (französ.)

Baldur männl., nord. Der Vorn. geht auf den altnord. Gott Baldr zurück. In der altnord. Mythologie ist Baldur der Sohn Odins und Gott der Fruchtbarkeit und des Lichts

Baldus, Balles männl., Nebenformen von Balthasar

Balte männl., Kurzform von Vorn. mit »Balt-«. *Weitere Formen:* Baltus

Balthasar männl., aus der Bibel übernommener Vorn. babylonischen Ursprungs, »Gott schütze sein Leben!«. In der Bibel ist Balthasar einer der Heiligen Drei Könige. *Weitere Formen:* Balzer, Baltus, Baltes; Balte (niederländ.). *Bekannter Namensträger:* Balthasar Neumann, deutscher Baumeister. *Namenstag:* 6. Januar

Balthes, Balzer männl., Nebenformen von Balthasar

Baltus männl., Nebenform von Baltes

Baptist männl., griech., »Täufer« Beiname von Johannes dem Täufer. Seit dem Mittelalter in katholischen Familien gewählt. Seit Gründung der Religionsgemeinschaft der Baptisten (1618) auch in evangelischen Kreisen verbreitet. *Andere Formen:* Baptiste, Batiste (französ.); Battista (italien.); Bisch (schweiz.). *Namenstag:* 24. Juni; 29. August

Barbara weibl., griech., »die Fremde«. Durch die Verehrung der Heiligen Barbara, eine der 14 Nothelfer und Patronin der Bergleute, Glöckner und Architekten, seit dem 14. Jh. verbreitet.

Weitere Formen: Bärbel, Barberina, Barbi, Barbra, Barbro, Babs; Babette, Barbe (französ.); Basia (poln.). *Bekannte Namensträgerinnen:* Barbara Sukowa, deutsche Schauspielerin; Barbra Streisand, amerikan. Sängerin, Schauspielerin und Regisseurin; Barbara Auer, deutsche Schauspielerin. *Namenstag:* 4. Dezember

Barbe weibl., französ. Form von Barbara

Bärbel weibl., Nebenform von Barbara

Barberina weibl., Nebenform von Barbara. *Weitere Formen:* Barbarine

Barbie weibl., Koseform von Barbara; bekannt durch gleichnamige Modepuppe

Bardo männl., Kurzform von Bardolf

Bardolf männl., aus dem ahd. »barta« (Streitaxt) und »wolf« (Wolf). *Weitere Formen:* Bardulf

Barnabas männl., aus der Bibel übernommener Vorn. aram.-hebr. Ursprungs, »Sohn der tröstlichen Weissagung«. *Weitere Formen:* Barnes, Bas; Barnabe, Barnaby (engl.); Barnabé (französ.). *Namenstag:* 11. Juni

Barnabe männl., engl. und französ. Form von Barnabas

33

Barnát männl., ungar. Form von Bernhard

Barnd männl., Nebenform von Bernhard

Barthel männl., Kurzform von Bartholomäus

Barthold männl., Nebenform von Berthold

Bartholomäus männl., aus der Bibel übernommener Vorn. aram. Ursprungs, »Sohn des Tolmai (des Verwegenen)«. In der Bibel ist Bartholomäus ein Jünger von Jesus. *Weitere Formen:* Barthel, Mewes; Bartholomew (engl.); Bartolomeo (italien., span.); Bartholomé (französ.); Bartosz (ungar.). *Namenstag:* 24. August

Bartolomeo männl., italien. und span. Form von Bartholomäus

Basilius männl., griech., »der Königliche«. Durch die große Verehrung des Heiligen Basilius, Gelehrter, Asket, Kirchenlehrer und Erzbischof von Cäsarea (um 350), vor allem in Osteuropa verbreitet. *Weitere Formen:* Basil (engl.); Wassili (russ.). *Namenstag:* 14. Juni

Bastian männl., Kurzform von Sebastian. *Weitere Formen:* Bastien (französ.); Wastl (bayr.)

Bathilde weibl., aus dem ahd. »bald« (mutig) und »hiltja« (Kampf). Bekannt auch durch die Figur aus der Wielandsage. *Weitere Formen:* Bathilde

Batiste männl., französ. Form von Baptist. *Weitere Formen:* Baptiste

Battista männl., italien. Form von Baptist

Bea weibl., Kurzform von Beate

Beate weibl., lat., »die Glückliche«

Beatrice weibl., italien. Form von Beatrix

Beatrix weibl., lat., »die Glück Bringende«. *Bekannte Namensträgerin:* Beatrix, Königin von Holland. *Namenstag:* 29. Juli

Becki weibl., Koseform von Rebekka. *Weitere Formen:* Becky

Beda männl., engl., Bedeutung ungeklärt oder ungar. Kurzform von Benedikt

Beeke männl., fries. Kurzform von Vorn. mit »Bert-«. *Weitere Formen:* Beek, Beekje

Beekje männl., Nebenform von Beeke

Béla männl., ungar. Form von Adalbert. *Bekannter Namensträger:* Béla Bartók, ungar. Komponist

Belinda weibl., engl.; zu german. Bet-linde, erster Namensbestandteil unklar und »lind« (weich, lind, zart) oder »linta« (Schutzschild aus Lindenholz), oder von italien. »bello« (schön)

Bella weibl., Kurzform von Isabella oder aus dem Italien. übernommener Vorn., »die Schöne«

Ben männl., aus dem Hebr. übernom-mener Vorn., »Sohn« oder Kurzform von Benjamin oder fries. Kurzform von Bernhard. *Bekannter Namensträger:* Ben Kingsley, engl. Schauspieler und Oscarpreisträger

Bendix männl., Nebenform von Benedikt

Benedetta weibl., italien. Form von Benedikta

Benedetto männl., italien. Form von Benedikt

Bénédict männl., französ. Form von Benedikt

Benedicta weibl., Nebenform von Benedikta

Benedicto männl., span. Form von Benedikt

Benedikt männl., aus dem lat. »bene-dictus« (der Gesegnete). Durch die Verehrung des Heiligen Benedikt von Nursia, Abt des benediktinischen Stammklosters, im Mittelalter verbrei-tet. *Weitere Formen:* Benno, Dix, Bendix; Benedetto, Benito (italien.); Bengt (schwed., dän.); Bennet (engl.); Béné-dict (französ.); Benedicto (span.); Benedek, Beda (ungar.). *Namenstag:* 21. März

Benedikta weibl. Form von Benedikt. *Weitere Formen:* Benedicta; Benedetta (italien.); Benita (span.); Bengta (schwed., dän.)

Bengt männl., schwed. und dän. Form von Benedikt

Benita weibl., span. Form von Bene-dikta

Benito männl., italien. Verkleine-rungsform von Benedikt

Benjamin männl., hebr. »Glücks-kind«. In der Bibel ist Benjamin der jüngste Sohn von Jakob und Rahel. Seit dem 16. Jh. in Deutschland geläu-fig. *Weitere Formen:* Bienes (schwäb.); Ben (engl.); Bünyamin (türk.). *Bekannte Namensträger:* Benjamin Franklin, ame-rikan. Physiker und Staatsmann; Ben-jamin Britten, engl. Komponist; Ben-jamin Constant, franz. Politiker und Schriftsteller

Bennet männl., engl. Form von Bene-dikt. *Weitere Formen:* Bennett

Benno männl., Koseform von Bern-hard, Benjamin und Benedikt

Benny männl., engl. Koseform von Benjamin. *Bekannter Namensträger:* Benny Goodman, amerikan. Jazzmusiker

Berenike weibl., griech., »die Sieg Bringende«

Berit weibl., schwed. und dän. Form von Birgit

Bernard männl., engl. und französ. Form von Bernhard. *Bekannte Namens-träger:* George Bernard Shaw, engl. Schriftsteller und Nobelpreisträger; Bernard Hinault, französ. Radsportler

Bernardo männl., italien. Form von Bernhard. *Bekannter Namensträger:* Ber-nardo Bertolucci, italien. Filmregis-seur

Bernd männl., Nebenform von Bern-hard. *Weitere Formen:* Bernt, Berend. *Bekannte Namensträger:* Bernd Hölzen-bein, deutscher Fußballspieler; Bernd Schuster, deutscher Fußballspieler

Bernhard männl., aus dem ahd. »bero« (Bär) und »harti« (hart). Im Mittelalter durch die Verehrung des Heiligen Bernhard von Clairvaux, Kir-

chenlehrer und Gründer des Zister-zienserordens (11./12. Jh.) weit ver-breitet. *Weitere Formen:* Barnd, Benno, Bero, Bernd, Berno, Berni, Bernhar-din; Bernard (engl., französ.); Ber-nardo, Benso (italien.); Bernát (un-gar.). *Bekannte Namensträger:* Bernhard Grzimek, deutscher Zoologe; Bern-hard Vogel, deutscher Politiker; Bern-hard Langer, deutscher Golfspieler. *Namenstag:* 20. August

Bernharde weibl. Form von Bern-hard. *Weitere Formen:* Bernharda, Bern-hardine, Bernhardina; Bernarda (engl., französ.)

Bernhardin männl., Nebenform von Bernhard

Berni männl., Koseform von Bern-hard

Berno männl., Koseform von Bern-hard

Bero männl., aus dem ahd. »bero« (Bär); Kurzform für mit »Bern-« be-ginnende männl. Vornamen

Bert männl., Kurzform von Berthold oder anderen Vorn. mit »bert«

Berta weibl. Form von Bert. Durch die Verehrung der Heiligen Berta, Stif-terin des Klosters Biburg (12. Jh.) war der Name im Mittelalter vor allem in

Bayern verbreitet. Im 19. Jh. wurde der Name durch die romantische Literatur volkstümlich und erreichte um 1900 seine weiteste Verbreitung. Im Ersten Weltkrieg wurde ein Geschütz »Dicke Berta« genannt. *Weitere Formen:* Bertha, Bertita, Berte. *Namenstag:* 1. Mai

Berte weibl., Nebenform von Berta

Bertfried männl., aus dem ahd. »beraht« (glänzend) und »fridu« (Friede)

Bertfriede weibl. Form von Bertfried

Bertha weibl., Nebenform von Berta. *Bekannte Namensträgerin:* Bertha von Suttner, österr. Schriftstellerin und Friedensnobelpreisträgerin

Berthild weibl., aus dem ahd. »beraht« (glänzend) und »hiltja« (Kampf). *Weitere Formen:* Berthilde

Berthold männl., aus dem ahd. »beraht« (glänzend) und »waltan« (walten, herrschen). *Weitere Formen:* Bertolt, Bert, Berti, Bertl, Berto, Barthold, Berchtold. *Bekannte Namensträger:* Berthold von Regensburg, deutscher Franziskaner; Berthold von Henneberg, deutscher Politiker und Erzbischof von Mainz; Berthold Schwarz, angeblicher Erfinder des Schießpulvers. *Namenstag:* 27. Juli

Berti männl., Kurzform von Berthold

oder anderen Vorn. mit »bert«. *Bekannter Namensträger:* Berti Vogts, deutscher Fußballweltmeister und ehemaliger Trainer der Nationalmannschaft

Bertida weibl., Nebenform von Berta

Bertine weibl., Kurzform von Vorn. mit »-bertine« oder »-bertina«. *Weitere Formen:* Bertina

Bertl männl., Kurzform von Berthold; weibl., Kurzform von Berta; eindeutiger Zweitname erforderlich

Berto männl., Kurzform von Berthold

Bertolt männl., Nebenform von Berthold. *Weitere Formen:* Bertold. *Bekannter Namensträger:* Bertolt Brecht, deutscher Schriftsteller und Theaterregisseur

Bertram männl., aus dem ahd. »beraht« (glänzend) und »hraban« (Rabe). Durch die Verehrung des Heiligen Bertram, Bischof von Mans (7. Jh.) in Deutschland verbreitet. *Weitere Formen:* Rambert; Bertrand (französ.). *Bekannter Namensträger:* Meister Bertram, deutscher Maler und Bildschnitzer. *Namenstag:* 30. Juli

Bertrand männl., französ. Form von Bertram oder aus dem ahd. »beraht« »glänzend« und »rand« (Schild). *Bekannte Namensträger:* Bertrand de Born, französ. Minnesänger; Bertrand Russel, engl. Mathematiker und Philosoph

Beryl weibl., engl., nach dem Edelstein Beryll. *Weitere Formen:* Beryll (deutsch)

Beryll weibl., deutsche Form von Beryl

Bess weibl., engl. Kurzform von Elisabeth; bekannt durch Gershwins Oper »Porgy and Bess«

Bessy, Betsy weibl., engl. Koseformen von Elisabeth

Betti weibl., Koseform von Elisabeth. *Weitere Formen:* Betta, Bette, Betty (engl.). *Bekannte Namensträgerinnen:* Bette Davis, amerikan. Schauspielerin; Bette Midler, amerikan. Sängerin und Schauspielerin

Bettina weibl., Nebenform von Elisabeth. *Bekannte Namensträgerin:* Bettina von Arnim, deutsche Schriftstellerin

Bianca weibl., italien., »die Weiße«. *Weitere Formen:* Blanka

Bibiana weibl., Nebenform von Viviane. Seit dem Mittelalter durch die Verehrung der Heiligen Bibiana, Helferin bei Fallsucht und Kopfschmerzen (4. Jh.), verbreitet. *Weitere Formen:* Bibianka; Binka (bulgar.). *Namenstag:* 2. Dezember

Bill männl., engl. Koseform von William. *Weitere Formen:* Billi, Billy. *Bekannte Namensträger:* Bill Clinton, amerikan. Politiker, 42. Präsident der Vereinigten Staaten; Bill Cosby, amerikan. Fernsehstar; Billy Joel, amerikan. Rocksänger

Billa, Bille weibl., Kurzformen von Sibylle

Billfried männl., aus dem ahd. »billi« (Schwert) und »fridu« (Friede)

Billhard männl., aus dem ahd. »billi« (Schwert) und »harti« (hart)

Billo männl., Kurzform von Vorn. mit »Bill-«

Bine weibl., Kurzform von Vorn. mit »-bine«, vor allem von Sabine. *Weitere Formen:* Bina

Birger männl., nord., »der Schützer«

Birgit weibl., schwed. Form von Brigitte. *Weitere Formen:* Birgid, Birgitta, Birgitt; Birte, Berit (dän.); Berit, Birgitta (schwed.). *Namenstag:* 23. Juli

Birgitt weibl., Nebenform von Birgit

Birgitta weibl., Nebenform von Birgit

Birte weibl., Nebenform von Birgit

Bjarne männl., dän. Form von Björn

Björn männl., schwed., »der Bär«. *Weitere Formen:* Bjarne (dän). *Bekannter Namensträger:* Björn Borg, schwed. Tennisspieler

Blaise männl., französ. und engl. Form von Blasius. *Bekannter Namensträger:* Blaise Pascal, französ. Philosoph und Mathematiker

Blanche weibl., französ., »die Weiße«. *Weitere Formen:* Blanchette

Blanda weibl., aus dem lat. »blandus« (freundlich). *Weitere Formen:* Blandine, Blandina. *Namenstag:* 2. Juni

Blandine weibl., Nebenform von Blanda

Blasius männl., griech., Bedeutung unklar. Der Heilige Blasius ist der Patron der Ärzte, Bauarbeiter, Schneider, Schuhmacher und Weber und gehört zu den 14 Nothelfern. *Weitere Formen:* Blaise (französ., engl.); Biasio, Biaggio (italien.); Blazek (slaw.). *Namenstag:* 3. Februar

Blazek männl., slaw. Form von Blasius

Bob männl., engl. Koseform von Robert. *Bekannte Namensträger:* Bob Dylan (eigentlich Robert Zimmermann), amerikan. Folk-Rock-Sänger und Komponist; Bob Marley, Musiker von der Insel Jamaika, machte den Reggae weltberühmt; Bob Seger, amerikan. Rocksänger; Kinderserienfigur Bob der Baumeister

Bobby männl., engl. Koseform von Robert. *Bekannter Namensträger:* Bobby Charlton, engl. Fußballspieler

Bodislav männl., Nebenform von Bogislaw

Bodo männl., eigenständige Kurzform zu Vorn. mit »Bodo-« oder »Bode-«

Bodomar männl., aus dem ahd. »boto« (Bote) und »mari« (berühmt). *Weitere Formen:* Boi, Bozo

Bodowin männl., aus dem ahd. »boto« (Bote) und »wini« (Freund)

Bogdan männl., slaw. Form von Theodor

Bogislaw männl., slaw., zu russ. »bog« (Gott) und »slava« (Ruhm). *Weitere Formen:* Bodislav, Boguslaw; Bohuslaw (tschech.)

Bogumil männl., aus dem slaw. »bog« (Gott) und »milyi« (angenehm, lieb), entspricht Gottlieb. *Weitere Formen:* Bohumil (tschech.)

Bohumil männl., tschech. Form von Bogumil

Boleslaw männl., slaw., aus dem russ. »bolee« (mehr) und »slava« (Ruhm). *Weitere Formen:* Bolo, Bolko

Bonaventura männl., lat., »gute Zukunft«. Durch die Verehrung des Heiligen Bonaventura, Kirchenlehrer und General des Franziskanerordens, war der Name im Mittelalter verbreitet. *Namenstag:* 14. Juli

Bonifatius männl., lat., »der gutes Glück Verheißende«. Der Heilige Bonifatius war Apostel der Deutschen. Außerdem trugen mehrere Päpste diesen Namen. *Weitere Formen:* Bonifazius, Fazius. *Namenstag:* 5. Juni

Bonifazius männl., Nebenform von Bonifatius

Borchard männl., Nebenform von Burkhard

Borg männl., niederd. Kurzform von Burkhard

Börge männl., neuere Form von Birger. *Weitere Formen:* Börje (schwed.)

Boris männl., slaw. Kurzform von Borislaw. *Bekannte Namensträger:* Boris Pasternak, russ. Schriftsteller (Autor von Doktor Schiwago), Boris Blacher, deutscher Komponist; Boris Becker, deutscher Tennisspieler; Boris Jelzin, russ. Politiker

Borislaw männl., aus dem slaw. »boru« (Kampf) und »slava« (Ruhm)

Börries männl., niederd. Kurzform von Liborius. *Bekannter Namensträger:* Börries Freiherr von Münchhausen, deutscher Dichter

Bosse männl., niederd. Kurzform von Burkhard. Figur in Astrid Lindgrens Roman »Wir Kinder aus Bullerbü«

Brand männl., Kurzform von Vorn. mit »brand«, vor allem Brandolf und Hildebrand

Barnimir männl., serbokroat., von slaw. »Ruhm« und »Friede«

Brandolf männl., aus dem ahd. »brant« (Brand) und »wolf« (Wolf)

Brian männl., aus dem kelt. »bryn« (Hügel). *Bekannte Namensträger:* Brian Jones, engl. Rockgitarrist, ehem. Mitglied der »Rolling Stones«; Brian Eno, engl. Rockmusiker

Briddi weibl., Koseform von Brigitte

Briddy weibl., Koseform von Brigitte

Bride weibl., Kurzform von Brigitte

Bridget weibl., engl. Form von Brigitte. *Weitere Formen:* Brigit

Briga weibl., Kurzform von Brigitte

Brigida weibl., lat. Form von Brigitte. *Weitere Formen:* Brigide. *Namenstag:* 1. Februar

Brigitta weibl., Nebenform von Brigitte

Brigitte weibl., kelt., »die Erhabene«. Die Heilige Brigitte war Gründerin eines Klosters und Patronin Irlands. *Weitere Formen:* Bride, Briddy, Brigitta, Brigida, Britta, Gitta, Gitte, Briga; Birgit (schwed.); Bridget (engl.); Brigitte (französ.); Brigida (lat.). *Bekannte Namensträgerinnen:* Brigitte Horney, deutsche Schauspielerin; Brigitte Bardot, französ. Filmschauspielerin; Brigitte Nielsen, dän. Schauspielerin; Brigitte Mira, deutsche Schauspielerin

Brit weibl., Kurzform von Brigitte

Britta weibl., Kurzform von Brigitte. *Weitere Formen:* Britte, Brita

Bronia weibl., Kurzform von Bronislawa

Bronislaw männl., slaw., zu slaw. »bronja« (Brünne, Panzer) und »slava« (Ruhm)

Bronislawa weibl. Form von Bronislaw. *Weitere Formen:* Bronia, Bronja

Bronno männl., fries. Form von Bruno

Brown männl., engl. Form von Bruno

Bruce männl., Name eines schott. Adelsgeschlechts anglonormann. Herkunft. *Bekannte Namensträger:* Bruce Springsteen, amerikan. Rocksänger; Bruce Willis, amerikan. Schauspieler

Brun männl., Kurzform von Bruno. *Bekannter Namensträger:* Brun von Querfurt, sächs. Missionar (10./11. Jh.)

Bruna weibl. Form von Bruno

Brunhild weibl., Nebenform von Brunhilde

Brunhilde weibl., aus dem ahd. »brunni« (Brustpanzer) und »hiltja« (Kampf). Der Vorname wurde bekannt durch die Gestalt der Brunhilde in der Nibelungensage. *Weitere Formen:* Brunhild, Bruni. *Bekannte Namensträgerin:* Bruni Löbel, deutsche Schauspielerin

Bruno männl., aus dem ahd »brun« (braun, der Braune). Im übertragenen Sinne ist damit »der Bär« gemeint und sollte ursprünglich als Beiname seinem Träger die Eigenschaften eines Bären verleihen. Der Name wurde durch die Verehrung des Heiligen Bruno von Köln, dem Stifter des Kartäuserordens (11. Jh.) im Mittelalter weit verbreitet. Besonders beliebt war der Name im sächs. Herzogsgeschlecht. Zu Beginn des 19. Jh. wurde der Name durch die Ritterdichtung neu belebt. *Weitere Formen:* Brun; Brown (engl.); Brunone (italien.). *Bekannte Namensträger:* Bruno Walter, deutscher Dirigent; Bruno Frank, deutscher Schriftsteller; Bruno Apitz, deutscher Schriftsteller; Bruno Ganz, Schweizer Schauspieler; Bruno Jonas, deutscher Kabarettist und Autor; Bruno Labbadia, deutscher Fußballspieler. *Namenstag:* 6. Oktober

Brunold männl., aus dem ahd. »brun« (braun, der Braune) und »waltan« (walten, herrschen)

Brunone männl., italien. Form von Bruno

Burga weibl., Kurzform von Vorn. mit »burg«, vor allem von Burghild und Walburga. *Weitere Formen:* Burgel, Burgl

Burghild weibl., aus dem ahd. »burg« (Burg) und »hiltja« (Kampf). *Weitere Formen:* Burghilde

Burghilde weibl., Nebenform von Burghild

Burgit weibl., neu gebildeter Vorn. aus »Burga« und »Margit« oder Variation von Birgit

Burgunde weibl., neu gebildeter Vorn. in Anlehnung an die ostfranzös. Region Burgund

Burk, Bürk männl., oberd. Nebenformen von Burkhard

Burkhard männl., aus dem ahd. »burg« (Burg) und »harti« (hart). Durch die Verehrung des Heiligen Burkhard, erster Bischof von Würzburg (8. Jh.) und Helfer gegen Gelenkschmerzen und Rheumatismus sowie bei Stein- und Nierenschmerzen, war der Name besonders in Franken und Schwaben verbreitet. *Weitere Formen:* Burkart, Burchard, Borchard; Bork, Bosse (niederd.). *Namenstag:* 14. Oktober

Burt männl., engl. Herkunft unklar, eventuell Kurzform von Burkhard oder Kurzform des Familiennamens Burton. *Bekannte Namensträger:* Burt Lancaster, amerikan. Filmschauspieler; Burt Reynolds, amerikan. Filmschauspieler

Buster männl., amerikan. Name unbekannten Ursprungs. *Bekannter Namensträger:* Buster Keaton (eigentlich Joseph Francis), amerikan. Filmschauspieler und Regisseur, Komiker des Stummfilms

Cäcilia weibl., Nebenform von Cäcilie

Cäcilie weibl., lat., »Frau aus dem Geschlecht der Caecilier«. Durch die Verehrung der Heiligen Cäcilie, Patronin der Musiker, Sänger und Dichter (3. Jh.), im Mittelalter weit verbreitet. *Weitere Formen:* Cäcilia, Cecilie, Zäzilie, Zilla, Silje, Silke, Cilly, Zilly; Cicely, Sheila, Sissy (engl.). *Namenstag:* 22. November.

Caesar männl., lat., ursprünglich ein Beiname im Geschlecht der Julier oder aus dem lat. »caedere« (schneiden); der Sage nach soll Caesar durch einen Kaiserschnitt auf die Welt gekommen sein. *Weitere Formen:* Cäsar; César (französ.); Cesare (italien.). *Bekannte Namensträger:* Gajus Julius Caesar, röm. Feldherr und Staatsmann (100–44 v. Chr.). *Namenstag:* 27. August

Cajus männl., Nebenform von Kajus

Calman männl., Nebenform von Kalman

Camill männl., aus dem griech. »gamelios« (hochzeitlich, festlich). Durch die Verehrung des Heiligen Camillus, Gründer des Kamillanerordens und Schirmherr der Krankenhäuser und -pflege, seit dem Mittelalter bekannt. *Weitere Formen:* Kamill; Camille (französ.); Camillo (italien.); Camillus (lat.)

Camilla weibl. Form von Camill, »Altardienerin«. Der Name wurde im 19. Jh. in Deutschland durch die Gestalt der Camilla in Stifters Novelle »Die Schwestern« bekannt. *Weitere Formen:* Kamilla; Camille (französ.)

Camille männl., französ. Form von Camill; weibl., französ. Form von Camilla; eindeutiger Zweitname erforderlich

Camillo männl., italien. Form von Camill. Bekannt durch die Gestalt Don Camillo in dem Roman »Don Camillo und Peppone« von G. Guareschi

Candice weibl., aus dem Lat., »glühend«. *Bekannte Namensträgerin:* Candice Bergen, amerikan. Schauspielerin

Candida weibl., lat., »die Weiße, die Reine«. *Weitere Formen:* Kandida, Candy (engl.)

Candy weibl., engl. Form von Candida

Cara weibl., lat., »lieb, teuer«, auch: »die mir Liebe gibt«, auch zu irisch »caraid« (Freund). *Weitere Formen:* Kara

Carin weibl., Nebenform von Karin

Carina weibl., italien. Form zu Karina, auch Koseform von Cara

Carl männl., Nebenform von Karl. *Bekannte Namensträger:* Carl Zuckmayer, deutscher Schriftsteller; Carl von Ossietzky, deutscher Publizist; Carl Lewis, amerikan. Leichtathlet und mehrfacher Olympiasieger; Carl XVI. Gustaf, König von Schweden

Carla weibl., lat. Schreibweise von Karla oder weibl. Form von Carl

Carlo männl., italien. Form von Karl. *Bekannter Namensträger:* Carlo Schmid, deutscher Politiker

Carlos männl., span. Form von Karl. *Bekannter Namensträger:* Carlos Santana, mexikan.-amerikan. Rockmusiker

Carlota weibl., span. Form von Charlotte

Carlotta weibl., italien. Form von Charlotte

Carmen weibl., span., zu »Virgen del Carmen« (Jungfrau vom Berge Karmel). *Weitere Formen:* Karmen, Carmina. Gleichnamige Oper von G. Bizet

Carol männl., rumän. Form von Karl (als männl. Vorn. vom Amtsgericht Hamburg 1967 anerkannt, da der weibl. engl. Vorn. Carol im deutschsprachigen Raum nicht üblich ist)

Carola weibl., erweiterte Form von Carla/Karla

Carolin weibl., Nebenform von Caroline. *Bekannte Namensträgerin:* Carolin Reiber, deutsche Fernsehmoderatorin

Caroline weibl., Nebenform von Carola. *Weitere Formen:* Carolin, Carolina, Karoline, Karolina. *Bekannte Namensträgerinnen:* Caroline von Monaco, monegass. Prinzessin; Caroline Kennedy, Tochter des ermordeten amerikan. Präsidenten J. F. Kennedy

Carsta weibl., Nebenform von Karsta

Carsten männl., Nebenform von Karsten

Cary männl., engl. Form von Carol. *Weitere Formen:* Kerry. *Bekannter Namensträger:* Cary Grant, amerikan. Filmschauspieler

Cäsar männl., eingedeutschte Form von Caesar

Casimir männl., Nebenform von Kasimir

Caspar männl., Nebenform von Kaspar

Caterina weibl., italien. Form von Katharina. *Bekannte Namensträgerin:* Caterina Valente, deutsche Schauspielerin, Sängerin und Tänzerin

Cathérine weibl., französ. Form von Katharina. *Bekannte Namensträgerin:* Cathérine Deneuve, französ. Filmschauspielerin

Cecilie weibl., Nebenform von Cäcilie

Celine weibl., Kurzform von Marceline

César männl., französ. Form von Caesar. *Bekannter Namensträger:* César Franck, französ.-belg. Dirigent und Komponist

Cesare männl., italien. Form von Caesar

Chantal weibl.; nach dem Ehenamen der Jeanne Françoise Frémiot de Chantal; Ordensstifterin der Salesianerinnen

Charles männl., französ. und engl. Form von Karl. *Bekannte Namensträger:* Charles Dickens, engl. Schriftsteller; Charles Chaplin, amerikan. Filmschauspieler und Regisseur; Charles Lindbergh, erster Alleinüberflieger des Atlantik; Charles de Gaulle, französ. General und Staatsmann; Charles Bronson, amerikan. Schauspieler

Charley männl., engl. Koseform von Karl. *Weitere Formen:* Charly

Charlot weibl., niederländ. Form von Charlotte

Charlotte weibl., französ. und engl. Form von Karla. *Weitere Formen:* Lotte, Lola; Charlot (niederländ.); Carlotta (italien.); Carlota (span., portug.). *Bekannte Namensträgerinnen:* Charlotte von Stein, Freundin und Förderin von J. W. Goethe in Weimar; Charlotte Rampling, engl. Schauspielerin

Chlodwig männl., französ. Form von Ludwig

Chlothilde weibl., Nebenform von Klothilde

Chris männl., engl. Kurzform von Christian oder Christopher; weibl., Kurzform von Christina oder Christiane; eindeutiger Zweitname erforderlich. *Bekannte Namensträgerin:* Chris Evert, amerikan. Tennisspielerin

Christa weibl., Kurzform von Christiane. *Bekannte Namensträgerin:* Christa Wolf, deutsche Schriftstellerin

Christabel weibl., Doppelname aus Christa und Bella

Christel weibl., Nebenform von Christa. *Weitere Formen:* Christl

Christian männl., lat. Vorn. griech. Ursprungs, eigentlich »der Christ«. Seit der Reformation (16. Jh.) vor allem in Norddeutschland weit verbreitet. *Weitere Formen:* Karsten, Kersten (niederd.); Chris (engl.); Kristian (schwed.). *Bekannte Namensträger:* Christian Slater, amerikan. Schauspieler; Hans Christian Andersen, dän. Märchendichter; Christian Morgenstern, deutscher Lyriker; Christian Dior, französ. Modeschöpfer; Christian Neureuther, deutscher Skirennläufer; Christian Quadflieg, deutscher Schauspieler. *Namenstag:* 14. Mai, 4. Dezember

Christiana weibl., Nebenform von Christiane

Christiane weibl. Form von Christian. *Weitere Formen:* Christiana, Christianne, Christa, Christel, Nane, Nina, Tina; Cristiana (italien.); Kristiana, Kristiane (skand.). *Bekannte Namensträgerinnen:* Christiane Vulpius, Ehefrau von J. W. Goethe; Christiane Hörbiger, österr. Schauspielerin; Christiane Herzog, Ehefrau des Bundespräsidenten Roman Herzog. *Namenstage:* 4. Juni, 24. Juli, 15. Dezember

Christina weibl., Nebenform von Christiane. *Weitere Formen:* Christine, Tina; Kristin, Kerstin, Kirstin; Kirsten, Kristina, Kristine (skand.): Kristin, Chrissy, Chris (engl.)

Christine weibl., Nebenform von Christina. *Bekannte Namensträgerinnen:* Christine, Königin von Schweden; Christine de Pisan, französ. Dichterin; Christine Kaufmann, deutsche Schauspielerin. *Namenstag:* 24. Juli

Christo männl., bulgar. Form von Christopher. *Bekannter Namensträger:* Christo, amerikan. Verpackungskünstler

Christof männl., Nebenform von Christoph

Christoffer männl., Nebenform von Christopher

Christoforo männl., italien. Form von Christopher

Christoph männl., Nebenform von Christopher. *Weitere Formen:* Christof. *Bekannte Namensträger:* Christoph Kolumbus, span. Seefahrer; Christoph Martin Wieland, deutscher Dichter; Christoph Daum, deutscher Fußballtrainer

Christophe männl., französ. Form von Christopher

Christopher männl., griech., »Christusträger«. *Weitere Formen:* Christoph, Christoffer, Stoffel, Toffel; Christophorus (lat.); Chris (engl.); Christophe (französ.); Christoforo (italien.); Cristobál (span.); Christo (bulgar.);

Krysztof (slaw.); Kristoffel (niederd.). *Bekannter Namensträger:* Christopher Lee, engl. Schauspieler

Christophorus männl., lat. Form von Christopher. *Namenstag:* 25. Juli

Cindy weibl., engl. Kurzform von Cinderella oder Cynthia. *Bekannte Namensträgerin:* Cindy Crawford, amerikan. Fotomodell

Claas männl., Nebenform von Klaus

Cläre weibl., Nebenform von Claire

Claire weibl., französ. Form von Klara. *Weitere Formen:* Cläre, Kläre. *Bekannte Namensträgerin:* Claire Waldoff, deutsche Kabarettistin und Schauspielerin

Clara weibl., Nebenform von Klara

Clarissa weibl., Nebenform von Klarissa

Clarisse weibl., Nebenform von Klarissa

Clark männl., engl. Vorn. lat. Ursprungs, »der Geistliche«. *Weitere Formen:* Clarke, Clerk (engl.). *Bekannter Namensträger:* Clark Gable, amerikan. Filmschauspieler

Clarke männl., Nebenform von Clark

Claude weibl., französ. Form von Claudia; männl., französ. Form von Claudius; eindeutiger Zweitname erforderlich. *Bekannte Namensträger:* Claude Debussy, französ. Komponist; Claude Monet, französ. impressionistischer Maler

Claudette weibl., französ. Koseform von Claudia

Claudia weibl. Form von Claudius. *Weitere Formen:* Klaudia, Claudiana, Clodia; Claude, Claudinette, Claudette (französ.). *Bekannte Namensträgerinnen:* Claudia Cardinale, italien. Filmschauspielerin; Claudia Roth, deutsche Politikerin; Claudia Schiffer, deutsches Fotomodell. *Namenstag:* 18. August

Claudine weibl., französ. Form von Claudia. *Weitere Formen:* Dina, Claudinette. Auch bekannt durch Goethes Jugenddrama »Claudine von Villa Bella«

Claudinette weibl., französ. Verkleinerungsform von Claudia

Claudio männl., italien. Form von Claudius. *Bekannte Namensträger:* Claudio Monteverdi, italien. Komponist; Claudio Abbado, italien. Dirigent

Claudius männl., lat., »der aus dem Geschlecht der Claudier«. *Weitere Formen:* Claudio (italien.), Claude (französ.).

Bekannter Namensträger: Kaiser Tiberius Claudius Nero

Clemens männl., lat., »der Milde, der Gnädige«, der Name stammt bereits aus vorchristlicher Zeit. *Weitere Formen:* Klemens, Clement (engl., französ.). *Bekannte Namensträger:* Clemens Brentano, deutscher Schriftsteller; Clemens Mayer, deutscher Gedächtnisweltmeister. *Namenstag:* 23. November

Clement männl., engl. und französ. Form von Clemens

Clementia weibl. Form von Clemens. *Weitere Formen:* Klementia, Clementine, Klementine

Clementine weibl., Nebenform von Clementia

Cliff männl., Kurzform von Clifford. *Bekannter Namensträger:* Cliff Richard, engl. Popsänger

Clifford männl., engl.; ursprünglich Beiname nach dem Herkunftsort

Clint männl., Kurzform von Clinton. *Bekannter Namensträger:* Clint Eastwood, amerikan. Schauspieler

Clinton männl., altengl., »der aus der Stadt an der Landspitze«

Clivia weibl., nach der Pflanze (Gattung der Amaryllisgewächse)

Cölestin männl., lat., »der Himmlische«. *Namenstag:* 19. Mai

Cölestine weibl. Form von Cölestin. *Weitere Formen:* Célestine (französ.)

Coletta weibl., Kurzform von Nicoletta (Nicole). *Weitere Formen:* Colette (französ.)

Colette weibl., französ. Form von Coletta

Colin männl., engl. Kurzform von Nikolaus

Conny männl., engl. Koseform von Konrad; weibl., engl. Koseform von Cornelia. Eindeutiger Zweitname erforderlich. *Weitere Formen:* Conni

Conrad männl., Nebenform von Konrad

Constance weibl., Nebenform von Konstanze. *Weitere Formen:* Constanze

Constantin männl., Nebenform von Konstantin

Constanze weibl., Nebenform von Konstanze

Cora weibl., Kurzform von Kordula

Cordella weibl., Nebenform von Cordula. *Weitere Formen:* Kordelia

Cordula weibl., lat., »Herzchen, Mädchen«. *Weitere Formen:* Cordelia, Kordula, Cora, Kora. *Namenstag:* 22. Oktober

Corina weibl., span., italien. und portug. Form von Corinna

Corinna weibl., Weiterbildung von Cora. *Nebenformen:* Korinna

Cornelia weibl. Form von Cornelius. Ein seit der Renaissance (13. Jh.) in Deutschland verbreiteter Name. *Weitere Formen:* Conny, Cornell, Corrie, Nellie, Lia, Nelia, Kornelia; Cornélie (franzÖs.); Cornela (engl.). *Bekannte Namensträgerin:* Cornelia Froboess, deutsche Schauspielerin; Cornelia Funke, deutsche Schriftstellerin. *Namenstage:* 31. März, 16. September

Cornelius männl., lat., »der aus dem Geschlecht der Cornelier«. *Weitere Formen:* Kornelius, Corell, Cornel, Nils, Niels. *Namenstag:* 16. September

Corona weibl., lat., »der Kranz«. *Weitere Formen:* Korona. *Namenstag:* 14. Mai

Corvin männl., von dem lat. »corvus« (Rabe). *Weitere Formen:* Korvin

Cosima weibl., lat., »wohl geordnet, sittlich«. *Weitere Formen:* Kosima. *Bekannte Namensträgerin:* Cosima Wagner, Ehefrau von R. Wagner

Crescentia weibl., Nebenform von Kreszentia

Curd männl., Nebenform von Kurt. *Weitere Formen:* Curt, Kurd. *Bekannter Namensträger:* Curd Jürgens, deutscher Schauspieler

Cynthia weibl., griech., »die vom Berge Cynthos Stammende«. *Weitere Formen:* Cinzia (italien.); Cintia (ungar.). Cynthia ist auch der Beiname der griech. Jagdgöttin Artemis

Cyprian männl., aus dem lat. »cyprianus« (Mann aus Zypern)

Cyrillus männl., griech., »der zum Herrn Gehörende«. *Weitere Formen:* Cyrill, Kyrill. *Bekannter Namensträger:* Heiliger Cyrillus, Kirchenlehrer und Bischof. *Namenstag:* 7. Juli

Dag männl., skand. Kurzform von Vorn. mit »Dag-« oder »-dag«. *Weitere Formen:* Dagino

Dagmar weibl. Form von Dagomar. Der Name geht wahrscheinlich auf die böhmische Prinzessin Dagmar zurück, die im 13. Jh. Königin von Dänemark war. *Weitere Formen:* Dagny (skand.); Dragomira (slaw.). *Bekannte Namensträgerin:* Dagmar Berghoff, deutsche Fernsehmoderatorin

Dagny weibl., skand. Kurzform von Dagmar oder schwed., »neuer Tag«

Dagobert männl., aus dem ahd. »dag« (Tag) oder dem kelt. »dago« (gut) und dem ahd. »beraht« (glänzend). Der Name wurde durch die Merowinger bekannt. Weltberühmt wurde er durch Walt Disneys Comicfigur Dagobert Duck.

Dagomar männl., aus dem ahd. »dag« (Tag) oder dem kelt. »dago« (gut) und dem ahd. »mari« (berühmt). *Weitere Formen:* Dag, Dago

Daisy weibl., engl., »Gänseblümchen«

Dalila weibl., aus der Bibel übernommener Vorn. hebr. Ursprungs, »die Wellenlockige« oder »die Schmachtende« oder »klein, gering«. In der Bibel ist Dalila die Geliebte von Simson. Sie entlockt ihm das Geheimnis seiner Kraft und liefert ihn seinen Feinden aus. *Weitere Formen:* Delila, Delilah, Daliah. *Bekannte Namensträgerin:* Daliah Lavi, israel. Sängerin und Schauspielerin

Damaris weibl., griech., »Gattin, Geliebte«

Dan männl., engl. Kurzform von Daniel. *Bekannter Namensträger:* Dan Akroyd, amerikan. Schauspieler und Komiker

Dana weibl., slaw. Kurzform von Daniela oder russ. Kurzform von Daria. *Weitere Formen:* Danja

Dania weibl., slaw. Kurzform von Daniela

Daniel männl., aus der Bibel übernommener Vorn. hebr. Ursprungs, »Gott ist mein Richter«. *Weitere Formen:* Dan, Dano; Danny (engl.); Danilo (russ.); Dános (ungar.). *Bekannte Namensträger:* Daniel Chodowiecki, deutscher Kupferstecher, Zeichner und Maler; Daniel Defoe, engl. Schriftsteller; Daniel Radcliffe, engl. Schauspieler; Daniel Craig, engl. Schauspieler. *Namenstag:* 21. Juli

Daniela weibl. Form von Daniel. *Weitere Formen:* Danielle, Dany (französ.); Daniella (italien.); Danniebelle (amerikan.); Dana, Dania (slaw.)

Daniella weibl., italien. Form von Daniela. *Weitere Formen:* Danilla

Danielle weibl., französ. Form von Daniela. *Bekannte Namensträgerin:* Danielle Darrieux, französ. Filmschauspielerin

Danilo männl., russ. Form von Daniel

Danja weibl., Nebenform von Dana

Dankmar männl., aus dem ahd. »dank« (Gedanke) und »mari« (berühmt). *Weitere Formen:* Dammo, Thankmar, Tamme

Danko männl., Nebenform von Dankwart

Dankrad männl., aus dem ahd. »dank« (Gedanke) und »rat« (Ratgeber). *Weitere Formen:* Tankred, Dankrat

Dankwart männl., aus dem ahd. »dank« (Gedanke) und »wart« (Hüter). *Weitere Formen:* Danko, Tanko

Danniebelle weibl., amerikan. Form von Daniela

Danny männl., engl. und französ. Koseform von Daniel. *Bekannter Namensträger:* Danny de Vito, amerikan. Schauspieler

Dano männl., Kurzform von Daniel

Dános männl., ungar. Form von Daniel

Dany weibl., französ. Koseform von Daniela; männl., Koseform von Daniel

Daphne weibl., griech., »Lorbeerbaum«. In der griech. Mythologie wird Daphne von Apollo verfolgt und wird auf ihren Wunsch hin von den Göttern in einen Lorbeerbaum verwandelt. *Weitere Formen:* Dafne, Daphna. *Bekannte Namensträgerin:* Daphne du Maurier, engl. Schriftstellerin

Daria weibl. Form von Darius, Name der Heiligen Daria. *Weitere Formen:* Darja (russ.). *Namenstag:* 25. Oktober

Dario männl., italien. Form von Darius

Darius männl., aus dem Lat. übernommener Vorn., eigentlich »Bezwinger«, Name mehrerer pers. Könige. *Weitere Formen:* Dario (italien.). *Bekannter Namensträger:* Darius Milhaud, französ. Komponist

Darja weibl., russ. Form von Daria

David männl., aus der Bibel übernommener Vorn. hebr. Ursprungs, »der Geliebte, der Liebende«. In der Bibel besiegt David den Riesen Goliath und ist Gründer des jüdischen Staates. *Weitere Formen:* Davide (italien.); Davy, Dave (engl.), Davis. *Bekannte Namensträger:* David Hume, engl. Philosoph und Historiker; David Livingstone, engl. Forschungsreisender; Caspar David Friedrich, deutscher Maler; David Beckham, engl. Fußballspieler; David Ben Gurion, israel. Staatsmann; David Bowie, engl. Schauspieler und Rockmusiker; David Hasselhoff, amerikan. Sänger und Schauspieler. *Namenstag:* 29. Dezember

Davida weibl. Form von David. *Weitere Formen:* Davina (engl.); Davide, Davita (niederländ.)

Davide männl., italien. Form von David; weibl., niederländ. Form von Davida; eindeutiger Zweitname erforderlich

Davina weibl., schott. Form von Davida

Davis, Davy männl., engl. Formen von David

Davita weibl., niederländ. Form von Davida

Debora, Deborah weibl., aus der Bibel übernommener Vorn. hebr. Ursprungs, »Biene, Wespe«. Der Name wurde wiederbelebt durch die engl. Puritaner und in Amerika verbreitet. *Weitere Formen:* Bora, Debi. *Bekannte Namensträgerin:* Deborah, Richterin und Prophetin im alten Israel. *Namenstag:* 21. September

Degenhard männl., aus dem ahd. »degan« (junger Krieger) und »harti« (hart)

Deike weibl., fries. Kurzform von Vorn. mit »Diet-«

Dele weibl., Kurzform von Adele. *Weitere Formen:* Dela

Delia weibl., griech., »die von der Insel Delos Stammende«. Beiname der Göttin Artemis

Demetrius männl., griech., »Sohn der Erdgöttin Demeter«. Der Vorn. ist vor allem im slaw. Raum weit verbreitet. *Weitere Formen:* Dimitrij (russ.); Mitja (slaw.); Mitsos (griech.)

Denis männl., französ. Form von Dionysius

Denise weibl. Form von Denis. *Weitere Formen:* Denny. *Bekannte Namensträgerin:* Denise Richards, amerikan. Schauspielerin

Dennis männl., engl. Form von Dionysius. *Bekannte Namensträger:* Dennis Hopper, amerikan. Schauspieler und Regisseur

Derek, Derik männl., fries. Nebenformen von Dietrich

Derk männl., fries. Form von Dietrich

Derrick männl., engl. Form von Dietrich

Desideria weibl. Form von Desiderius. *Weitere Formen:* Désirée (französ.)

Desiderius männl., lat., »der Ersehnte«. *Weitere Formen:* Didier, Désiré (französ.); Desiderio (italien.)

Désiré männl., französ. Form von Desiderius

Désirée weibl., französ. Form von Desideria. *Bekannte Namensträgerin:* Désirée Nosbusch, Luxemburg. Fernsehmoderatorin und Schauspielerin

Detlef, Detlev männl., niederd. Formen des heute nicht mehr gebräuchlichen Vorn. Dietleib, »Erbe des Volkes«. Der Name wird auch als abwertende Bezeichnung für schwule Männer verwendet. *Weitere Formen:* Detlev, Delf, Tjalf, Tjade; Detlof (schwed.). *Bekannte Namensträger:* Detlef Schrempf, deutsch-amerikan. Basketballspieler; Detlev Buck, deutscher Schauspieler

Detmar männl., niederd. Form von Dietmar

Dettmar männl. Nebenform von Detmar

Dewald männl., niederd. Form von Dietbald oder Dietwald

Diana weibl., auf die röm. Jagdgöttin zurückzuführen, von lat. »diviana« (die Göttliche). *Weitere Formen:* Di, Diane, Dianne (französ). *Bekannte Namensträgerinnen:* Diana Ross, amerikan. Sängerin; Diane Keaton, amerikan. Schauspielerin; Diana, Prinzessin von Wales; Diana Galbaldon, amerik. Autorin

Dick männl., engl. Koseform von Richard

Dicky männl., engl. Koseform von Richard

Didda weibl., fries. Kurzform von Vorn. mit »Diet-«. *Weitere Formen:* Ditte

Didi männl., fries. Kurzform von Dietrich. *Bekannter Namensträger:* Didi Thurau, deutscher Radprofi

Diebald männl., Nebenform von Dietbald

Diede männl., fries. Kurzform von Dietrich

Diedrich männl., Nebenform von Dietrich

Diego männl., span. Form von Jakob. *Bekannter Namensträger:* Diego Maradona, argentin. Fußballspieler

Diemo männl., Kurzform von Dietmar

Dieta weibl., Kurzform von Dietberga

Dietbald männl., aus dem ahd. »diot« (Volk) und »bald« (kühn). *Weitere Formen:* Diebold, Diebald, Deotpold; Theobald (lat.); Debald, Dewald (niederd.)

Dietberga weibl., aus dem ahd. »diot« (Volk) und »bergan« (Schutz, Zuflucht). *Weitere Formen:* Dietburga, Dieta, Dietha

Dietbert männl., aus dem ahd. »diot« (Volk) und »beraht« (glänzend)

Dietbrand männl., aus dem ahd. »diot« (Volk) und »brant« (Brand)

Dietburga weibl., Nebenform von Dietberga

Dieter männl., Kurzform von Dietrich. Seit dem Mittelalter durch das Nibelungenlied (13. Jh.) weit verbreitet. *Bekannte Namensträger:* Dieter Borsche, deutscher Schauspieler; Dieter Hildebrandt, deutscher Kabarettist; Dieter Hoeneß, deutscher Fußballspieler; Dieter Baumann, deutscher Langstreckenläufer; Dieter Hallervorden, deutscher Komiker; Dieter Thomas Heck, deutscher Fernsehmoderator; Dieter Kürten, deutscher Sportjournalist und Fernsehmoderator; Dieter Krebs, Schauspieler und Kabarettist

Dieterik männl., Nebenform von Dietrich

Dietfried männl., aus dem ahd. »diot« (Volk) und »fridu« (Friede). Im Mittelalter war die latinisierte Form Theodefried weit verbreitet.

Dietgard weibl., aus dem ahd. »diot« (Volk) und »gard« (Schutz)

Dietger männl., aus dem ahd. »diot« (Volk) und »ger« (Speer)

Diethard männl., aus dem ahd. »diot« (Volk) und »harti« (hart)

Diethelm männl., aus dem ahd. »diot« (Volk) und »helm« (Helm, Schutz)

Diether männl., aus dem ahd. »diot« (Volk) und »heri« (Heer)

Diethild weibl., aus dem ahd. »diot« (Volk) und »hiltja« (Kampf)

Dietlind weibl., aus dem ahd. »diot« (Volk) und »linta« (Schutzschild aus Lindenholz). *Weitere Formen:* Dietlinde, Dietlindis

Dietmar männl., aus dem ahd. »diot« (Volk) und »mari« (berühmt). Ältere Form: Theodemar. *Weitere Formen:* Dimo, Diemo, Timmo, Thiemo, Thietmar, Dittmer, Dittmar; Detmar (niederd.). *Bekannter Namensträger:* Dietmar von Aist, deutscher Minnesänger; Dietmar Mögenburg, deutscher Hochspringer. *Namenstage:* 2. Januar, 17. Mai

Dietmut weibl., aus dem ahd. »diot« (Volk) und »muot« (Sinn, Geist). *Weitere Formen:* Dietmute, Diemut; Demeke (niederd.)

Dietram männl., aus dem ahd. »diot« (Volk) und »hraban« (Rabe)

Dietrich männl., aus dem ahd. »diot« (Volk) und »rihhi« (reich, mächtig), ältere Form »Theoderich«. *Weitere Formen:* Diedrich, Dieter, Dieterik, Dirk, Diede, Didi, Tilo, Tillmann, Till; Derk, Derek, Derik, Dietz, Deddo, Teetje, Tido, Tide (fries.); Derrick (engl.). *Bekannte Namensträger:* Dietrich Fischer-Dieskau, deutscher Sänger; Dietrich Bonhoeffer, deutscher Theologe; Hans-Dietrich Genscher,

deutscher Politiker. *Namenstag:* 2. Februar

Dietrun weibl., aus dem ahd. »diot« (Volk) und »runa« (Geheimnis)

Dietwald männl., aus dem ahd. »diot« (Volk) und »waltan« (walten, herrschen)

Dietward männl., aus dem ahd. »diot« (Volk) und »wart« (Hüter)

Dietwin männl., aus dem ahd. »diot« (Volk) und »wini« (Freund)

Dietwolf männl., aus dem ahd. »diot« (Volk) und »wolf« (Wolf). *Weitere Formen:* Dietolf

Diez männl., fries. Kurzform von Dietrich

Diktus männl., Kurzform von Benediktus

Dilia weibl. Kurzform von Odilia

Dimitri männl., Nebenform von Dimitrij

Dimitrij männl., russ. Form von Demetrius; in Russland und Bulgarien verbreitet. *Weitere Formen:* Dimitry, Dima (russ.), Dimitrios (griech.)

Dina weibl., Kurzform von Vorn. mit

55

»-dina«, »-tina«, »-dine« oder »-tine« oder hebr., »eine, der zu Recht verholfen wurde oder die Richterin«

Dion männl., Kurzform von Dionysius

Dionysius männl., griech., »der dem Gott Dionysos Geweihte«. *Weitere Formen:* Nies, Nis, Dionys, Dinnies, Dion, Dins; Dénis (französ.); Dennis (engl.); Diwis (tschech.); Denes (ungar.). *Bekannter Namensträger:* Heiliger Dionysius, erster Bischof von Paris und einer der 14 Nothelfer. *Namenstag:* 9. Oktober

Diotima weibl., griech., »die Gottgeweihte«. Gestalt in Platons »Symposion«

Dirk männl., Kurzform von Dietrich. *Weitere Formen:* Dierk. *Bekannter Namensträger:* Dirk Bach, deutscher Schauspieler und Komiker

Diwis männl., tschech. Form von Dionysius

Djarmila weibl., kirgisische Form zum tschech. Jarmila

Dobby männl., engl. Koseform von Robert

Dodo weibl., Koseform von Dorothea

Dolf männl., Kurzform von Vorn. mit »-dolf«, vor allem von Rudolf. *Bekannter Namensträger:* Dolf Sternberger, deutscher Publizist und Politologe

Dolly weibl., engl. Koseform von Dorothea. *Weitere Formen:* Doll. *Bekannte Namensträgerin:* Dolly Parton, amerikan. Sängerin und Schauspielerin

Dolores weibl., aus dem Span. übernommener Vorn. zu »Maria de los Dolores« (Maria der Schmerzen); aus religiöser Ehrfurcht wurde Dolores stellvertretend für Maria als Taufname vergeben. *Weitere Formen:* Lola

Doma weibl., slaw. Form von Dominika

Doman männl., ungar. Form von Dominikus

Domenica weibl., italien. Form von Dominika

Domenico männl., italien. Form von Dominikus

Domingo männl., span. Form von Dominikus

Dominic männl., engl. Form von Dominikus

Dominik männl., Kurzform von Dominikus

Dominika weibl. Form von Dominikus. *Weitere Formen:* Domenica (italien.); Doma (slaw.); Dominique (französ.). *Namenstag:* 5. August

Dominikus männl., lat., »dem Herrn gehörend«. *Weitere Formen:* Dominik; Dominique (französ.); Domingo (span.); Domenico (italien.); Dominic (engl.); Doman (ungar.). *Berühmter Namensträger:* Dominikus Guzman, Gründer des Dominikanerordens. *Namenstag:* 8. August

Dominique weibl., französ. Form von Dominika; männl., französ. Form von Dominikus. Der Name wurde als männl. Vorn. in Deutschland abgelehnt, obwohl er als solcher in der Schweiz gebräuchlich ist

Don männl., Kurzform von Donald. *Bekannter Namensträger:* Don Johnson, amerikan. Schauspieler

Donald männl., engl. Vorn. kelt. Ursprungs, »Weltherrscher«. *Bekannter Namensträger:* Donald Sutherland, kanad. Schauspieler; Donald Duck, Figur von Walt Disney; Donald Trump, amerikan. Hotelmanager

Donata weibl. Form von Donatus. *Weitere Formen:* Donatella (italien.); Donatienne (französ.); Dota, Donka (bulgar.)

Donatien männl., französ. Form von Donatus

Donatienne weibl, französ. Form von Donata

Donato männl., span. und italien. Form von Donatus

Donatus männl., lat., »Geschenk Gottes«. Durch die Verehrung des Heiligen Donatus (von Münstereifel, Patron gegen Unwetter, Hagel, Blitzschlag und Feuersbrunst) seit dem 17. Jh. in Deutschland verbreitet. *Weitere Formen:* Donet (engl.); Donat, Donatien (französ.); Donato (span., italien.). *Namenstag:* 7. August

Donet männl., engl. Form von Donatus

Donka weibl., bulgar. Form von Donata

Dora weibl., Kurzform von Dorothea oder Theodora. *Weitere Formen:* Doro, Dorel, Dorika

Dore weibl., Kurzform von Dorothea oder Theodora

Doreen weibl., engl. Kurzform von Dorothea

Dorette weibl., französ. Koseform von Dorothea

Dorian männl., engl. Vorn. griech. Ursprungs, eigentlich »der Dorer«. Bekannt durch O. Wilde »Das Bildnis des Dorian Gray«. *Weitere Formen:* Doriano (italien.)

Doriet weibl., Kurzform von Dorothea

Dorika weibl., Nebenform von Dora

Dorina, Dorinda weibl., Nebenformen von Dorothea

Doris weibl., Kurzform von Dorothea. *Weitere Formen:* Doriet, Dorit. *Bekannte Namensträgerinnen:* Doris Day, amerikan. Schauspielerin; Doris Lessing, engl. Schriftstellerin; Doris Dörrie, deutsche Filmregisseurin

Dorit weibl., Kurzform von Dorothea

Dorota weibl., poln. und tschech. Form von Dorothea

Dorotea weibl., span. und italien. Form von Dorothea

Dorothea weibl., griech., eigentlich »Gottesgeschenk«. Dorothea ist gleichbedeutend mit Theodora. Seit dem Mittelalter durch die Verehrung der Heiligen Dorothea, Patronin der Gärtner, beliebt. Später bekannt durch Goethes Werk »Hermann und Dorothea«. *Weitere Formen:* Dodo, Dora, Dorinda, Dorina, Doris, Thea, Dörte; Dorothy, Dolly, Doreen (engl.); Dorothée, Dorette (französ.); Dorota (poln., tschech.); Dorotea (span., italien.). *Bekannte Namensträgerinnen:* Dorothea Schlegel, Tochter von M. Mendelssohn und Ehefrau von Friedrich Schlegel, Dorothea Christiane Erxleben, erste deutsche promovierte Ärztin. *Namenstag:* 6. Februar, 25. Juni

Dorothée weibl., französ. Form von Dorothea

Dorothy weibl., engl. Form von Dorothea

Dorrit weibl., Kurz- und Koseform von Dorothea oder Dorothy

Dörte weibl. Kurzform von Dorothea. *Weitere Formen:* Dörthe

Dortje weibl., fries. Form von Dagmar

Dorus männl., Kurzform von Theodor

Doug männl., Kurzform von Douglas

Douglas männl., engl. Vorn. kelt. Ursprungs, »dunkelblau«; auch ein schott. Familienname sowie der Name eines schott. Adelsgeschlechts

Dragomir männl., südslaw., aus dem altslaw. »dragi« (lieb) und »mir« (Friede)

Dragomira weibl. Form von Dragomir, slaw. Form von Dagmar

Drewes männl., niederd. Form von Andreas

Dubravka weibl., tschech. *Weitere Formen:* Dobravka

Dulf männl., Kurzform von Rudolf

Duncan männl., aus dem altirischen »dunecan« (brauner Krieger)

Dunja weibl., aus dem Slaw. übernommener Vorn. griech. Ursprungs, »die Hochgeschätzte«. *Bekannte Namensträgerin:* Dunja Rajter, kroat. Sängerin

Dusja weibl., russ. Koseform von Ida

Dustin männl., engl. *Bekannter Namensträger:* Dustin Hoffmann, amerikan. Schauspieler und Oscarpreisträger

Ebba weibl., Kurzform von Vorn. mit »Eber-«

Ebbo, Eber männl., Kurzformen zu Vorn. mit »Eber-«

Ebergard weibl., aus dem ahd. »ebur« (Eber) und »gard« (Hort, Schutz)

Ebergund weibl., aus dem ahd. »ebur« (Eber) und »gund« (Kampf)

Ebergunde weibl., Nebenform von Ebergund

Eberhard männl., aus dem ahd. »ebur« (Eber) und »harti« (hart). *Weitere Formen:* Eber, Ebert, Ebbo, Everhard; Jori, Jorrit (fries.). *Bekannte Namensträger:* Eberhard Diepgen, deutscher Politiker; Eberhard Gienger, deutscher Kunstturnweltmeister. *Namenstag:* 22. Juni

Eberharde weibl. Form von Eberhard. *Weitere Formen:* Eberharda, Eberhardina, Dina, Dine, Eberta

Eberhelm männl., aus dem ahd. »ebur« (Eber) und »helm« (Helm)

Eberhild weibl., aus dem ahd. »ebur« (Eber) und »hiltja« (Kampf). *Weitere Formen:* Eberhilde

Ebermund männl., aus dem ahd. »ebur« (Eber) und »munt« (Schutz der Unmündigen)

Ebert männl., Kurzform von Eberhard

Eberta weibl., Kurzform von Eberharde

Eberwin männl., aus dem ahd. »ebur« (Eber) und »wini« (Freund)

Eberwolf männl., aus dem ahd. »ebur« (Eber) und »wolf« (Wolf)

Eckart männl., Kurzform von Eckehard. *Weitere Formen:* Eckard, Eckhart, Ekard, Eckhard, Eck

Eckbert männl., aus dem ahd. »ecka« (Speerspitze) und »beraht« (glänzend). *Weitere Formen:* Eckbrecht, Egbert, Egbrecht, Ebbert

Ecke männl., Kurzform von Eckehard

Eckehard männl., aus dem ahd. »ecka« (Speerspitze) und »harti« (hart). Bekannt durch die Sagengestalt des treuen Eckehard. *Weitere Formen:* Eckhard, Ekkehard, Eckart, Ecke,

Eginhard; Edzard, Eggert, Edsart, Edsert (fries.)

Eckhard männl., Nebenform von Eckehard

Ed männl., Kurzform von Eduard

Edda weibl., Kurzform von Vorn. mit »Ed-«. *Weitere Formen:* Etta; Eda (schwed.). *Bekannte Namensträgerin:* Edda Seipel, deutsche Schauspielerin

Eddie männl., Koseform von Ed. *Bekannte Namensträger:* Eddie Constantine, franzöś. Schauspieler und Sänger amerikan. Herkunft; Eddie Murphy, amerikan. Schauspieler

Eddy männl., engl. Koseform von Eduard. *Bekannter Namensträger:* Eddy Merckx, belg. Radrennfahrer

Ede männl., Kurzform von Eduard

Edel weibl., Kurzform von Vorn. mit »Edel-«, vor allem von Edeltraud und Edelgard

Edelberga weibl., Nebenform von Adelberga

Edelbert männl., Nebenform von Adalbert

Edelberta weibl., Nebenform von Adalberta

Edelgard weibl., Nebenform von Adalgard. *Weitere Formen:* Edelgart; Ethelgard (engl.)

Edelmar männl., Nebenform von Adalmar

Edeltraud weibl., Nebenform von Adeltraud

Edeltrud weibl., Nebenform von Adeltraud

Edgar männl., aus dem altengl. »ead« (Besitz) und »gar« (Speer), engl. Form von Otger. Figur in Shakespeares »König Lear«. *Weitere Formen:* Edgard; Edgardo (italien.). *Bekannte Namensträger:* Edgar Allan Poe, amerikan. Schriftsteller; Edgar Degas, französ. Maler; Edgar Wallace, engl. Schriftsteller. *Namenstag:* 8. Juli

Edgard männl., Nebenform von Edgar

Edith weibl., aus dem altengl. »ead« (Besitz) und »gyth« (Kampf). *Weitere Formen:* Editha, Edda, Ada, Dita; Edyth (engl.). *Bekannte Namensträgerinnen:* Edith Piaf, französ. Chansonsängerin; Edith Stein, deutsche Philosophin. *Namenstag:* 16. September

Editha weibl., Nebenform von Edith

Edmond männl., engl. und französ.

Form von Edmund. *Bekannter Namensträger:* Edmond Halley, engl. Astronom, Entdecker des Halleyschen Kometen

Edmund männl., aus dem altengl. »ead« (Besitz) und »mund« (Schutz). *Weitere Formen:* Edmond (engl., französ.); Edmondo (italien.). *Bekannter Namensträger:* Edmund Stoiber, deutscher Politiker

Edmunda weibl. Form von Edmund. *Weitere Formen:* Edmunde

Edna weibl., hebr., »Lust, Entzücken«. *Bekannte Namensträgerin:* Edna Ferber, amerikan. Schriftstellerin

Edoardo männl., italien. Form von Eduard. *Weitere Formen:* Odoardo

Édouard männl., französ. Form von Eduard

Edsart, Edsert männl., fries. Kurzformen von Eckehard

Eduard männl., eingedeutschte Form von Edward. *Weitere Formen:* Ed, Ede; Eddy, Edward (engl.); Édouard (französ.); Edvard (norweg., schwed.); Edoardo (italien.); Duarte (portug.). *Bekannte Namensträger:* Eduard von Hartmann, deutscher Philosoph; Eduard Mörike, deutscher Schriftsteller; Eduard Künneke, deutscher Operettenkomponist. *Namenstag:* 13. Oktober

Eduarde weibl. Form von Eduard. *Weitere Formen:* Eduardina

Edvard männl., norweg. Form von Eduard. *Bekannte Namensträger:* Edvard Grieg, norweg. Komponist; Edvard Munch, norweg. Maler und Grafiker

Edward männl., aus dem altengl. »ead« (Besitz) und »weard« (Hüter).

Edwardina weibl. Form von Edward. *Weitere Formen:* Edwardine

Edwin männl., engl. Form von Otwin. *Bekannte Namensträger:* Edwin P. Hubble, amerikan. Astrophysiker; Edwin Moses, amerikan. Leichtathlet

Edwine weibl. Form von Edwin. *Weitere Formen:* Edwina

Edyth weibl., engl. Form von Edith

Edzard männl., fries. Form von Ekkehard. *Weitere Formen:* Edzart. *Bekannter Namensträger:* Edzard Reuter, deutscher Industriemanager

Effi weibl., Kurzform von Elfriede. Bekannt durch die Romanfigur Effi Briest von Th. Fontane

Egberta weibl. Form von Eckbert. *Weitere Formen:* Egbertine, Egbertina

Egbrecht männl., Nebenform von Eckbert

Egge männl., fries. Kurzform von Eckehard

Egid männl., Nebenform von Ägidius

Egidio männl., span. Form von Ägidius

Egil männl., Kurzform von Vorn. mit »Egil-«, vor allem von Egilbert

Egilbert männl., aus dem ahd. »ecka« (Speerspitze) und »beraht« (glänzend)

Egilhard männl., aus dem ahd. »ecka« (Speerspitze) und »harti« (hart, stark)

Egilmar männl., Nebenform von Agilmar

Egilof männl., Nebenform von Agilof

Eginald männl., aus dem ahd. »ecka« (Speerspitze) und »waltan« (walten, herrschen)

Eginhard männl., Nebenform von Eckehard. *Weitere Formen:* Egilshard, Eilhard

Egino männl., Kurzform von Vorn. mit »Egin-«

Eginolf männl., aus dem ahd. »ecka« (Speerspitze) und »wolf« (Wolf). *Weitere Formen:* Egolf

Egmont männl., niederd. und niederländ. Form von Egmund

Egmund männl., jüngere Nebenform von Agimund. *Weitere Formen:* Egmont (niederd., niederländ.)

Egon männl., Kurzform von Egino. *Bekannte Namensträger:* Egon Erwin Kisch, der »rasende Reporter«; Egon Bahr, deutscher Politiker

Ehm männl., fries. Form von Vorn. mit »Egin-«. *Bekannter Namensträger:* Ehm Welk, deutscher Schriftsteller (»Die Heiden von Kummerow«)

Ehregott männl., pietistische Neubildung, »ehre Gott«

Ehrenbert männl., aus dem ahd. »arn« (Adler) und »beraht« (glänzend)

Ehrenfried männl., pietistische Neubildung oder Nebenform von Arnfried, »ehre den Frieden«

Ehrentraud weibl., Herkunft und Bedeutung unklar

Ehrfried männl., Nebenform von Ehrenfried

Eike männl., fries. Kurzform von Vorn. mit »Ecke« oder »Eg«; weibl., Kurzform von Vorn. mit »Ecke« oder »Eg«; eindeutiger Zweitname erforderlich

Eilbert männl., Kurzform von Egilbert

Eilburg weibl., aus dem ahd. »agil« (Schwert) und »burg« (Schutz)

Eileen, Eilene weibl., engl. Vorn. irischer Herkunft

Eilhard männl., Nebenform von Egilhard

Eilika weibl. Form von Eiliko

Eiliko männl., fries. Kurzform von Vorn. mit »Agil-« oder »Eil-«

Eilmar männl., Nebenform von Agilmar

Eirik männl., norweg. Form von Erich

Eitel männl., »rein, unverfälscht, nur, lediglich«. Der Vorn. wird oft in Verbindung mit anderen Vorn. verwendet. *Weitere Formen:* Eitelfritz, Eiteljörg, Eitelwolf

Elard männl., Kurzform von Eilhard

Elbert männl., Kurzform von Agilbert oder Eilbert

Eleanor weibl., engl. Form von Eleonore

Eleasar männl., aus der Bibel übernommener Vorn. hebr. Ursprungs, »Gott hilft«. *Weitere Formen:* Eleazar

Elena weibl., Kurzform von Helene. *Weitere Formen:* Elene, Eleni

Eleonora weibl., Nebenform von Eleonore. *Bekannte Namensträgerin:* Eleonora Duse, italien. Schauspielerin

Eleonore weibl., arab., »Gott ist mein Licht«. Mit den Mauren kam der Name nach Spanien und von dort nach England und Frankreich. *Weitere Formen:* Eleonora, Ella, Elli, Leonore, Lora, Nora; Eleanor, Elly, Ellinor, Ellen (engl.); Elna (skand.); Eléonore (französ.); Norina (italien.). *Bekannte Namensträgerinnen:* Eleonore von Aquitanien, Königin von Frankreich und England; Ella Fitzgerald, amerikan. Sängerin; Eleanor Roosevelt, amerikan. Menschenrechtlerin

Eléonore weibl., französ. Form von Eleonore

Elfgard weibl., aus dem ahd. »alb« (Elfe, Naturgeist) und »gard« (Schutz), im 20. Jh. neu gebildeter Name

Elfi weibl., Kurzform von Elfriede

Elfriede weibl. Form von Alfred, aus dem ahd. »adal« (edel, vornehm) oder »alb« (Naturgeist) und »fridu« (Friede). *Weitere Formen:* Effi, Elfi, Elfe, Frieda; Elfreda (engl.). *Bekannte Namensträgerin:* Elfriede Jelinek, österr. Schriftstellerin. *Namenstag:* 20. Mai

Elfrun weibl., Nebenform von Albrun

Elga weibl., Herkunft und Bedeutung unklar, wahrscheinlich Kurzform von Helga. Bekannt durch Grillparzers Novelle »Das Kloster von Sandomir«. *Weitere Formen:* Elgin, Elgine

Elgard weibl., Nebenform von Edelgard

Elger männl., Kurzform von Aldegar

Elia männl., Nebenform von Elias

Eliane weibl. Form von Elias

Eliano männl., italien. Form von Elias

Elias männl., aus der Bibel übernommener Vorn. hebr. Ursprungs, »mein Gott ist Jahwe«. *Weitere Formen:* Elija, Elia; Ellis (engl.); Elie (französ.); Eliano (italien.); Ilja (russ.). Name des Propheten Elija. *Bekannter Namensträger:* Elias Canetti, in Bulgarien geborener deutscher Schriftsteller span.-jüd. Herkunft

Elie männl., französ. Form von Elias

Eligius männl., lat., »der Erwählte«. *Weitere Formen:* Elgo, Euligius; Eloi (französ.); Eloy (span.). Der Heilige Eligius war Schirmherr der Schmiede und Goldarbeiter

Elisabeth weibl., aus der Bibel übernommener Vorn. hebr. Ursprungs, »Gottesverehrerin« oder »Gott ist mein Eid«. Die Heilige Elisabeth von Thüringen wird auch als die deutsche Nationalheilige des Mittelalters bezeichnet. *Weitere Formen:* Elisa, Elsbeth, Ella, Elli, Else, Elsa, Elsabe, Elsbe, Elsie, Ilsa, Ilse, Li, Lis, Lies, Lisbeth, Liesa, Lisa, Liese, Lise, Libeth, Liesel, Bettina; Alice, Babette, Lisette (französ.); Alice, Elly, Elsy, Elizabeth, Bess, Lissy, Lilly (engl.); Isabel (span., portug.); Telsa (fries.); Sissy (österr.); Elisabetta (italien.). *Bekannte Namensträgerinnen:* Elisabeth Langgässer, deutsche Schriftstellerin; Elisabeth Bergner, österr. Schauspielerin; Elizabeth Jane Hurley, engl. Schauspielerin; Elisabeth Schwarzkopf, deutsche Sopranistin; Elisabeth Volkmann, deutsche Schauspielerin. *Namenstag:* 19. November

Elisabetta weibl., italien. Form von Elisabeth

Elise weibl., Kurzform von Elisabeth

Elizabeth weibl., engl. Form von Elisabeth. *Bekannte Namensträgerinnen:* Elizabeth I., Königin von England; Elizabeth II., Königin von England seit 1952; Elizabeth Taylor, engl.-amerikan. Schauspielerin

Elka weibl., Nebenform von Elke

Elke weibl., fries. Form von Adelheid. Durch die Gestalt der Elke Haien aus »Der Schimmelreiter« von Th. Storm bekannt. *Weitere Formen:* Elka, Elleke, Eilke, Alke, Ilka, Soelke. *Bekannte Namensträgerinnen:* Elke Sommer, deutsche Schauspielerin; Elke Heidenreich, deutsche Journalistin und Fernsehmoderatorin

Elko männl., fries. Kurzform von Vorn. mit »Adel-«, »Egil-« oder »Agil-«

Ella weibl., Kurzform von Eleonore oder Elisabeth. *Bekannte Namensträgerin:* Ella Fitzgerald, amerikan. Sängerin

Ellen weibl., engl. Kurzform von Eleonore oder Helene. *Bekannte Namensträgerin:* Ellen Barkin, amerikan. Schauspielerin

Elli weibl., Kurzform von Eleonore oder Elisabeth. *Weitere Formen:* Nelli

Ellinor weibl., engl. Form von Eleonore

Ellis männl., engl. Form von Elias

Elly weibl., engl. Koseform von Eleonore oder Elisabeth

Elma weibl., Kurzform von Wilhelma

Elmar männl., Kurzform von Egilmar. *Weitere Formen:* Almar, Elimar; Elmo (fries.); Elmer (engl., schwed.)

Elmira weibl., aus dem Span. übernommener Vorn. arab. Ursprungs, »die Fürstin«

Elmo männl., Kurzform von Elmar, auch italien. Form von Erasmus

Elna weibl., skand. Kurzform von Eleonore

Elsa weibl., Kurzform von Elisabeth. *Bekannte Namensträgerin:* Elsa Schiaparelli, italien. Modeschöpferin

Elsabe, Elsbe, Elsbeth weibl., Kurzformen von Elisabeth

Else weibl., Kurzform von Elisabeth. *Weitere Formen:* Elseke, Elsk, Elska, Elsike, Telse (niederd.). *Bekannte Namensträgerin:* Else Lasker-Schüler, deutsche Schriftstellerin

Elsi weibl., Koseform von Elisabeth

Elsy weibl., engl. Form von Elisabeth

Elton männl., engl., altengl. Herkunftsbezeichnung, »der aus der alten Stadt«. *Bekannter Namensträger:* Elton John, engl. Rockmusiker

Elvira weibl., aus dem Span. übernommener Name gotischer Herkunft, »die alles Wahrende/Ertragende«. Bekannte Gestalt aus Mozarts Oper »Don Giovanni«

Elvis männl., Nebenform von Alwin, Alvis, Elwin. *Bekannte Namensträger:* Elvis Presley, amerikan. Rockidol; Elvis Costello, engl. Popmusiker

Emanuel männl., Nebenform von Immanuel. *Weitere Formen:* Mano, Emmanuel (engl., französ.); Emanuele, Manuele, Manolo (italien.); Manuel (span.). *Bekannter Namensträger:* Emanuel Geibel, deutscher Dichter

Emanuela weibl. Form von Emanuel. *Weitere Formen:* Manuela, Mana

Emely weibl., engl. Form von Emilia

Emerentia weibl., lat., »die Verdienstreiche, die Würdige«

Emil männl., aus dem Französ. übernommener Vorn. lat. Ursprungs, Nebenform von Aemilius (röm. Sippenname). Bekannt durch Rousseaus Roman »Émile oder über die Erziehung«. *Weitere Formen:* Émile (französ.);

Emilio (italien., span.); Mile, Milko (slaw.). *Bekannte Namensträger:* Emil von Behring, deutscher Bakteriologe; Emil Nolde, deutscher Maler; Emil Jannings, schweiz. Schauspieler; Emil Steinberger, schweiz. Kabarettist

Émile männl., französ. Form von Emil. *Bekannter Namensträger:* Émile Zola, französ. Schriftsteller

Emilia weibl. Form von Emil. *Weitere Formen:* Emmie, Milla, Milli; Emily (engl.); Émilie (französ.); Mila (slaw.)

Emilie weibl., Nebenform von Emilia

Emilio männl., italien. und span. Form von Emil

Emma weibl., selbstständige Kurzform von Vorn. mit »Erm- oder »Irm-«. *Weitere Formen:* Emmeline, Emmi, Emmy, Imma, Imme, Emme, Emelka, Emja; Ema (span.). *Namenstag:* 27. Juni

Emmanuel männl., engl. und französ. Form von Emanuel

Emmerich männl., Nebenform von Amalrich. *Weitere Formen:* Emerich, Emmo; Amery (engl.); Imre (ungar.); Emerigo (span.). *Bekannter Namensträger:* Emmerich Kálmán, ungar. Operettenkomponist. *Namenstag:* 4. November

Emmo männl., Kurzform von Vorn. mit »Erm-« und von Emmerich

Ena weibl., Kurzform von Helena

Endres männl., Nebenform von Andreas oder Heinrich. *Weitere Formen:* Enders, Endris, Endrich, Endrik

Engel weibl., Nebenform von Angela

Engelberga weibl., aus dem Stammesnamen der »Angeln« und dem ahd. »bergan« (bergen, schützen). *Weitere Form:* Engelburga

Engelbert männl., aus dem Stammesnamen der »Angeln« und dem ahd. »beraht« (glänzend). Heute wird der Vorn. meist als »glänzender Engel« gedeutet. *Weitere Formen:* Engelbrecht. *Bekannte Namensträger:* Engelbert Humperdinck, deutscher Komponist; Engelbert, ind.-amerikan. Sänger. *Namenstag:* 7. November

Engelberta weibl. Form von Engelbert

Engelbrecht männl., Nebenform von Engelbert

Engelfried männl., aus dem Stammesnamen der »Angeln« und dem ahd. »fridu« (Friede)

Engelgard weibl., aus dem Stammesnamen der »Angeln« und dem ahd. »gard« (Schutz)

Engelhard männl., aus dem Stammesnamen der »Angeln« und dem ahd. »harti« (hart)

Engelmar männl., aus dem Stammesnamen der »Angeln« und dem ahd. »mari« (berühmt)

Engelmund männl., aus dem Stammesnamen der »Angeln« und dem ahd. »munt« (Schutz der Unmündigen)

Enno männl., Kurzform von Vorn. mit »Egin-« oder »Ein-«

Enrica weibl. Form von Enrico

Enrico männl., italien. Form von Heinrich. *Weitere Formen:* Enzio, Enzo; Enrique (span.), Enrik, Enric (niederländ.). *Bekannte Namensträger:* Enrico Caruso, italien. Tenor; Enzo Ferrari, italien. Automobilfabrikant

Enrique männl., span. Form von Heinrich

Ephraim männl., aus der Bibel übernommener Vorn. hebr. Ursprungs, »doppelt fruchtbar«. *Bekannte Namensträger:* Gotthold Ephraim Lessing, deutscher Schriftsteller; Ephraim Kishon, israel. Schriftsteller

Erasme, Erasmo männl., französ. und italien. Formen von Erasmus

Erasmus männl., griech., »der Begehrenswerte, der Lebenswerte«. Der Heilige Erasmus, der zu den 14 Nothelfern gehört, ist Patron der Drechsler und Schiffer. *Weitere Formen:* Asmus, Rasmus; Erasme (französ.); Erasmo, Elmo (italien.). *Bekannter Namensträger:* Erasmus von Rotterdam, niederländ. Humanist. *Namenstag:* 2. Juni

Erberto männl., italien. Form von Herbert

Erchanbald männl., Nebenform von Erkenbald

Erhard männl., aus dem ahd. »era« (Ehre, Ansehen) und »harti« (hart). Ehrhard, Bischof von Regensburg, ist Schutzheiliger gegen Tierseuchen und die Pest. *Weitere Formen:* Erhart, Ehrhard. *Bekannter Namensträger:* Erhard Keller, deutscher Eisschnellläufer. *Namenstag:* 8. Januar

Eric männl., engl. Form von Erich. *Bekannter Namensträger:* Eric Clapton, engl. Rockgitarrist und Sänger; Eric Burdon, engl. Musiker

Erich männl., aus dem Nord. übernommener Vorn. zu ahd. »era« (Ehre) und »rihhi« (reich, mächtig). *Weitere Formen:* Erik (dän., schwed.); Eirik (norweg.); Eric (engl.). *Bekannte Namensträger:* Erich Kästner, deutscher Schriftsteller; Erich Maria Remarque, deutsch-amerikan. Schriftsteller; Erich Fromm, deutscher Psychoanalytiker; Erich Ollenhauer, deutscher Politiker. *Namenstag:* 18. Mai, 10. Juli

Erik männl., dän. und schwed. Form von Erich

Erika weibl. Form von Erik. Der Vorn. wird auch mit dem Heidekraut Erika in Verbindung gebracht. *Weitere Formen:* Erica. *Bekannte Namensträgerin:* Erika Pluhar, österr. Sängerin und Schauspielerin

Erkenbald männl., aus dem ahd. »erkan« (ausgezeichnet) und »bald« (kühn). *Weitere Formen:* Erchanbald

Erkenbert männl., aus dem ahd. »erkan« (ausgezeichnet) und »beraht« (glänzend). *Weitere Formen:* Erkenbrecht

Erkenfried männl., aus dem ahd. »erkan« (ausgezeichnet) und »fridu« (Friede)

Erkengard weibl., aus dem ahd. »erkan« (ausgezeichnet) und »gard« (Schutz)

Erkenhild weibl., aus dem ahd. »erkan« (ausgezeichnet) und »hiltja« (Kampf). *Weitere Formen:* Erkenhilde

Erkenrad männl., aus dem ahd. »erkan« (ausgezeichnet) und »rat« (Rat, Ratgeber)

Erkentrud weibl., aus dem ahd. »erkan« (ausgezeichnet) und »trud« (Kraft). *Weitere Formen:* Erkentraud

Erkenwald männl., aus dem ahd. »erkan« (ausgezeichnet) und »waltan« (walten, herrschen)

Erla weibl., Kurzform von Vorn. mit »Erl-«. Sagenfigur »Riese Erla« aus dem Salzkammergut

Erlfried männl., aus dem ahd. »erl« (freier Mann) und »fridu« (Friede). *Weitere Formen:* Erlfrid

Erlfriede weibl. Form von Erlfried

Erlwin männl., aus dem ahd. »erl« (freier Mann) und »wini« (Freund)

Erlwine weibl. Form von Erlwin

Erma weibl., Nebenform von Irma

Ermanno männl., italien. Form von Hermann

Ermenbert männl., Nebenform von Irmbert

Ermengard weibl., Nebenform von Irmgard

Ermentraud weibl. Nebenform von Irmtraud

Ermina weibl., russ. Form von Hermanna

Erminia weibl., italien. Form von Hermine

Erna weibl., Kurzform von Ernestine. *Bekannte Namensträgerin:* Erna Berger, deutsche Sängerin

Ernest männl., französ. und engl. Form von Ernst. *Bekannte Namensträger:* Ernest Hemingway, amerikan. Schriftsteller und Nobelpreisträger; Ernest O. Lawrence, amerikan. Kernphysiker und Erfinder des Zyklotrons

Ernestine weibl. Form von Ernst. *Weitere Formen:* Ernestina, Ernesta, Erna; Stine (fries.)

Ernestino, Ernesto männl., span. und italien. Formen von Ernst

Ernestus männl., lat. Form von Ernest. *Weitere Formen:* Ernestius

Ernö männl., ungar. Form von Ernst

Ernst männl., aus dem ahd. »ernust« (Ernst, Entschlossenheit zum Kampf). *Weitere Formen:* Erni (schweiz.); Ernest (französ., engl.); Ernestus (lat.); Ernestino, Ernesto (span., italien.);

Ernö (ungar.). *Bekannte Namensträger:* Ernst Barlach, deutscher Bildhauer und Grafiker; Ernst Heinkel, deutscher Flugzeugkonstrukteur; Ernst Reuter, deutscher Politiker; Ernst Rowohlt, deutscher Verleger; Ernst Toller, deutscher Dichter; Ernst Bloch, deutscher Philosoph; Ernst Jünger, deutscher Schriftsteller. *Namenstag:* 7. November

Erwin männl., aus dem ahd. »heri« (Heer, Kriegsvolk) und »wini« (Freund). *Weitere Formen:* Herwin, Irwin. *Bekannte Namensträger:* Erwin Huber, deutscher Politiker; Erwin Strittmatter, deutscher Schriftsteller. *Namenstag:* 25. April

Erwine weibl. Form von Erwin

Erzsébet weibl., ungar. Form von Elisabeth

Esmeralda weibl, zu span. »esmeralda« (der Edelstein, der Smaragd)

Estalla, Estella weibl., span. Form von Stella, »Stern«

Estéban, Estevan männl., span. Formen von Stephan

Esther weibl., aus der Bibel übernommener Vorn. hebr. Ursprungs, »Myrte« oder hebr. »junge Frau«. In der Bibel verhindert Esther die Ausrottung der Juden in Persien. *Weitere Formen:* Ester; Hester (engl., niederländ.). *Bekannte Namensträgerin:* Esther Schweins, deutsche Schauspielerin

Estienne männl., französ. Form von Stephan

Estrella weibl., Nebenform von Estella

Ethel weibl., engl. Kurzform von Vorn. mit »Edel-«

Ethelbert männl., engl. Form von Adalbert

Étienne männl., französ. Form von Stephan

Etiennette weibl., französ. Form von Stephanie

Etta weibl., Kurzform von Henriette oder Nebenform von Edda

Etzel männl., got., »Väterchen«. Eingedeutschter Name des Hunnenkönigs Attila (5. Jh.), bekannt aus dem Nibelungenlied

Eugen männl., griech., »der Wohlgeborene«. »Eugen Onegin«, Figur aus Puschkins gleichnamigem Gedicht. *Weitere Formen:* Eugène (französ.); Eugenio (italien., span.); Gene (engl.); Geno (bulgar.); Jenö (ungar.). *Bekannte*

Namensträger: Prinz Eugen von Savoyen, österr. Staatsmann; Eugen Roth, deutscher Schriftsteller; Eugen Kogon, deutscher Publizist und Politologe. *Namenstag:* 2. Juni

Eugene männl., engl. Form von Eugen

Eugène männl., französ. Form von Eugen

Eugenie weibl. Form von Eugen

Eugenio männl., italien. und span. Form von Eugen

Eulalia weibl., griech., »die Beredte«. *Weitere Formen:* Eulalie, Lalli. *Namenstag:* 10. Dezember

Eusebia weibl. Form von Eusebius

Eusebius männl., griech., »der Fromme«. *Weitere Formen:* Eusebios, Seves. *Namenstag:* 16. Dezember

Eustace männl., engl. Form von Eustachius

Eustache männl., französ. Form von Eustachius

Eustachius männl., griech., »der gute Ernte Machende, der Fruchtbare«. Der Heilige Eustachius zählt zu den 14 Nothelfern und ist Patron der

Jäger. *Weitere Formen:* Stachus. *Namenstag:* 20. September

Ev weibl., Kurzform von Eva

Eva weibl., aus der Bibel übernommener Vorn. hebr. Ursprungs, »Leben«, »die Leben Spendende«. Als Name der Urmutter der Menschen seit dem Mittelalter verbreitet. *Weitere Formen:* Evamaria, Ev, Evi, Ewa; Evita (span.); Ève (französ.), Eve (engl.). *Bekannte Namensträgerinnen:* Eva Padberg, deutsches Modell; Eva Mattes, deutsche Schauspielerin. *Namenstag:* 24. Dezember

Evamaria weibl., Doppelname aus Eva und Maria

Eve weibl., engl. Form von Eva oder engl. Kurzform von Eveyln

Evelina weibl., Nebenform von Evelyn

Evelyn weibl., engl., zu altengl. »aval« (Kraft) oder Weiterbildung von Eva. *Weitere Formen:* Evelina, Eweline, Evelyne

Everhard männl., Nebenform von Eberhard

Evi weibl., Nebenform von Eva

Evita weibl., span. Koseform von Eva.

Bekannte Namensträgerin: Eva Duarte de Péron, genannt »Evita«, argentin. Politikerin; außerdem bekannt geworden durch das Musical »Evita« von Andrew Lloyd Webber

Ewa weibl., Nebenform von Eva

Ewald männl., aus dem ahd. »ewa« (Recht, Ordnung) und »waltan« (walten, herrschen). *Weitere Formen:* Wolt. *Namenstag:* 3. Oktober

Ezra männl., aus der Bibel übernommener Vorn. hebr. Ursprungs, »Hilfe«. Der Priester Ezra führt die Juden aus der babylonischen Gefangenschaft. *Weitere Formen:* Esra. *Bekannter Namensträger:* Ezra Loomis Pound, amerikan. Dichter

Ezzo männl., italien. Form von Adolf oder fries. Form von Ehrenfried

Fabia weibl. Form zu Fabius. *Weitere Formen:* Fabiane, Fabiana; Fabienne (französ.)

Fabian männl., lat., röm. Sippenname. Der römische Stratege Quintus Fabius Maximus rettete Rom vor Hannibal (um 200 v. Chr.). *Weitere Formen:* Fabianus; Fabien, Fabius (französ.); Fabiano, Fabio (italien.); Fabi, Fabijan (russ.). *Namenstag:* 20. Januar

Fabiana weibl., Nebenform von Fabia

Fabiano männl., italien. Form von Fabian

Fabien männl., französ. Form von Fabian

Fabienne weibl., französ. Form von Fabian

Fabio männl., italien. Form von Fabian

Fabiola weibl., wahrscheinlich span. Weiterbildung von Fabia. *Namenstag:* 27. Dezember

Fabius männl., lat., »aus dem Geschlecht der Fabier« (röm. Geschlechtername)

Facius männl., Kurzform von Bonifatius

Falko männl., aus dem ahd. »falcho« (Falke). *Weitere Formen:* Falk, Falco. *Bekannter Namensträger:* Falco, österr. Popsänger

Fanni weibl., ungar. Form von Franziska

Fannie weibl., engl. Form von Stephanie

Fanny weibl., engl. Form von Stephanie oder Koseform von Franziska. *Weitere Formen:* Fanchette, Fanchon (französ.). *Bekannte Namensträgerinnen:* Fanny Lewald, deutsche Schriftstellerin; Fanny Ardant, französ. Schauspielerin

Farah weibl., arab., »Freude, Lustbarkeit«. *Bekannte Namensträgerinnen:* Farah Diba, Ehefrau des ehemaligen pers. Schahs; Farrah Fawcett, amerikan. Filmschauspielerin

Farald männl., aus dem ahd. »faran« (fahren, reisen) und »waltan« (walten, herrschen). *Weitere Formen:* Faralt, Farold, Farolt

Faralda weibl. Form von Farald

Farhild weibl., aus dem ahd. »faran« (fahren, reisen) und »hiltja« (Kampf). *Weitere Formen:* Farhilde

Farmund männl., aus dem ahd. »faran« (fahren, reisen) und »munt« (Schutz der Unmündigen)

Fastmar männl., aus dem ahd. »fasti« (fest) und »mari« (berühmt)

Fastolf männl., aus dem ahd. »fasti« (fest) und »wolf« (Wolf)

Fastrad männl., aus dem ahd. »fasti« (fest) und »rat« (Rat, Ratgeber)

Fastrada weibl. Form von Fastrad. *Weitere Formen:* Fastrade

Fatima weibl., arab. Vorn. unklarer Bedeutung. Fatima (606–632) war die jüngste Tochter Mohammeds

Fatime weibl., Nebenform von Fatima

Faust männl., Kurzform von Faustus

Fausta weibl. Form von Faustus. *Weitere Formen:* Faustine, Faustina

Fausto männl., italien. Form von Faustus

Faustus männl., lat., »der Glückbringende«. *Weitere Formen:* Faust; Faustinus (lat.), Fausto, Faustino (italien.)

Faye weibl., engl., vom engl. »faith« (Glaube) oder »fay« (Fee). *Bekannte Namensträgerin:* Faye Dunaway, amerikan. Schauspielerin

Fedder männl., Kurzform von Friedrich

Feddo männl., fries. Kurzform von Vorn. mit »Fried-«, vor allem von Friedrich

Federica weibl., italien. Form von Friederike

Federico männl., italien. Form von Friedrich. *Bekannter Namensträger:* Federico Fellini, italien. Filmregisseur

Federigo männl., span. Form von Friedrich

Fedor männl., russ. Form von Theodor

Fee weibl., Kurzform von Felizitas

Feli weibl., Kurzform von Felizitas

Feli weibl., Kurzform von Sophia

Felice männl., italien. Form von Felix

Felicia weibl. Form des italien. Vorn. Felice

Felicitas weibl., Nebenform von Felizitas

Felicity weibl., engl. Form von Felizitas

Feliks männl., poln. Form von Felix

Felipa weibl., span. Form von Philippa

Felipe männl., span. Form von Philipp

Felix männl., lat., »der Glückliche«. *Weitere Formen:* Félicien (französ.); Felice (italien.); Feliks (poln.); Bodog (ungar.). *Bekannte Namensträger:* Felix Dahn, deutscher Schriftsteller und Geschichtsforscher; Felix Mendelssohn-Bartholdy, deutscher Komponist; Felix Timmermanns, fläm. Dichter; Felix Magath, deutscher Fußballtrainer. *Namenstag:* 11. September, 20. November

Felizitas weibl., lat., »die Glückselige«. *Weitere Formen:* Felicitas, Feli, Fee, Feta. *Namenstag:* 6. März, 23. November

Feodor männl., russ. Form von Theodor oder von Friedrich

Feodora weibl., russ. Form von Theodora

Feodosi männl., russ. Form von Theodosius

Feodosia weibl., russ. Form von Theodosia

Ferd männl., Kurzform von Ferdinand

Ferdi männl., Koseform von Ferdinand

Ferdinand männl., aus dem Span. übernommener Vorn., eigentlich Nebenform von dem heute nicht mehr gebräuchlichen Vorn. Fridunant, aus dem german. »frithu« (Friede) und »nantha« (gewagt, kühn). *Weitere Formen:* Ferd, Ferdi, Fernand; Ferdl (oberd.); Nando, Fernando (italien.); Ferrand, Fernandel (französ.); Fernández (span., portug.); Nándor (ungar.). *Bekannte Namensträger:* Ferdinand Freiligrath, deutscher Dichter; Ferdinand Lasalle, deutscher Politiker und Gründer der Sozialdemokratie; Ferdinand Hodler, deutscher Maler; Ferdinand Graf von Zeppelin, deutscher Luftschiffkonstrukteur; Ferdinand Sauerbruch, deutscher Chirurg; Ferdinand Porsche, deutscher Kraftfahrzeugkonstrukteur. *Namenstag:* 30. Mai, 5. Juni

Ferdinanda weibl. Form von Ferdinand. *Weitere Formen:* Ferdinande, Ferdinandine, Nanda, Nande; Fernande (französ.); Fernanda (italien.)

Ferdinando männl., italien. Form von Ferdinand

Ferenc männl., ungar. Form von Franz

Ferike weibl., ungar. Form von Franziska

Fernán männl., span. Form von Ferdinand

Fernand männl., Nebenform von Ferdinand

Fernanda weibl., italien. Form von Ferdinanda

Fernandel männl., französ. Form von Ferdinand

Fernandez männl., span. und portug. Form von Ferdinand

Fernando männl., italien. Form von Ferdinand

Ferrand männl., französ. Form von Ferdinand

Ferry männl., Koseform von Friedrich

Feta weibl., Kurzform von Felizitas

Fey, Fi, Fia weibl., Kurzformen von Sophia

Fiddy männl., Koseform von Friedrich

Fidel männl., span. Form und Kurzform von Fidelis. *Bekannter Namensträger:* Fidel Castro, kuban. Politiker

Fidelia weibl. Form von Fidelis

Fidelio männl., italien. Form von Fidelis

Fidelis männl., lat., »treu«. *Weitere Formen:* Fidelius; Fidelio (italien.); Fidel (span.)

Fidelius männl., Nebenform von Fidelis

Fides weibl., lat., »der Glaube

Fieke weibl., fries. Kurzform von Sophia

Fiete männl., Koseform von Friedrich; weibl., Koseform von Friederike; eindeutiger Zweitname erforderlich

Filibert männl., aus dem ahd. »filu« (viel) und »beraht« (glänzend). *Weitere Formen:* Filiberto (italien.)

Filiberta weibl. Form von Filibert

Filiberto männl., italien. Form von Filibert

Filip männl., slaw. Form von Philipp

Filipa weibl., span. und slaw. Form von Philippa

Filippa weibl., italien. Form von Philippa

Filippo männl., italien. Form von Philipp. *Weitere Formen:* Filippino

Filko männl., ungar. Form von Philipp

Fine weibl., Kurzform von Josefine

Finne weibl., Kurzform von Josefine. *Weitere Formen:* Fina, Finni

Fiora weibl., italien. Form von Flora

Fioretta weibl., italien. Verkleinerungsform von Flora

Fips männl., Kurzform von Philipp

Firmus männl., lat., »der Starke«. *Weitere Formen:* Firminus, Firmin

Fjodor männl., russ. Form von Theodor. *Bekannte Namensträger:* Fjodor Dostojewski, russ. Dichter; Fjodor Schaljapin, russ. Opern- und Konzertsänger

Fjodora weibl., russ. Form von Theodora

Flavia weibl. Form von Flavius

Flavius männl., lat., »aus dem Geschlecht der Flavier«. *Weitere Formen:* Flavio (italien.)

Fleur weibl., französ. Form von Flora. *Weitere Formen:* Fleurette

Flora weibl., lat., eigentlich Name der altröm. Frühlingsgöttin. *Weitere Formen:* Flore, Floria, Florina, Florentine; Florence (engl.), Florence, Fleur (französ.); Fioretta (italien.); Floretta (span.)

Florence weibl., französ. und engl. Form von Flora. *Bekannte Namensträgerin:* Florence Nightingale, engl. Krankenpflegerin

Florens männl. Form von Flora. *Weitere Formen:* Florentino, Florentinus, Florenz

Florentine weibl., Nebenform von Flora. *Weitere Formen:* Florentina

Floretta weibl., Verkleinerungsform von Flora

Flori, Florin männl., Kurzformen von Florian

Florian männl., lat., »der Blühende, der Prächtige«. Der Heilige Florian ist Schutzpatron bei Feuer- und Wassergefahr. *Weitere Formen:* Florin, Flori, Floris; Florianus (lat.); Flurin (rätoroman.). *Bekannte Namensträger:* Florian Geyer, Reichsritter und Anführer der aufständischen Bauern; Florian Kehrmann, deutscher Handballprofi; Florian Henckel von Donnersmarck, deutscher Regisseur und Oscarpreisträger. *Namenstag:* 4. Mai

Floriana weibl. Form von Florian. *Weitere Formen:* Florianne (französ.)

Floriane weibl., Nebenform von Floriana

Florianne weibl., französ. Form von Floriana

Florianus männl., lat. Form von Florian

Florida weibl. Form von Floridus

Floridus männl., lat., »der Glänzende«. *Weitere Formen:* Floris (niederländ., span.)

Florin, Floris männl., Kurzformen von Florian, Floris auch niederländ. und span. Form von Floridus

Flutus männl., rätoroman. Form von Florian

Focke männl., fries. Kurzform von Vorn. mit »Volk-«. *Weitere Formen:* Focko

Folke männl., Kurzform von Vorn. mit »Volk-«; weibl., Kurzform von Vorn. mit »Volk-«; eindeutiger Zweitname erforderlich

Folker, Folkher männl., Nebenformen von Volker

Fons männl., Kurzform von Alfons

Fortuna weibl., lat., »Glück, Schicksal«

Framhild weibl., aus dem ahd. »fram« (fördern) und »hiltja« (Kampf)

Franc männl., französ. Form von Frank

Franca weibl., Nebenform von Franka. *Bekannte Namensträgerin:* Franca Magnani, italien. Publizistin und Journalistin

Frances weibl., engl. Form von Franziska

Francesca weibl., italien. Form von Franziska. *Weitere Formen:* Francisca

Francesco männl., italien. Form von Franz

Francis männl., engl. Form von Franz. *Bekannte Namensträger:* Sir Francis Drake, engl. Freibeuter; Francis Bacon, engl. Philosoph und Politiker; Francis Ford Coppola, amerikan. Regisseur

Franciscus männl., latinisierte Form von Franz. *Weitere Formen:* Franziskus

Franciska weibl., slaw. Form von Franziska. *Weitere Formen:* Frantiska

Franco männl., Kurzform von Francisco. *Bekannter Namensträger:* Franco Nero, italien. Schauspieler

François männl., französ. Form von Franz. *Bekannte Namensträger:* François Villon, französ. Dichter; François Mitterand, französ. Staatsmann

Françoise weibl., französ. Form von Franziska. *Weitere Formen:* Françette, Françine. *Bekannte Namensträgerin:* Françoise Sagan, französ. Schriftstellerin

Franek männl., poln. Form von Franz

Franeka weibl., slaw. Form von Franziska. *Weitere Formen:* Franica, Franika

Franja weibl., slaw. Form von Franziska

Frank männl., ursprünglich ein Beiname, eigentlich »der aus dem Volksstamm der Franken« oder »der Freie«. *Weitere Formen:* Franc, Franko, Franco, Franklin (engl.). *Bekannte Namensträger:* Frank Wedekind, deutscher Schriftsteller; Frank Schätzing, deutscher Autor; Frank Zander, deutscher Schlagersänger; Frank Sinatra, amerikan. Sänger und Schauspieler; Frank Zappa, amerikan. Popmusiker

Franka weibl. Form von Frank

Franklin männl., engl., eigentlich »freier Landbesitzer«. *Bekannter Namensträger:* Franklin D. Roosevelt, amerikan. Präsident

Franko männl., Nebenform von Frank

Frankobert männl., aus dem ahd. »franko« (Franke) und »beraht« (glänzend)

Frans männl., Nebenform von Franz. *Bekannte Namensträger:* Frans Hals, niederländ. Maler; Frans Masereel, belg. Maler und Grafiker

Franz männl., deutsche Form von Francesco. Der Vater des Heiligen Franz von Assisi nannte seinen Sohn nach seiner französ. Mutter »Francesco« (Französlein). *Weitere Formen:* Frans (niederländ.); Franciscus (lat.); Francesco (italien.); Francis (engl.); Franek (poln.); François (französ.). *Bekannte Namensträger:* Franz von Assisi, Gründer des Franziskanerordens; Franz Schubert, deutscher Komponist; Franz Grillparzer, österr. Dramatiker; Franz Liszt, ungar.-deutscher Komponist; Franz von Suppé, österr. Operettenkomponist; Franz Léhar, ungar. Operettenkomponist; Franz Marc, deutscher Maler; Franz Kafka, österr. Schriftsteller tschech. Herkunft; Franz Beckenbauer, deutscher Fußballspieler; Franz Klammer, österr. Skirennfahrer; Franz Alt, Journalist. *Namenstag:* 24. Januar, 2. April, 4. Oktober, 3. Dezember

Fränze, Franzi weibl., Koseformen von Franziska

Franziska weibl. Form von Franziskus. Gestalt aus Lessings »Minna von Barnhelm«. *Weitere Formen:* Franzi, Fränze, Ziska; Fanny, Frances (engl.); Francesca (italien.); Fanni, Ferike (ungar.); Françoise (französ.); Franciska, Franeka, Franja (slaw.). *Bekannte Namensträgerin:* Franziska van Almsick, deutsche Schwimmerin. *Namenstag:* 9. März

Franziskus männl., latinisierte Form von Franz

Frasquito männl., span. Koseform von Franz

Frauke weibl., fries. Koseform von »Frau«, eigentlich »kleines Frauchen«. *Weitere Formen:* Fraukea, Frawa, Frawe, Frauwe

Fred männl., engl. Kurzform von Friedrich, Alfred, Manfred oder Gottfried. *Bekannte Namensträger:* Fred Raymond, österr. Komponist; Fred Astaire, amerikan. Sänger, Tänzer und Filmschauspieler

Freda weibl., Koseform von Frederika

Freddy männl., Koseform von Friedrich oder Vorn. mit »-fred«. *Weitere Formen:* Freddi, Freddie, Freddo. *Bekannte Namensträger:* Freddy Quinn, deutscher Sänger und Entertainer; Freddie Mercury, engl. Popsänger

Frederic männl., engl. Form von Friedrich

Frédéric männl., französ. Form von Friedrich. *Bekannter Namensträger:* Frédéric Chopin, poln. Pianist und Komponist

Frederick männl., engl. Form von Friedrich

Frederik männl., niederländ. Form von Friedrich

Frederika weibl., Nebenform von Friederike

Fredrik männl., schwed. Form von Friedrich. *Weitere Formen:* Rik

Freia weibl., nord., »die Freie«. *Weitere Formen:* Freya, Freyja. *Bekannte Namensträgerin:* Freia, in der altnord. Mythologie Freyja, die Göttin der Ehe und der Fruchtbarkeit, auch Namensgeberin des Wochentags »Freitag«; Freya Klier, deutsche Autorin und Regisseurin

Frek männl., Kurzform von Friedrich. *Weitere Formen:* Frerk

Frido männl., Kurzform von Friedrich. *Weitere Formen:* Friedo, Friddo

Fridolin männl., oberd. Koseform von Friedrich. *Weitere Formen:* Fridulin, Friedel. *Namenstag:* 6. März

Fridoline weibl. Form von Fridolin

Fridtjof männl., Nebenform von Frithjof

Frieda weibl., Kurzform von Elfriede, Friederike und von anderen Vorn. mit »Fried-«

Friedbert männl., aus dem ahd. »fridu« (Friede) und »beraht« (glänzend)

Friedebald männl., aus dem ahd. »fridu« (Friede) und »bald« (kühn)

Friedebrand männl., aus dem ahd. »fridu« (Friede) und »brant« (Brand)

Friedegund weibl, aus dem ahd. »fridu« (Friede) und »gund« (Kampf)

Friedel männl., Kurz- und Koseform von Friedrich; weibl., Nebenform von Frieda; eindeutiger Zweitname erforderlich

Friedelind weibl, aus dem ahd. »fridu« (Friede) und »linta« (Schutzschild aus Lindenholz)

Friedemann männl., aus dem ahd. »fridu« (Friede) und »man« (Mann)

Friedemar männl., aus dem ahd. »fridu« (Friede) und »mari« (berühmt)

Friedemund männl., aus dem ahd. »fridu« (Friede) und »munt« (Schutz der Unmündigen)

Frieder männl., Nebenform von Friedrich

Friederike weibl. Form von Friedrich. *Weitere Formen:* Frederike, Frederika, Rika, Frika; Frigge (fries.). *Bekannte Namensträgerin:* Friederike Brion, die Jugendliebe von J. W. Goethe

Friedewald männl., aus dem ahd. »fridu« (Friede) und »waltan« (walten, herrschen)

Friedger männl., aus dem ahd. »fridu« (Friede) und »ger« (Speer). *Weitere Formen:* Friedeger

Friedhelm männl., aus dem ahd. »fridu« (Friede) und »helm« (Helm, Schutz)

Friedhild weibl., aus dem ahd. »fridu« (Friede) und »hiltja« (Kampf)

Friedhilde weibl., Nebenform von Friedhild

Friedlieb männl., Nebenform von Friedleib; aus dem ahd. »fridu« (Friede) und »leiba« (Überbleibsel)

Friedlind weibl., aus dem ahd. »fridu« (Friede) und »linta« (Schutzschild aus Lindenholz). *Weitere Formen:* Friedelind, Friedlinde

Friedo männl., Kurzform von Vorn. mit »Fried-«

Friedrich männl., aus dem ahd. »fridu« (Friede) und »rihhi« (reich, mächtig). Im 18. und 19. Jh. handelte es sich um einen der beliebtesten Vornamen in Deutschland. Daher auch die Bezeichnung »Fritze« für die Deutschen in den Weltkriegen. *Weitere Formen:* Frerich, Frek, Frido, Fridolin, Friedel, Fritz, Fiddy, Fiete, Frieder, Fedder; Ferry, Frédéric (französ.); Fred, Freddy, Frederic, Frederick (engl.); Frederik (niederländ.); Federico, Federigo (span., italien.); Fryderyk (poln.); Frigyes (ungar.); Fredrik (schwed.). *Bekannte Namensträger:* Friedrich Schiller, deutscher Dramatiker; Friedrich von Schlegel, deutscher Dichter; Friedrich Hölderlin, deutscher Dichter; Friedrich Engels, deutscher Politiker; Friedrich Hegel, deutscher Philosoph; Friedrich Nietzsche, deutscher Dichter und Philosoph; Friedrich Merz, deutscher Politiker; Friedrich Nowottny, deutscher Journalist und Fernsehintendant. *Namenstag:* 18. Juli

Friedrun weibl., aus dem ahd. »fridu« (Friede) und »runa« (Geheimnis). *Weitere Formen:* Friederun, Fridrun

Frieso männl., ursprünglich Beiname »der aus dem Volksstamm der Friesen«

Frigga weibl., schwed. Kurzform von Frederika. Die nord. Göttin Frigg ist die Schutzherrin der Ehe

Frigyes männl., ungar. Form von Friedrich

Frithjof männl., aus dem Nord. übernommen, zu dem altnord. »fridhr« (Friede) und »thjofr« (Räuber oder Fürst). *Bekannte Namensträger:* Frithjof Nansen, norweg. Polarforscher; Frithjof Vierock, deutscher Schauspieler

Fritz männl., Kurzform von Friedrich. *Bekannte Namensträger:* Fritz von Bodelschwingh, deutscher Theologe; Fritz Reuter, deutscher Schriftsteller; Fritz von Uhde, deutscher Maler; Fritz Klimsch, deutscher Bildhauer; Fritz Kreisler, deutscher Komponist und Violinist; Fritz Kortner, österr. Schauspieler und Regisseur; Fritz Wunderlich, deutscher Opern- und Oratoriensänger; Fritz J. Raddatz, deutscher Literaturkritiker; Fritz Wepper, deutscher Schauspieler; Fritz Walter, deutscher Fußballer, Mitglied der Weltmeisterschaftself von 1954; Fritz Pleitgen, deutscher Journalist

Frodebert männl., aus dem ahd. »fruot« (klug) und »beraht« (glänzend)

Frodegard weibl., aus dem ahd. »fruot« (klug) und »gard« (Schutz). *Weitere Formen:* Frogard

Frodeger männl., aus dem ahd. »fruot« (klug) und »ger« (Speer)

Frodehild weibl., aus dem ahd. »fruot« (klug) und »hiltja« (Kampf). *Weitere Formen:* Frodehild, Frohild

Frodemund männl., aus dem ahd. »fruot« (klug) und »munt« (Schutz der Unmündigen). *Weitere Formen:* Fromund

Frodewald männl., aus dem ahd. »fruot« (klug) und »waltan« (walten, herrschen)

Frodewin männl,, aus dem ahd. »fruot« (klug) und »wini« (Freund). *Weitere Formen:* Frowin, Frowein. *Namenstag:* 27. März

Frommhold männl., pietistische Neubildung

Fromut männl., aus dem ahd. »fruot« (klug) und »muot« (Sinn, Geist)

Fryderyk männl., poln, Form von Friedrich

Fryderyka weibl., poln. Form von Friederike

Fulbert männl., Nebenform von Volkbert

Fulberta weibl., Nebenform von Volkberta

Fulke männl., fries. Kurzform von Vorn. mit »Volk-«. *Weitere Formen:* Fulko

Fülöp männl., ungar. Form von Philipp

Fulvia weibl. Form von Fulvius

Fulvio männl., italien. Form von Fulvius

Fulvius männl., lat., »mit rotgelbem Haar«

Fürchtegott männl., pietistische Neubildung. *Bekannter Namensträger:* Christian Fürchtegott Gellert, deutscher Schriftsteller

Furio männl., italien. Vorn. lat. Ursprungs, »Begeisterung, Verzückung«. Der Vorn. hängt mit der Rachegöttin Furie zusammen, von Furia, Name einer altröm. Familie

Fyderyk männl., poln. Form von Friedrich

G

Gaard männl., niederländ. Kurzform von Gerhard

Gabi weibl., Kurzform von Gabriele. *Weitere Formen:* Gaby. *Bekannte Namensträgerin:* Gaby Köster, deutsche Schauspielerin

Gábor männl., ungar. Form von Gabriel

Gabriel männl., aus der Bibel übernommener Vorn. hebr. Ursprungs, »Mann Gottes«. Name des Erzengels Gabriel. *Weitere Formen:* Gabriele, Gabriello, Gabrio (italien.); Gawriil (russ.); Gábor (ungar.). *Bekannte Namensträger:* Gabriel Fauré, französ. Komponist; Gabriel Marcel, französ. Schriftsteller und Philosoph; Gabriel García Márquez, kolumbian. Schriftsteller und Nobelpreisträger. *Namenstag:* 27. Februar

Gabriela weibl., Nebenform von Gabriele. *Bekannte Namensträgerin:* Gabriela Sabatini, argentin. Tennisspielerin

Gabriele weibl. Form von Gabriel; in Italien ist Gabriele auch männl. Vorn. *Weitere Formen:* Gabi, Gabriella, Gabrielle, Gabriela; Jella (fries.). *Bekannte Namensträgerinnen:* Gabriele Münter, deutsche Malerin; Gabriele Wohmann, deutsche Schriftstellerin; Gabriele Seyfert, deutsche Eiskunstläuferin. *Namenstag:* 17. Juli

Gabriella weibl., Nebenform von Gabriele

Gabrielle weibl., französ. Form von Gabriele. *Bekannte Namensträgerin:* Gabrielle Chantal, französ. Modeschöpferin

Gabriello männl., italien. Form von Gabriel

Gabrio männl., italien. Kurzform von Gabriel

Gaddo, Galdo männl., italien. und span. Kurzformen von Gerhard

Gaetano männl., italien. Form von Kajetan. *Bekannter Namensträger:* Gaetano Donizetti, italien. Komponist

Gaius männl., aus dem lat. »gaudere« (erfreuen). *Bekannter Namensträger:* Gaius Julius Caesar

Galina weibl., russ., »Ruhe, Frieden«. *Weitere Formen:* Halina, Ganja, Gulja. *Bekannte Namensträgerin:* Galina Ulanowa, russ. Balletttänzerin

Gandolf männl., aus dem altisländ. »gandra« (Werwolf) und dem ahd. »wolf« (Wolf)

Gangolf männl., Umkehrung von Wolfgang. *Weitere Formen:* Gangulf, Gangel, Wolfgang. *Namenstag:* 11. Mai

Gard männl., Kurzform von Gerhard

Garda, Gardi, Gardy weibl., Kurz- und Koseformen von Gerharde

Garibald männl., Nebenform von Gerbald

Garibaldi männl., italien. Form von Gerbald oder von dem Familiennamen Garibaldi

Garlef männl., aus dem ahd. »ger« (Speer) und »leiba« (Überbleibsel, Nachkomme)

Garlieb männl., Nebenform von Garlef

Garnier männl., französ. Form von Werner

Garrard, Garret, Garrit männl., engl. Formen von Gerhard

Gary männl., engl., vermutlich Koseform von Gerrit. *Bekannte Namensträger:* Gary Cooper, amerikan. Filmschauspieler; Gary Kasparow, russ. Schachspieler

Gaspard männl., französ. Form von Kaspar

Gasparo männl., italien. Form von Kaspar

Gaston männl., französ., wahrscheinlich auf Vedastus, einen fläm. Heiligen, zurückzuführen. Bedeutung unklar. *Bekannter Namensträger:* Gaston, deutscher Weltmeister der Zauberkunst

Gaudentia weibl. Form von Gaudentius

Gaudentius männl., aus dem alt. »gaudere« (sich freuen)

Gaudenz männl., deutsche Form von Gaudentius

Gauthier männl., französ. Form von Walter

Gawriil männl., russ. Form von Gabriel

Gebbo männl., russ. Kurzform von Gebhard

Gebhard männl., aus dem ahd. »geba« (Gabe) und »harti« (hart). *Weitere Formen:* Gebbo; Gebbert, Gevehard (niederd.); Gevaert (niederländ.). *Bekannter Namensträger:* Gebhard Leberecht Blücher, preuß. Feldmarschall. *Namenstag:* 27. August

G

Gebharde weibl. Form von Gebhard. *Weitere Formen:* Gebharda, Geba, Gebba, Gebine

Gebine weibl., Nebenform von Gebharde

Gebrielle weibl., Nebenform von Gabriele

Geert männl., Kurzform von Gerhard

Geeske weibl., fries. Form von Gertrud

Gela weibl., Kurzform von Angela oder Gertrud. *Weitere Formen:* Geli; Geelke (fries.)

Gelais männl., französ. Form von Gelasius

Gelasius männl., griech.-lat., »der Lächelnde«

Gellert männl., ungar. Form von Gerhard

Gemma weibl., lat., »Edelstein«

Gene männl., engl. Kurzform von Eugen

Geneviève weibl., französ. Form von Genoveva

Geno männl., engl. Form von Eugen

Genoveva weibl., alter deutscher Vorn., ursprüngl. gäl., »Volk« und »Frau«. Genoveva von Brabant wurde des Ehebruchs beschuldigt und musste sechs Jahre mit ihrem Sohn im Wald leben, bis ihre Unschuld erwiesen war. Dieser Stoff wurde von Hebbel und Tieck literarisch bearbeitet und von Schumann für eine Oper verwendet. *Weitere Formen:* Geno, Geni, Veva, Vefe; Geneviève, Ginette (französ.)

Geoffrey männl., engl. Form von Gottfried

Geoffroi, Geoffroy männl., französ. Formen von Gottfried

Georg männl., griech., »der Landmann«. Der Heilige Georg war der Legende nach ein Drachentöter und ist Patron der Waffenschmiede, Krieger und Landleute. Er ist einer der 14 Nothelfer. *Weitere Formen:* Schorsch; Jörg, Gorch, Görgel, Gorg, Girg; York (dän.); Jürgen (niederd.); Georgij, Juri (russ.); Joris (fries.); George (engl.); Georges (französ.); Giorgio (italien.); Jorge (span.); Jerzy (poln.); György (ungar.); Yorck (slaw.). *Bekannte Namensträger:* Georg Friedrich Händel, deutscher Komponist; Georg Friedrich Wilhelm Hegel, deutscher Philosoph; Georg Büchner, deutscher Dichter; Georg Büchmann, deutscher Sprachforscher; Georg Trakl, österr. Lyriker; Georg Baselitz, deutscher Maler und

Bildhauer; Georg Solti, ungar.-engl. Dirigent; Georg Kreisler, österr. Sänger und Kabarettist; Georg Hackl, deutscher Rodler, Goldmedaillengewinner. *Namenstag:* 23. April

George männl., engl. Form von Georg. *Bekannte Namensträger:* George Washington; erster amerikan. Präsident; George Gershwin, amerikan. Komponist; George Marshall, »Vater des Marshallplanes« und Nobelpreisträger; George Orwell, engl. Schriftsteller; George Harrison, engl. Popmusiker; George Michael, engl. Popmusiker

Georges männl., franzos. Form von Georg. *Bekannte Namensträger:* Georges Bizet, franzos. Komponist; Georges Seurat, franzos. Maler; Georges Braque, franzos. Maler und Grafiker; Georges Pompidou, franzos. Politiker

Georgette weibl., franzos. Verkleinerungsform von Georgia

Georgia weibl. Form von Georg. *Weitere Formen:* Georgina, Georgine; Georgette (franzos.); Georgeta (rumän.)

Georgij männl., russ. Form von Georg

Geppert männl., niederd. Form von Gebhard

Geradus männl., niederländ. Form von Gerhard

Gerald männl., aus dem ahd. »ger« (Speer) und »waltan« (walten, herrschen). *Weitere Formen:* Gerold; Giraldo (italien.); Giraud (franzos.); Gery (engl.)

Geralde weibl. Form von Gerald, *Weitere Formen:* Geraldine, Geraldina, Gerolde

Geraldina weibl., Nebenform von Geralde

Gérard männl., franzos. Form von Gerhard. *Bekannter Namensträger:* Gérard Dépardieu, franzos. Schauspieler

Gerardo männl., italien. und span. Form von Gerhard

Gerbald männl., aus dem ahd. »ger« (Speer) und »bald« (kühn). *Weitere Formen:* Garibaldi

Gerberg weibl., aus dem ahd. »ger« (Speer) und »bergan« (bergen, schützen). *Weitere Formen:* Gerberga

Gerbert männl., aus dem ahd. »ger« (Speer) und »beraht« (glänzend)

Gerberta weibl. Form von Gerbert

Gerbod männl., aus dem ahd. »ger« (Speer) und »boto« (Bote)

Gerbrand männl., aus dem ahd. »ger« (Speer) und »brant« (Brand)

Gerburg weibl., aus dem ahd. »ger« (Speer) und »bergan« (bergen, schützen)

Gerd männl., Kurzform von Gerhard. *Bekannte Namensträger:* Gerd Müller, deutscher Fußballspieler; Gerd Wiltfang, deutscher Springreiter

Gerda weibl., Kurzform von Gertrud oder skand., »Einhegung, Schutzzaun«. Um 1900 galt der Name als modern, heute eher selten. *Weitere Formen:* Gerde, Gerdi, Gerte; Gerta (fries.)

Gerde weibl., Nebenform von Gerda

Gerdi weibl., Koseform von Gerda. *Weitere Formen:* Gerdie

Gerfried männl., aus dem ahd. »ger« (Speer) und »fridu« (Friede)

Gerhard männl., aus dem ahd. »ger« (Speer) und »harti« (hart). *Weitere Formen:* Gerhart, Gerd, Geert, Gero, Gard; Gerrit (fries.); Garret, Garrit, Garrard (engl.); Gérard (französ.); Geradus, Gaard (niederländ.); Gellért (ungar.); Gerardo (italien., span.); Gherardo, Gaddo, Galdo (italien.). *Bekannte Namensträger:* Gerhard Schröder, deutscher Politiker; Gerhart Hauptmann, deut-

scher Dramatiker; Gerhard Marcks, deutscher Bildhauer; Gerhard Richter, deutscher Maler und Grafiker; Gerhard Stoltenberg, deutscher Politiker; Gerhard Zwerenz, deutscher Schriftsteller; Gerhard Polt, deutscher Kabarettist und Filmemacher. *Namenstag:* 23. April

Gerharde weibl. Form von Gerhard. *Weitere Formen:* Gerharda, Garde, Gardi; Gerrit (fries.)

Gerhild weibl., aus dem ahd. »ger« (Speer) und »hiltja« (Kampf). *Weitere Formen:* Gerhilde

Gerke männl., Kurzform von Vorn. mit »Ger-«

Gerko männl., Kurzform von Vorn. mit »Ger-«

Gerlinde weibl., aus dem ahd. »ger« (Speer) und »linta« (Schutzschild aus Lindenholz). *Weitere Formen:* Gerlind, Gerlindis

Germain männl., französ. Form von German

Germaine weibl., französ. Form von Germana

German männl., Kurzform von Vorn. mit »Ger-« oder russ. Form von Hermann. *Weitere Formen:* Germain (fran-

88

zös.); German (engl.); Germano (italien.); Germo (bulgar.)

Germana weibl. Form von German. *Weitere Formen:* Germaine (französ.)

Germano männl., italien. Form von German

Germar männl., aus dem ahd. »ger« (Speer) und »mari« (berühmt)

Gernot männl., aus dem ahd. »ger« (Speer) und »not« (Bedrängnis, Gefahr)

Gero männl., Kurzform von Gerhard

Gerolf männl., aus dem ahd. »ger« (Speer) und »wolf« (Wolf)

Gerome männl., engl. Form von Hieronymus

Geronimo männl., italien. Form von Hieronymus

Gerrit männl., fries. Form von Gerhard; weibl., fries. Form von Gertrud

Gerry männl., Kurz- und Koseform von Gerhard oder Gerald. *Bekannter Namensträger:* Gerry Mulligan, amerikan. Jazzmusiker

Gert männl., Kurzform von Gerhard. *Bekannter Namensträger:* Gert Fröbe, deutscher Schauspieler

Gerta weibl., fries. Form von Gerda und Kurzform von Gertrud

Gerte weibl., Nebenform von Gerda

Gertraud weibl., Nebenform von Gertrud

Gertrud weibl., aus dem ahd. »ger« (Speer) und »trud« (Kraft). *Weitere Formen:* Gertraud, Gertrude, Gela, Gerda, Gerta; Gerty (engl.); Gesche, Gesa, Geeske, Gesine, Gesina (fries.). *Bekannte Namensträgerinnen:* Gertrud von Le Fort, deutsche Schriftstellerin; Gertrud Fussenegger, österr. Schriftstellerin. *Namenstag:* 17. März

Gertrude weibl., Nebenform von Gertrud. *Bekannte Namensträgerin:* Gertrude Stein, amerikan. Schriftstellerin

Gertrudis weibl., Nebenform von Gertrud

Gerty weibl., engl. Form von Gertrud

Gerwig männl., aus dem ahd. »ger« (Speer) und »wig« (Kampf)

Gerwin männl., aus dem ahd. »ger« (Speer) und »wini« (Freund)

Gerwine weibl. Form von Gerwin

Gesa weibl., fries. Form von Gertrud. *Weitere Formen:* Gese, Geseke

Gesche weibl., fries. Form von Gertrud

Gesina weibl., Nebenform von Gesine

Gesine weibl., erweiterte Form von Gesa. *Weitere Formen:* Gesina, Sina

Gevaert männl., niederländ. Kurzform von Gebhard

Gewehard, Gevehard männl., niederd. Form von Gebhard

Giacomo männl., italien. Form von Jakob. *Bekannte Namensträger:* Giacomo Meyerbeer, deutscher Komponist; Giacomo Puccini, italien. Komponist

Gian männl., italien. Form von Hans. *Bekannter Namensträger:* Gian Maria Volontè, italien. Schauspieler

Gianna weibl., italien. Form zu Johanna. *Bekannte Namensträgerin:* Gianna Nannini, italien. Popsängerin

Gianni männl., italien. Koseform von Johannes

Gideon männl., hebr., »der Baumfäller, der Krieger«. *Weitere Formen:* Gidion, Gedeon, Gidon

Gifion weibl., nord., eigentlich der Name einer altnord. Meeresgöttin

Gila weibl., Kurzform von Gisela. *Bekannte Namensträgerin:* Gila von Weitershausen, deutsche Schauspielerin

Gilbert männl., französ. Form von Giselbert. *Bekannter Namensträger:* Gilbert Bécaud, französ. Chansonnier und Komponist

Gilda weibl. Form von Gildo

Gildo männl., Kurzform von Vorn. mit »Gild-«

Giles, Gil männl., engl. Formen von Ägid

Gilla weibl., schwed. Kurzform von Gisela

Gillian weibl., engl. Form von Juliane

Gina weibl., Kurzform von Regina. *Weitere Formen:* Gine. *Bekannte Namensträgerin:* Gina Lollobrigida, italien. Filmschauspielerin

Ginette weibl., französ. Koseform von Genoveva

Ginger weibl., engl., Koseform von Virginia. *Bekannte Namensträgerin:* Ginger Rogers, amerik. Schauspielerin und Tänzerin

Gioacchino männl., italien. Form von Joachim. *Bekannter Namensträger:* Gioacchino Rossini, italien. Komponist

Giorgio männl., italien. Form von Georg. *Bekannte Namensträger:* Giorgio Armani, italien. Modeschöpfer; Giorgio Moroder, italien. Komponist von Film- und Popmusik

Giovanna weibl., italien. Form von Johanna

Giovanni männl., italien. Form von Johannes. *Weitere Formen:* Nino. *Bekannter Namensträger:* Giovanni Battista Pergolesi, italien. Komponist

Giraldo männl., italien. Form von Gerald

Giraud männl., französ. Form von Gerald

Girolamo männl., italien. Form von Hieronymus

Gisa weibl., Kurzform von Vorn. mit »Gis-«, vor allem von Gisela

Gisbert männl., Nebenform von Giselbert

Gisberta weibl. Form von Gisbert

Gisela weibl., german., »Spross« oder Kurzform von Vorn. mit »Gisel-«.

Weitere Formen: Gisa, Silke, Gila; Gilla (schwed.); Giselle (französ., engl.); Gisella (italien.). *Bekannte Namensträgerin:* Gisela Uhlen, deutsche Filmschauspielerin. *Namenstag:* 7. Mai

Giselberga weibl., aus dem ahd. »gisa« (Geisel) und »bergan« (bergen, schützen)

Giselbert männl., aus dem ahd. »gisa« (Geisel) und »beraht« (glänzend)

Giselberta weibl. Form von Giselbert

Giselher männl., aus dem ahd. »gisa« (Geisel) und »heri« (Heer). *Weitere Formen:* Giso, Gislar

Giselle weibl., französ. und engl. Form von Gisela. *Weitere Formen:* Gisèle

Giselmar männl., aus dem ahd. »gisa« (Geisel) und »mari« (berühmt)

Giselmund männl., aus dem ahd. »gisa« (Geisel) und »munt« (Schutz der Unmündigen)

Giseltraud weibl., aus dem ahd. »gisa« (Geisel) und »trud« (Kraft)

Gislind weibl., aus dem ahd. »gisa« (Geisel) und »linta« (Schutzschild aus Lindenholz)

Gismar männl., Nebenform von Giselmar

Gismara weibl. Form von Gismar

Gismondo männl., italien. Form von Siegmund

Gismund männl., Nebenform von Giselmund

Giso männl., Kurzform von Vorn. mit »Gis-«, vor allem von Giselher

Gitte weibl., Kurzform von Brigitte. *Weitere Formen:* Gitta. *Bekannte Namensträgerin:* Gitte Haenning, dän. Schlagersängerin

Giuditta weibl., italien. Form von Judith

Giuglio, Giuliano männl., italien. Formen von Julius

Giulietta weibl., italien. Koseform von Julia. *Bekannte Namensträgerin:* Giulietta Masina, italien. Schauspielerin

Giuseppe männl., italien. Form von Joseph. *Bekannte Namensträger:* Giuseppe Garibaldi, italien. Freiheitskämpfer; Giuseppe Verdi, italien. Opernkomponist

Glaubrecht männl., pietistische Neubildung

Glenn männl., engl. Vorn. wahrscheinlich kelt. Ursprungs, »Talbewohner«. *Bekannte Namensträger:* Glenn Ford, amerikan. Filmschauspieler; Glenn Miller, amerikan. Jazzmusiker und Komponist

Glenna weibl. Form von Glenn

Gloria weibl., lat., »Ruhm, Ehre«. *Bekannte Namensträgerin:* Gloria von Thurn und Taxis, deutsche Fürstin

Goda weibl., Kurzform von Vorn. mit »God-«, vor allem von Godolewa, oder Kurzform von Gudula. *Weitere Formen:* Godela

Godefroy männl., französ. Form von Gottfried

Godehard männl., aus dem ahd. »got« (Gott) und »harti« (hart). *Namenstag:* 4. Mai

Godelef männl., niederd.-fries. Form von Gottlieb

Godelewa weibl. Form von Godelef

Godelinde weibl., aus dem ahd. »got« (Gott) und »linta« (Schutzschild aus Lindenholz)

Godfrey männl., engl. Form von Gottfried

Godo männl., Kurzform von Vorn. mit »God-«, vor allem von Gottfried

Godofrey männl., französ. Form von Gottfried

Godowela weibl. Nebenform von Gottlieb

Goesta männl., schwed. Form von Gustav. *Weitere Formen:* Gösta

Goffredo männl., italien. Form von Gottfried

Golo männl., Kurzform von Vorn. mit »Gode-«. *Bekannter Namensträger:* Golo Mann, deutscher Historiker

Göpf männl., schweiz. Kurzform von Gottfried

Goran männl., jugoslaw. Form von Georg oder Gregor

Göran männl., schwed. Form von Georg oder Gregor

Görd männl., fries. Kurzform von Gotthard

Gordon männl., engl., »der vom dreieckigen Hügel«

Gorg, Görgel männl., Kurzformen von Georg

Gosbert männl., aus dem Stammesnamen der Goten und dem ahd. »beraht« (glänzend)

Goswin männl., aus dem Stammesnamen der Goten und dem ahd. »winni« (Freund)

Gottbald männl., aus dem ahd. »got« (Gott) und »bald« (kühn)

Gottbert männl., aus dem ahd. »got« (Gott) und »beraht« (glänzend)

Gottfried männl., aus dem ahd. »got« (Gott) und »fridu« (Friede). *Weitere Formen:* Götz, Friedel; Godfrey, Geoffrey, Jeffrey (engl.); Göpf (schweiz.); Godfried, Gevert, Govert (niederländ.); Geoffroi, Geoffroy, Godefroy (französ.); Goffredo (italien.). *Bekannte Namensträger:* Johann Gottfried Herder, deutscher Schriftsteller; Gottfried August Bürger, deutscher Dichter; Gottfried Keller, schweiz. Dichter; Gottfried von Cramm, deutscher Tennisspieler; Gottfried Benn, deutscher Lyriker; Gottfried von Einem, österr. Komponist. *Namenstag:* 16. Januar, 8. November

Gotthard männl., aus dem ahd. »got« (Gott) und »harti« (hart). *Weitere Formen:* Godehard, Gottert; Görd (fries.). *Namenstag:* 4. Mai

Gotthelf männl., pietistische Neubildung

Gotthilf männl., Nebenform von Gotthelf. *Bekannter Namensträger:* Gotthilf Fischer, deutscher Chorleiter »Fischerchöre«

Gotthold männl., pietistische Neubildung. *Bekannter Namensträger:* Gotthold Ephraim Lessing, deutscher Schriftsteller

Gottlieb männl., pietistische Neubildung, angelehnt an das ahd. »leiba« (Überbleibsel, Nachkomme). *Bekannte Namensträger:* Friedrich Gottlieb Klopstock, deutscher Schriftsteller; Johann Gottlieb Fichte, deutscher Philosoph; Gottlieb Daimler, deutscher Maschinenbau- und Kraftfahrzeugingenieur

Gottlob männl., pietistische Neubildung, »lobe Gott!«

Gottschalk männl., aus dem ahd. »got« (Gott) und »schalk« (Knecht). *Namenstag:* 7. Juni

Gottwald männl., aus dem ahd. »got« (Gott) und »waltan« (walten, herrschen)

Gottwin männl., aus dem ahd. »got« (Gott) und »wini« (Freund)

Götz männl., Kurzform von Gott-fried. *Bekannter Namensträger:* Götz George, deutscher Schauspieler

Govert männl., niederländ. Kurzform von Gottfried

Grace weibl., engl. Form von Gratia. *Bekannte Namensträgerinnen:* Grace Kelly, der Geburtsname der späteren Fürstin Gracia Patricia von Monaco; Grace Bumbry, amerikan. Mezzosopranistin

Gracia weibl., span. und niederländ. Form von Gratia. *Bekannte Namensträgerin:* Gracia Patricia, Fürstin von Monaco

Gratia weibl., lat., »die Anmutige«. *Weitere Formen:* Grazia; Grace, Gracy (engl.); Gracia (span., niederländ.); Grace (französ.)

Gratian männl., nach dem weibl. Vorn. Gratia gebildet. *Weitere Formen:* Grazian; Gratianus (lat.); Gratien (französ.); Graziano (italien.); Graciano (span.)

Graziella weibl., italien. Verkleinerungsform von Gratia

Greet weibl., niederländ. und niederd. Kurzform von Margarete. *Weitere Formen:* Greetje

Grégoire männl., französ. Form von Gregor

Gregoor männl., niederländ. Form von Gregor

Gregor männl., griech., »der Wachsame«. *Weitere Formen:* Grigorij, Grischa (russ.); Grégoire (französ.); Gregorio (span., italien.); Gregoor (niederländ.); Gregory (engl.); Grigore (rumän.). *Bekannte Namensträger:* Gregor XIII., Papst und Kalenderreformer; Gregor Mendel, Entdecker der biologischen Vererbungsgesetze. *Namenstag:* 12. März, 9. Mai, 25. Mai, 17. November

Gregorio männl., span. und italien. Form von Gregor

Gregory männl., engl. Form von Gregor. *Bekannter Namensträger:* Gregory Peck, amerikan. Filmschauspieler und Oscarpreisträger

Greta weibl., Kurzform von Margarete. *Bekannte Namensträgerin:* Greta Garbo, schwed. Filmschauspielerin

Gretchen weibl., Koseform von Margarete

Grete weibl., Kurzform von Margarete. *Weitere Formen:* Grethe. *Bekannte Namensträgerin:* Grethe Weiser, deutsche Schauspielerin

Gretel weibl., Koseform von Margarete

Grigorij männl., russ. Form von Gregor

Grimbert männl., aus dem ahd. »grim« (grimmig) und »beraht« (glänzend)

Grimo männl., Kurzform von Grimwald

Grimwald männl., aus dem ahd. »grim« (grimmig) und »waltan« (walten, herrschen). *Weitere Formen:* Grimald

Grischa männl., russ. Koseform von Gregor

Griselda weibl., italien. Vorn. vermutlich german. Ursprungs, aus »grisja« (Sand) und »hiltja« (Kampf). *Weitere Formen:* Grizel, Zelda (engl.)

Gritt weibl., Kurzform von Margarete. *Weitere Formen:* Grit, Gritta, Grita, Gritli. *Bekannte Namensträgerin:* Grit Böttcher, deutsche Schauspielerin

Guarnerio männl., italien. Form von Werner

Guda weibl., Kurzform von Vorn. mit »gud-«

Gudrun weibl., aus dem ahd. »gund« (Kampf) und »runa« (Geheimnis). *Weitere Formen:* Gunda, Gudula, Gundula, Gudrune, Gutrune. *Bekannte*

Namensträgerin: Gudrun Landgrebe, deutsche Schauspielerin

Gudula weibl., erweiterte Form von Guda oder Nebenform von Gundula. *Namenstag:* 8. Januar

Guglielmina weibl., italien. Form von Wilhelmine

Guglielmo männl., italien. Form von Wilhelm

Guido männl., romanisierte Kurzform von Vorn. mit ahd. »witu« (Wald, Gehölz), vor allem von Wido, Withold. *Bekannte Namensträger:* Guido Westerwelle, deutscher Politiker; Guido Kratschmer, deutscher Zehnkämpfer

Guillaume männl., französ. Form von Wilhelm

Guillerma weibl., span. Form von Wilhelmine

Guillermo männl., span. Form von Wilhelm

Gunda weibl., Kurzform von Vorn. mit »Gunde-«. *Bekannte Namensträgerin:* Gunda Niemann-Stirnemann, deutsche Eisschnellläuferin

Gundel weibl., Koseform von Vorn. mit »Gund-« oder »-gund«

Gundela weibl., Nebenform von Gundula

Gundelind weibl., aus dem ahd. »gund« (Kampf) und »linta« (Schutzschild aus Lindenholz). *Weitere Formen:* Gundelinde, Guntlinde, Guntlind

Gunder männl., dän. Form von Gunter

Gundobald männl., aus dem ahd. »gund« (Kampf) und »bald« (kühn)

Gundobert männl., aus dem ahd. »gund« (Kampf) und »beraht« (glänzend). *Weitere Formen:* Gundbert, Gundbrecht, Guntbert, Guntprecht, Gumbert, Gumbrecht, Gumpert, Gumprecht, Gumbel

Gundolf männl., aus dem ahd. »gund« (Kampf) und »wolf« (Wolf)

Gundula weibl., Koseform von Vorn. mit »Gunt-« oder »-gund«. *Bekannte Namensträgerinnen:* Gundula Janowitz, deutsche Sopranistin; Gundula Gause, deutsche Journalistin

Gunnar männl., skand. Form von Gunter. *Bekannter Namensträger:* Gunnar Gunnarsson, isländ. Schriftsteller

Guntbert männl., Nebenform von Gundobert

Guntberta weibl. Form von Guntbert

Guntbrecht männl., Nebenform von Gundobert

Gunter, Gunther männl., Nebenformen zu Günther

Günter männl., aus dem ahd. »gund« (Kampf) und »heri« (Heer). Name des Burgunderkönigs aus dem Nibelungenlied. *Weitere Formen:* Günther, Gunter, Gunther; Gunnar (skand.); Gunder (dän.); Gontier (franzöz.). *Bekannte Namensträger:* Günter Eich, deutscher Schriftsteller; Günter Grass, deutscher Schriftsteller; Günter Netzer, deutscher Fußballprofi. *Namenstag:* 9. Oktober

Günther männl., Nebenform von Günter. *Bekannte Namensträger:* Günther Ramin, Thomaskantor in Leipzig; Günther Strack, deutscher Schauspieler; Günther Pfitzmann, deutscher Schauspieler; Günther Jauch, deutscher Fernsehjournalist

Gunthild weibl., aus dem ahd. »gund« (Kampf) und »hiltja« (Kampf). *Weitere Formen:* Gunhild, Gunhilde

Guntlinde weibl., aus dem ahd. »gund« (Kampf) und »linta« (Schutzschild aus Lindenholz)

Guntmar männl., aus dem ahd. »gund« (Kampf) und »mari« (berühmt)

Guntrada weibl., aus dem ahd. »gund« (Kampf) und »rat« (Ratgeber)

Guntram männl., aus dem ahd. »gund« (Kampf) und »hraban« (Rabe)

Guntwin männl., aus dem ahd. »gund« (Kampf) und »wini« (Freund)

Gus männl., Kurzform von Gustav

Gustaaf männl., niederländ. Form von Gustav

Gustaf männl., Nebenform von Gustav. *Bekannter Namensträger:* Gustaf Gründgens, deutscher Schauspieler, Regisseur und Theaterleiter

Gustav männl., schwed., »Gottes Stütze«. Name des Schwedenkönigs Gustav Adolf. *Weitere Formen:* Gus, Gustaf, Gustel; Goesta (schwed.); Gustave (engl., franzöz.); Gustavo (span., italien.); Gustaaf, Gustavus (niederländ.). *Bekannte Namensträger:* Gustav Schwab, deutscher Dichter; Gustav Freytag, deutscher Schriftsteller; Gustav Mahler, österr. Komponist; Gustav Knuth, deutscher Schauspieler

Gustave männl., engl. und franzöz.

Form von Gustav. *Bekannter Namensträger:* Gustave Flaubert, französ. Schriftsteller

Gustavo männl., span. Form von Gustav

Gustavus männl., niederländ. Form von Gustav

Guste weibl., Nebenform von Auguste

Gustel männl., Koseform von Gustav; weibl., Koseform von Augusta; eindeutiger Zweitname erforderlich

Gwendolin weibl., engl., Bedeutung unklar, eventuell zu kelt. »gwyn« (weiß). *Weitere Formen:* Gwenda, Gwen

György männl., ungar. Form von Georg

Gyula männl., ungar. Form von Julius

Hademar männl., aus dem ahd. »hadu« (Kampf) und »mari« (berühmt). *Weitere Formen:* Hadamar. *Bekannter Namensträger:* Prof. Hademar Bankhofer, deutscher Autor und Journalist

Hademund männl., aus dem ahd. »hadu« (Kampf) und »munt« (Schutz der Unmündigen)

Hadewin männl., aus dem ahd. »hadu« (Kampf) und »wini« (Freund)

Hadmut weibl., aus dem ahd. »hadu« (Kampf) und »muot« (Sinn, Geist)

Hadrian männl., Nebenform von Adrian

Hagen männl., Kurzform von Vorn. mit »Hagan-« (Einhegung, Hag). *Weitere Formen:* Hanno; Hajo (fries.)

Hajo männl., fries. Kurzform von Hagen, Hugo oder Kurzform von Hansjoachim

Hakon männl., norw. Form von Hagen. *Weitere Formen:* Hakan; Haquinus (latinisiert)

Halina weibl., poln. Verkleinerungsform von Helene

Halka weibl., poln. Koseform von Helene

Hanja weibl., Nebenform von Hanna

Hanjo männl., Kurzform von Hansjoachim oder Hansjoseph

Hank männl., Nebenform von Hans

Hanka weibl., slaw. Form von Hanna

Hanke männl., niederd. Kurzform von Johannes

Hanna weibl., Kurzform von Johanna oder hebr. »Anmut« oder »er (Gott) hat mich begünstigt«. *Weitere Formen:* Hannah, Hanne, Hannele, Hanja, Hannchen, Hansi; Hanka (slaw.). *Bekannte Namensträgerin:* Hanna Schygulla, deutsche Schauspielerin

Hannah weibl., Nebenform von Hanna. *Bekannte Namensträgerin:* Hannah Arendt, deutsche Soziologin und Politologin

Hannchen weibl., Koseform von Hanna

Hanne weibl., Nebenform von Hanna. *Bekannte Namensträgerin:* Hanne Wieder, deutsche Schauspielerin

Hannele weibl., Koseform von Hanna

Hanneliese weibl., Doppelname aus Hanne und Liese

Hannelore weibl., Doppelname aus Hanne und Lore. *Bekannte Namensträgerinnen:* Hannelore Kohl, Ehefrau von Helmut Kohl; Hannelore Elsner, deutsche Schauspielerin

Hannelotte weibl., Doppelname aus Hanne und Lotte

Hannemarie weibl., Doppelname aus Hanne und Marie

Hannerose weibl., Doppelname aus Hanne und Rose

Hannes männl., Nebenform von Hans

Hanni weibl., Koseform von Johanna

Hanno männl., Nebenform von Anno oder Kurzform von Hagen oder Johannes

Hanns männl., Nebenform von Hans. *Bekannte Namensträger:* Hanns Lothar, deutscher Schauspieler; Hanns Dieter Hüsch, deutscher Kabarettist

Hans männl., Kurzform von Johannes. Seit dem 14. Jh. zählte Hans zu

H den beliebtesten deutschen Vornamen. Er war so häufig, dass er als »Gattungsname« abgewertet wurde (Hanswurst, Hansdampf, Prahlhans). *Weitere Formen:* Hanns, Hansi, Hannes, Hanko, Hänsel, Hansjoachim, Hansdieter, Hansjürgen, Hansjoseph. *Bekannte Namensträger:* Hans Sachs, deutscher Fastnachtsspieldichter; Hans Christian Andersen, dän. Märchendichter; Hans Pfitzner, deutscher Komponist; Hans Albers, deutscher Schauspieler; Hans Fallada, deutscher Schriftsteller; Hans Moser, österr. Schauspieler; Hans Rosenthal, deutscher Fernsehunterhalter; Hans Clarin, deutscher Schauspieler; Hans Magnus Enzensberger, deutscher Schriftsteller

Hansbernd männl., Doppelname aus Hans und Bernd

Hansdieter männl., Doppelname aus Hans und Dieter. *Weitere Formen:* Hans-Dieter

Hansdietrich männl., Doppelname aus Hans und Dietrich. *Weitere Formen:* Hans-Dietrich. *Bekannter Namensträger:* Hans-Dietrich Genscher, deutscher Politiker

Hänsel männl., Koseform von Hans. Bekannt durch das Märchen der Gebrüder Grimm »Hänsel und Gretel«

Hansgeorg männl., Doppelname aus Hans und Georg

Hansi männl., Koseform von Hans; weibl., Koseform von Hanna; eindeutiger Zweitname erforderlich

Hansjoachim männl., Doppelname aus Hans und Joachim. *Weitere Formen:* Hajo, Hanjo, Hans-Joachim. *Bekannte Namensträger:* Hans-Joachim Kulenkampff, deutscher Schauspieler und Quizmaster; Hanns Joachim Friedrichs, deutscher Fernsehjournalist

Hansjoseph männl., Doppelname aus Hans und Joseph. *Weitere Formen:* Hans-Joseph

Hansjürgen männl., Doppelname aus Hans und Jürgen. *Weitere Formen:* Hans-Jürgen. *Bekannter Namensträger:* Hans-Jürgen Bäumler, deutscher Eiskunstläufer und Fernsehmoderator

Hanspeter männl., Doppelname aus Hans und Peter. *Weitere Formen:* Giampietro (italien.)

Hansrolf männl., Doppelname aus Hans und Rolf

Hanswalter männl., Doppelname aus Hans und Walter

Hanswerner männl., Doppelname aus Hans und Werner

Harald männl., aus dem Nord. übernommener Vorn., angelehnt an Hariwald, aus dem ahd. »hari« (Heer) und »waltan« (walten, herrschen). *Weitere Formen:* Harold; Eraldo (italien.). *Bekannte Namensträger:* Harald Braun, deutscher Filmregisseur; Harald Norpoth, deutscher Langstreckenläufer; Harald Juhnke, deutscher Fernsehunterhalter; Harald Schmid, deutscher Leichtathlet; Harald Schmid, deutscher Kabarettist und Fernsehunterhalter

Hard männl., Kurzform von Vorn. mit »Hard«

Hardi männl., Kurzform von Vorn. mit »Hart-« oder »-hard«. *Weitere Formen:* Hardy, Hardo, Harto; Hartke, Hartung (niederd.). *Bekannter Namensträger:* Hardy Krüger, deutscher Schauspieler

Hariolf männl., aus dem ahd. »heri« (Heer) und »wolf« (Wolf). *Weitere Formen:* Hariulf

Hark männl., fries. Kurzform von Vorn. mit »Har-« oder »Her-«. *Bekannter Namensträger:* Hark Bohm, deutscher Schauspieler und Regisseur

Harm männl., fries. Form von Hermann. *Weitere Formen:* Harmann

Harmke weibl., fries. Form von Hermanna

Harold männl., Nebenform oder engl. Form von Harald, aus dem ahd. »heri« (Heer) und »waltan« (walten, herrschen). *Weitere Formen:* Herold, Herwald; Araldo, Eraldo (italien.)

Harriet weibl., engl. Form von Henriette

Harro männl., fries. Form von Hermann und Kurzform von Vorn. mit »Har-«. *Weitere Formen:* Haro

Harry männl., engl. Form von Heinrich. *Bekannte Namensträger:* Harry S. Truman, amerikan. Präsident; Harry Kupfer, deutscher Opernregisseur; Harry Belafonte, amerikan. Sänger; Harry Valérien, deutscher Sportjournalist

Hartbert männl., aus dem ahd. »harti« (hart) und »beraht« (glänzend). *Weitere Formen:* Hartbrecht, Harprecht

Hartger männl., aus dem ahd. »harti« (hart) und »ger« (Speer)

Hartlieb männl., aus dem ahd. »harti« (hart) und »liob« (lieb)

Hartmann männl., aus dem ahd. »harti« (hart) und »man« (Mann). *Bekannter Namensträger:* Hartmann von Aue, deutscher Dichter

Hartmund männl., aus dem ahd.

101

H »harti« (hart) und »mund« (Schutz der Unmündigen)

Hartmut männl., aus dem ahd. »harti« (hart) und »muot« (Sinn, Geist)

Hartwig männl., aus dem ahd. »harti« (hart) und »wig« (Kampf). *Bekannter Namensträger:* Hartwig Steenken, deutscher Springreiter

Hartwin männl., aus dem ahd. »harti« (hart) und »wini« (Freund)

Harun männl., arab. Form von Aaron

Hassan männl., arab., »schön«

Hasso männl., Kurzform von Vorn. mit »Hart-«. Ursprünglich war Hasso ein Herkunftsname (der Hesse). *Weitere Formen:* Hesso, Hasko, Hassilo

Haubert männl., Nebenform von Hubert

Haug männl., fries. Kurzform von Vorn. mit »Hug-«

Hauk weibl. und männl., Nebenform von Hauke; eindeutiger Zweitname erforderlich

Hauke weibl., fries. Kurzform von Vorn. mit »Hug-«; männl., fries. Kurzform von Hugo; eindeutiger Zweitname erforderlich

Hector männl., engl. und franzÖs. Form von Hektor. *Bekannter Namensträger:* Hector Berlioz, franzÖs. Komponist

Hedda weibl., skand. Kurzform von Hedwig

Heddy weibl., Koseform von Hedwig

Hede weibl., Kurzform von Hedwig

Hedvig weibl., schwed. Form von Hedwig

Hedwig weibl., aus dem ahd. »hadu« (Kampf) und »wig« (Kampf). *Weitere Formen:* Hadwig, Hede, Heddy, Heta; Hedda (skand.); Jadwiga (poln.); Hedvig (schwed.); Hedwigis (niederländ.); Edwige (italien.). *Bekannte Namensträgerin:* Hedwig Courths-Mahler, deutsche Schriftstellerin. *Namenstag:* 16. Oktober

Hedwiges weibl., niederländ. Form von Hedwig

Heida weibl., Nebenform von Heide

Heide weibl., Kurzform von Adelheid. *Bekannte Namensträgerinnen:* Heide Rosendahl, deutsche Leichtathletin und Olympiasiegerin; Heide Simonis, deutsche Politikerin und erste Ministerpräsidentin der Bundesrepublik Deutschland

Heidelinde weibl., Doppelname aus Heide und Linda. *Bekannte Namensträgerin:* Heidelinde Weis, deutsche Schauspielerin

Heidelore weibl., Doppelname aus Heide und Lore

Heidemaria weibl., Doppelname aus Heide und Maria. *Weitere Formen:* Heidemarie. *Bekannte Namensträgerin:* Heidemarie Hatheyer, schweizer. Filmschauspielerin

Heiderose weibl., Doppelname aus Heide und Rose

Heidi weibl., Koseform von Adelheid. Name der Hauptfigur der »Heidi«-Bücher von J. Spyri. *Bekannte Namensträgerinnen:* Heidi Kabel, deutsche Schauspielerin; Heidi Brühl, deutsche Schauspielerin

Heike weibl., niederd. Koseform von Heinrike. *Bekannte Namensträgerinnen:* Heike Drechsler, deutsche Leichtathletin und Olympiasiegerin; Heike Makatsch, deutsche Schauspielerin

Heiko männl., niederd. Koseform von Heinrich. *Bekannter Namensträger:* Heiko Scholz, deutscher Fußballtrainer

Heila weibl., Kurzform von Vorn. mit »Heil-«

Heilgard weibl., aus dem ahd. »heil« (gesund) und »gard« (Schutz)

Heilke weibl., fries. Kurzform von Vorn. mit »Heil-«

Heilko männl., fries. Kurzform von Vorn. mit »Heil-«

Heilmar männl., aus dem ahd. »heil« (geseund) und »mari« (berühmt)

Heilmut männl., aus dem ahd. »heil« (gesund) und »muot« (Sinn, Geist)

Heilwig männl. und weibl., aus dem ahd. »heil« (gesund) und »wig« (Kampf); eindeutiger Zweitname erforderlich

Heima weibl., Kurzform von Vorn. mit »Heim-«

Heimbert männl., aus dem ahd. »heim« (Haus) und »beraht« (glänzend)

Heimbrecht männl., Nebenform von Heimbert

Heimeran männl., aus dem ahd. »heim« (Haus) und »hraban« (Rabe)

Heimerich männl., aus dem ahd. »heim« (Haus) und »rihhi« (reich, mächtig)

H

Heimfried männl., aus dem ahd. »heim« (Haus) und »fridu« (Friede)

Heimo männl., Kurzform von Vorn. mit »Heim-«. *Weitere Formen:* Heimko, Heimke, Heimito. *Bekannter Namensträger:* Heimito von Doderer, österr. Schriftsteller

Heimrich männl., Nebenform von Heimerich

Heineke männl., fries. Form von Heinrich

Heiner männl., Kurzform von Heinrich. *Bekannte Namensträger:* Heiner Geißler, deutscher Politiker; Heiner Lauterbach, deutscher Schauspieler

Heinfried männl., Doppelname aus Heinrich und Friedrich

Heino männl., fries. Kurzform von Heinrich. *Bekannter Namensträger:* Heino, deutscher Volksmusiksänger

Heinrich männl., aus dem ahd. »hagan« (Hof) und »rihhi« (reich, mächtig). *Weitere Formen:* Hinrich, Hinz, Reitz, Heinz, Heise; Harry, Henry (engl.); Enzio, Enrico (italien.); Jendrik (slaw.); Heintje, Heino, Henner, Henneke, Henke, Henning, Heinke (fries.); Henri (französ.); Hendrik (niederländ.); Henrik (dän., schwed.); Genrich (russ.); Heikki (finn.). *Bekann-*

te Namensträger: Heinrich Schütz, deutscher Komponist; Heinrich Schliemann, deutscher Archäologe und Entdecker von Troja; Heinrich von Kleist, deutscher Dramatiker; Heinrich Heine, deutscher Schriftsteller; Heinrich Hertz, deutscher Physiker; Heinrich Zille, Berliner Zeichner; Heinrich Mann, deutscher Schriftsteller; Heinrich George, deutscher Schauspieler; Heinrich Böll, deutscher Schriftsteller. *Namenstag:* 13. Juli

Heinriette weibl., Nebenform von Henriette

Heinrike weibl. Form von Heinrich

Heintje männl., fries. Form von Heinrich

Heinz männl., Kurzform von Heinrich. *Bekannte Namensträger:* Heinz Rühmann, deutscher Schauspieler; Heinz Piontek, deutscher Schriftsteller; Heinz Bennent, deutscher Schauspieler

Heise männl., Nebenform von Heinrich

Heitor männl., portug. Form von Hektor

Hektor männl., griech., »Schirmer, Herrscher«. *Weitere Formen:* Hector (engl., französ.); Heitor (portug.)

Helen weibl., deutsche und engl. Kurzform von Helene. *Bekannte Namensträgerin:* Helen Keller, amerikan. Schriftstellerin

Helena weibl., Nebenform von Helene. Figur in der griech. Mythologie

Helene weibl., griech., »die Sonnenhafte«. *Weitere Formen:* Helena, Helen, Elena, Elina, Ella, Ilka, Lene, Nelli, Ellen; Ilona, Lenka (slaw.); Ela (slowak.); Elena (italien.); Hélène (französ.); Ileana (rumän.); Elin (dän., schwed.); Ellen, Helen (engl.); Alene, Jelena (russ.). *Bekannte Namensträgerinnen:* Helene Lange, deutsche Frauenrechtlerin; Helene Weigel, deutsche Schauspielerin. *Namenstag:* 18. August

Helga weibl., nord., »die Geweihte, die Heilige«

Helge männl., nord., »gesund, heil, unversehrt«; weibl., Nebenform von Helga; eindeutiger Zweitname erforderlich. *Bekannter Namensträger:* Helge Schneider, deutscher Komiker

Helke weibl., Nebenform von Heilke

Helmet männl., Kurzform von Wilhelm

Heimold männl., aus dem ahd. »helm« (Helm) und »waltan« (walten, herrschen)

Hellmut, Hellmuth männl., Nebenformen von Helmut

Helmbrecht männl., aus dem ahd. »helm« (Helm) und »beraht« (glänzend). *Weitere Formen:* Helmbert

Helmburg weibl., aus dem ahd. »helm« (Helm) und »bergan« (bergen, schützen)

Helmfried männl., aus dem ahd. »helm« (Helm) und »fridu« (Friede)

Helmke männl., Kurzform von Vorn. mit »Helm-« oder »-helm«, vor allem von Helmut oder Wilhelm. *Weitere Formen:* Helmko, Helmo. Auch weibl., Kurzform von Vorn. mit »Helm-« oder »-helm«, vor allem von Helmtraud oder Wilhelma. *Weitere Formen:* Helma; eindeutiger Zweitname erforderlich

Helmtraud weibl., aus dem ahd. »helm« (Helm) und »trud« (Kraft, Stärke). *Weitere Formen:* Helma, Helmke

Helmut männl., Herkunft unklar, wahrscheinlich aus dem ahd. »helm« (Helm) und »muot« (Sinn, Geist) oder Lautvariante von Heilmut. *Weitere Formen:* Hellmut, Helmuth, Hellmuth, Helmke, Helle. *Bekannte Namensträger:* Helmuth von Moltke, Generalstabschef der deutschen Einigungskriege; Helmut Schön, ehemaliger Trainer der deutschen Fußballnationalmannschaft; Helmut Heissenbüttel, deutscher Lyriker; Helmut Schmidt, deutscher Politiker und ehemaliger Bundeskanzler; Helmut Qualtinger, österr. Schauspieler; Helmut Kohl, deutscher Politiker und ehemaliger Bundeskanzler

Helmuth männl., Nebenform von Helmut

Helmward männl., aus dem ahd. »helm« (Helm) und »wart« (Hüter)

Hendrik männl., niederländ. Form von Heinrich. *Weitere Formen:* Hendryk, Hendrikus, Hinderk, Hinnerk

Henke männl., fries. Kurzform von Heinrich

Henneke, Henner männl., fries. Formen von Heinrich

Henning männl., fries. Form von Heinrich. *Weitere Formen:* Hennig. *Bekannte Namensträger:* Henning Venske, deutscher Kabarettist; Henning Mankell, schwed. Autor

Henri männl., französ. Form von Heinrich

Henriette weibl. Form von Heinrich

Henrik männl., dän. und schwed. Form von Heinrich. *Weitere Formen:*

Henk, Henrich. *Bekannter Namensträger:* Henrik Ibsen, norweg. Schriftsteller

Henrike weibl. Form von Henrik. *Weitere Formen:* Henni, Henny, Rika, Rieka

Henry männl., engl. Form von Heinrich. *Bekannte Namensträger:* Henry Ford, amerikan. Automobilindustrieller; Henry Fonda, amerikan. Schauspieler; Henry Kissinger, amerikan. Politiker; Henry Maske, deutscher Boxweltmeister im Halbschwergewicht

Herbert männl., aus dem ahd. »heri« (Herr) und »beraht« (glänzend). Durch die Verehrung des Heiligen Herbert, Erzbischof von Köln (11. Jh.), seit dem Mittelalter besonders im Rheinland verbreitet. *Weitere Formen:* Heribert, Herbort; Aribert (französ.). *Bekannte Namensträger:* Herbert von Karajan, österr. Dirigent; Herbert Wehner, deutscher Politiker; Herbert Grönemeyer, deutscher Sänger und Schauspieler. *Namenstag:* 16. März

Herberta weibl. Form von Herbert

Herdi weibl., fries. Kurzform von Vorn. mit »her« oder »hart«. *Weitere Formen:* Herdis

Heribert männl., Nebenform von Herbert. *Bekannter Namensträger:* Heribert Faßbender, deutscher Sportjournalist

Herlinde weibl., aus dem ahd. »heri« (Herr) und »linta« (Schutzschild aus Lindenholz)

Herman männl., deutsche und engl. Nebenform von Hermann. *Bekannter Namensträger:* Herman Melville, amerikan. Schriftsteller

Hermann männl., aus dem ahd. »heri« (Heer) und »man« (Mann). Im 19. Jh. trug Goethes »Hermann und Dorothea« zur Verbreitung des Namens bei. *Weitere Formen:* Herman; Hemme, Hemmo, Harro, Harm, Harme, Herms (fries.); Herman (engl.); Armand (französ.); Ermanno, Erminio (italien.); Armando (span., italien.); German (russ.). *Bekannte Namensträger:* Hermann Hesse, deutscher Schriftsteller; Hermann Broch, deutscher Schriftsteller; Hermann Löns, deutscher Schriftsteller; Hermann Prey, deutscher Tenor; Hermann Gmeiner, österr. Gründer der SOS-Kinderdörfer

Hermanna weibl. Form von Hermann

Hermien männl., niederländ. Form von Hermann

Hermine weibl. Form von Hermann.

Weitere Formen: Herma, Hermia, Hermanna; Hermina (poln. tschech., ungar.); Erminia (italien.); Cherminia (bulgar.); Germine (russ.); Armande (französ.); Hermtje, Urmina (niederländ.) *Bekannte Namensträgerin:* Hermine Körner, deutsche Schauspielerin

Herms männl., fries. Form von Hermann. *Weitere Formen:* Harms

Hern männl., von mittelengl. »herne« (Reiher)

Herta weibl., Kurzform von Vorn. mit »Hert« oder »Hart«. Der Vorn. geht vermutlich auf die falsche Lesart des lat. überlieferten Namens Nerthus der german. Fruchtbarkeitsgöttin bei Tacitus zurück. *Bekannte Namensträgerin:* Herta Däubler-Gmelin, deutsche Politikerin

Hertha weibl., Nebenform von Herta. *Bekannte Namensträgerin:* Hertha Többer, österr. Sängerin

Hertwig männl., Nebenform von Hartwig

Hertwiga weibl. Form von Hertwig

Herward männl., aus dem ahd. »heri« (Heer) und »wart« (Hüter). *Weitere Formen:* Herwarth

Herwig männl., aus dem ahd. »heri«

(Heer) und »wig« (Kampf). *Weitere Formen:* Herweig

Herwiga weibl. Form von Herwig

Herwin männl., aus dem ahd. »heri« (Heer) und »wini« (Freund). *Weitere Formen:* Erwin

Hester weibl., Nebenform von Esther

Heta weibl., Kurz- oder Koseform von Hedwig

Hias männl., bayr. Nebenform von Matthias

Hidda weibl., Kurzform von Hildegard

Hieronymus männl., griech., »der Mann mit dem heiligen Namen«. *Weitere Formen:* Hieronymos, Grommes, Gromer; Gerome, Jerome (engl.); Jérôme (französ.); Geronimo (italien.); Jeronimo (span.); Jeroen (niederländ.). *Bekannte Namensträger:* Hieronymus, Kirchenlehrer; Hieronymus Bosch, niederländ. Maler. *Namenstag:* 30. September

Hilaria weibl. Form von Hilarius

Hilarius männl., lat., »der Heitere«. *Weitere Formen:* Hilaire (französ.); Larry (engl.). *Namenstag:* 28. Februar

Hilary weibl., engl. Form von Hilaria. *Weitere Formen:* Hillary. *Bekannte Namensträgerin:* Hillary Clinton, amerikan. Senatorin

Hilda weibl., Kurzform von Hildegard

Hilde weibl., Kurzform von Vorn. mit »Hild-« oder »-hilde«, vor allem von Hildegard oder Mathilde. *Weitere Formen:* Hilja. *Bekannte Namensträgerin:* Hilde Domin, deutsche Lyrikerin

Hildebert männl., aus dem ahd. »hiltja« (Kampf) und »beraht« (glänzend). *Weitere Formen:* Hilbert, Hilpert, Hildebrecht, Hilbrecht

Hildeberta weibl. Form von Hildebert

Hildebrand männl., aus dem ahd. »hiltja« (Kampf) und »brand« (Brand)

Hildefons männl., aus dem ahd. »hiltja« (Kampf) und »funs« (eifrig). *Weitere Formen:* Ildefons. *Namenstag:* 23. Januar

Hildegard weibl., aus dem ahd. »hiltja« (Kampf) und »gard« (Schutz). Durch die Verehrung der Heiligen Hildegard von Bingen (12. Jh.) verbreiteter Name. *Weitere Formen:* Hilda, Hilde; Hilla, Hidda, Hilke (fries.).

Bekannte Namensträgerinnen: Hildegard von Bingen, Mystikerin; Hildegard Knef, deutsche Schauspielerin; Hildegard Hamm-Brücher, deutsche Politikerin. *Namenstag:* 17. September

Hildeger männl., aus dem ahd. »hiltja« (Kampf) und »ger« (Speer)

Hildegunde weibl., aus dem ahd. »hiltja« (Kampf) und »gund« (Kampf). *Weitere Formen:* Hillegonde

Hildemar männl., aus dem ahd. »hiltja« (Kampf) und »mari« (berühmt)

Hildemut männl., aus dem ahd. »hiltja« (Kampf) und »muot« (Sinn, Geist)

Hilderich männl., aus dem ahd. »hiltja« (Kampf) und »rihhi« (reich, mächtig)

Hildrun weibl., aus dem ahd. »hiltja« (Kampf) und »runa« (Geheimnis). *Weitere Formen:* Hiltrun

Hilger männl., Kurzform von Hildeger

Hilke weibl., Fries vom von Vorn. mit »Hilde-«, vor allem Hildegard. *Weitere Formen:* Hilka

Hilla weibl., fries. Kurzform von

Vorn. mit »Hilde-«, z. B. von Hildegard

Hilmar männl., Kurzform von Hildemar

Hiltraud weibl., aus dem ahd. »hiltja« (Kampf) und »trud« (Stärke). *Weitere Formen:* Hiltrud

Hinrich männl., Nebenform von Heinrich

Hinz männl., Kurzform von Heinrich

Hiob männl., aus der Bibel übernommener Vorn. hebr. Ursprungs, »der Angefeindete« oder »Wo ist der Vater (Gott)?«

Hippo männl., fries. Kurzform von Vorn. mit »Hild-«

Hjalmar männl., skand. Form von Hilmar

Holda weibl., Nebenform von Hulda. *Weitere Formen:* Holdine

Holdger männl., Nebenform von Holger

Holdo männl., Kurzform von Vorn. mit »-hold«

Holger männl., aus dem altisländ. »holm« (Insel) und geirr« (Speer).

109

Holger Danske heißt der dänische Nationalheld, der der Sage nach aus seinem Schlaf erwacht, wenn Dänemark in Not gerät

Holly weibl., Pflanzenname, der »Glück bringender, immergrüner Strauch« bedeuten soll. *Bekannte Namensträgerin:* Holly Hunter, amerikan. Schauspielerin und Oscarpreisträgerin

Holm männl., nord., »der von der Insel«

Horst männl. Der Vorn. ist wahrscheinlich an die Bezeichnung »Horst« (Gehölz, niedriges Gestrüpp) angelehnt. *Bekannte Namensträger:* Horst Buchholz, deutscher Schauspieler; Horst Eberhard Richter, deutscher Psychoanalytiker; Horst Janssen, deutscher Maler und Grafiker; Horst Köhler, deutscher Bundespräsident; Horst Tappert, deutscher Schauspieler

Hortensia weibl., lat., »die aus dem altröm. Geschlecht der Hortensier«. Der Vorn. wird auch oft mit der Pflanze Hortensie in Zusammenhang gebracht. *Weitere Formen:* Hortense (franzos.); Ortensia (italien.)

Hortense weibl., franzos. Form von Hortensia

Hosea männl., aus der Bibel übernommener Vorn. hebr. Ursprungs,

»Der Herr ist Hilfe und Rettung«. Hosea ist in der Bibel ein Prophet, der sich gegen den Götzendienst wendet

Howard männl., engl. Vorn. nach dem gleich lautenden Familiennamen, entspricht Hubert. *Bekannter Namensträger:* Howard Hawks, amerikan. Filmregisseur

Horswitha weibl., Nebenform von Roswitha

Hubert männl., neuere Form von Hugbert, aus dem ahd. »hugu« (Gedanke, Verstand) und »beraht« (glänzend). *Weitere Formen:* Hugbert, Hubrecht, Bert, Haubert; Howard (engl.); Umberto, Uberto, Oberto (italien.); Hubertus (lat.). *Bekannter Namensträger:* Hubert von Meyerinck, deutscher Filmschauspieler. *Namenstag:* 3. November

Huberta weibl. Form von Hubert

Hubertus männl., lat. Form von Hubert

Hugbald männl., aus dem ahd. »hugu« (Gedanke, Verstand) und »bald« (kühn). *Weitere Formen:* Hubald; Ubaldo (italien.)

Hugbert männl., Nebenform von Hubert

Hugbrecht männl., Nebenform von Hubert. *Weitere Formen:* Hugprecht

Hugdietrich männl., Doppelname aus Hugo und Dietrich

Hugh männl., engl. Form von Hugo

Hugo männl., Kurzform von Vorn. mit »Hug-«, vor allem von Hugbert oder Hugbald. *Weitere Formen:* Haug, Hauke (fries.); Ugo (italien.); Hugh (engl.); Hugues (französ.). *Bekannte Namensträger:* Hugo von Hofmannsthal, österr. Schriftsteller; Hugo Junkers, deutscher Flugzeugkonstrukteur; Hugo Eckner, deutscher Luftfahrtpionier und Zeppelinkonstrukteur. *Namenstag:* 28. April

Hulda weibl., aus dem ahd. »holda« (guter weibl. Geist). *Weitere Formen:* Huldah, Holde, Holda; Holle; Ulla (schwed.)

Humbert männl., aus dem ahd. »huni« (junges Tier, junger Bär) und »beraht« (glänzend). *Weitere Formen:* Umberto (italien.)

Humberta weibl. Form von Humbert

Humphrey männl., engl. Form von Hunfried. *Bekannter Namensträger:* Humphrey Bogart, amerikan. Schauspieler

Hunfried männl., aus dem ahd. »huni« (junges Tier, junger Bär) und »fridu« (Friede). *Weitere Formen:* Humfried

Hunold männl., aus dem ahd. »huni« (junges Tier, junger Bär) und »waltan« (walten, herrschen)

Hyazinth männl., griech., Bedeutung unklar. *Weitere Formen:* Hyacinth, Hyacinthus. *Namenstag:* 17. August, 11. September

Ibbe, Ibbo, Ibe männl., Nebenformen von Ibo

Ibo männl., Ursprung unklar, eventuell aus dem ahd. »iwa« (Bogen aus Eibenholz) oder fries. Nebenform von Yves. *Weitere Formen:* Ibbe, Ibbo, Ibe; Yves (französ.)

Ibrahim männl., arab. Form von Abraham

Ida weibl. Kurzform von Vorn. mit »Ida« und »Idu«, besonders von Iduberga (die Heilige Iduberga ist Schutzpatronin der Schwangeren). *Weitere Formen:* Idda, Idis, Ita, Itha; Ead, Eed (engl.); Ida, Ide (französ.); Iken (niederländ.); Idusja (russ.). *Bekannte Namensträgerinnen:* Heilige Ida, Gattin des Sachsenherzogs Egbert; Ida Ehre, österr. Schauspielerin. *Namenstag:* 4. September

Idda, Idis weibl., Nebenformen von Ida

Idita weibl., Nebenform von Jutta

Iduna weibl., nord. Der Vorn. geht auf die altnord. Göttin der ewigen Jugend »Idunn« zurück, zu altnord. »idhunn« (Verjüngung)

Idusja weibl., russ. Form von Ida

Idzi männl., poln. Form von Ägidius

Ignatia weibl. Form von Ignatius

Ignatius männl., aus dem lat. »ignius« (das Feuer). *Weitere Formen:* Ignaz, Ignatz. *Bekannte Namensträger:* Heiliger Ignatius von Antiochien, Märtyrer; Ignatius von Loyola, Gründer des Jesuitenordens. *Namenstag:* 1. Februar, 31. Juli

Ignaz, Ignatz männl., Nebenformen von Ignatius. *Bekannte Namensträger:* Ignaz Philipp Semmelweis, österr. Arzt, der die Ursachen des Kindbettfiebers erkannte; Ignaz Kiechle, deutscher Politiker; Ignatz Bubis, Vorsitzender des Zentralrats der deutschen Juden. *Namenstag:* 1. Februar, 31. Juli

Ignes weibl., Nebenform von Agnes

Igor männl., aus dem Russ. übernommener Vorn., der seinerseits auf den skand. Vorn. Ingvar zurückgeht. *Weitere Formen:* Ingvar (skand.). *Bekannte Namensträger:* Igor Strawinski, russ.-amerikan. Komponist; Igor Oistrach, russ. Violinenvirtuose

Ika, Iken weibl., fries. Koseformen von heute nicht mehr erschließbaren Vollformen

Ildefons männl., Nebenform von Hildefons

Ilg männl., Kurzform von Ägid

Ilga weibl. Form von Ilg; im Lett. Neubildung des 19. Jh., an das lett. »ilgas« (Sehnsucht) angelehnt, oder Nebenform von Helga

Iliane weibl., bulgar. Form von Iljana oder schwed. und fläm. Form von Juliane

Ilja männl., russ. Form von Elia. *Weitere Formen:* Illja

Iljana weibl., slaw. weibl. Form von Ilja

Ilka weibl., ungar. Nebenform von Ilona

Ilio männl., Herkunft und Bedeutung unklar. eventuell fries. Form von Ägid; weibl., Kurzform von Isolde; eindeutiger Zweitname erforderlich

Ilona weibl., ungar. Form von Helene. *Weitere Formen:* Ilu, Iluska, Inka, Ilka, Ilonka (ungar.). *Bekannte Namensträgerin:* Ilona Christen, deutsche Fernsehmoderatorin

Ilse weibl., Kurzform von Elisabeth oder Zusammensetzungen mit »Ilse-«. *Weitere Formen:* Ilsa, Ilsebill, Ilsedore, Ilsegret, Ilselore, Ilselotte, Ilsemarie,

Ilsetraud. *Bekannte Namensträgerinnen:* Ilse Werner, deutsche Filmschauspielerin und Sängerin; Ilse Aichinger, österr. Schriftstellerin

Ilsebill weibl., Doppelname aus Ilse und Sibylle

Ilsedore weibl., Doppelname aus Ilse und Dore

Ilsegret weibl., Doppelname aus Ilse und Grete

Ilselore weibl., Doppelname aus Ilse und Lore

Ilselotte weibl., Doppelname aus Ilse und Lotte

Ilsemarie weibl., Doppelname aus Ilse und Marie

Ilsetraud weibl., Doppelname aus Ilse und (Ger)traud. *Weitere Formen:* Ilsetrud, Ilsetrude, Ilsetraut

Ilsetrud weibl., Nebenform von Ilsetraud

Ilu, Iluska weibl., ungar. Nebenformen von Ilona

Imke weibl., fries. Kurz- und Koseform von Vorn. mit »Irm«, besonders von Irmgard. *Weitere Formen:* Imka, Imkea, Imma, Imme

Immanuel männl., aus der Bibel übernommener Vorn. hebr. Ursprungs, »nu-el« (Gott mit uns). *Weitere Formen:* Emanuel (griech.-lat.); Manuel, Nallo. *Bekannter Namensträger:* Immanuel Kant, deutscher Philosoph

Immo männl., ostfries. Kurzform von Vorn. mit »Irm« oder »Irmen«, vor allem von Irmbert. *Weitere Formen:* Emmo, Imo

Imogen weibl., aus dem Engl. übernommener Vorn. altirischen Ursprungs, »Mädchen« oder lat. »Bild«

Imre männl., ungar. Form von Emmerich. *Bekannter Namensträger:* Imre Nagy, Führer des Ungarnaufstandes 1956

Ina weibl., Kurzform von Vorn., die auf »ina« oder »ine« enden, vor allem von Katharina, Karoline oder Regina. *Weitere Formen:* Ine, Ineke. *Bekannte Namensträgerinnen:* Ina Seidel, deutsche Erzählerin; Ina Deter, deutsche Rocksängerin

Ineke weibl., Nebenform von Ina

Ines weibl., span. Form von Agnes

Inga weibl., Kurzform von Vorn. mit »Ing«, besonders von Ingeborg. *Bekannte Namensträgerin:* Inga Rumpf, deutsche Rocksängerin

Ingbert männl., Kurzform von Ingobert

Inge weibl., Kurzform von Vorn. mit »Ing-«, vor allem von Ingeborg. *Weitere Formen:* Inga, Ingeburg, Ingela, Ingelore, Ingelotte, Ingemaren, Ingemarie, Ingerose, Ingetraud, Inka. *Bekannte Namensträgerinnen:* Inge Meysel, deutsche Schauspielerin; Inge Borkh, schwed. Sängerin; Inge Brandenburg, deutsche Jazzsängerin

Ingeborg weibl., nord. Vorn. aus »Ingvio« (german. Stammesgott) und »bergan« (schützen). *Weitere Formen:* Ingeburg, Inge; Inka, Inken (nordfries.); Inga (skand.). *Bekannte Namensträgerinnen:* Ingeborg Bachmann, österr. Schriftstellerin; Ingeborg Hallstein, deutsche Sopranistin

Ingeburg weibl., Nebenform von Ingeborg

Ingelore weibl., Doppelname aus Inge und Lore

Ingelotte weibl., Doppelname aus Inge und Lotte

Ingemar männl., schwed. Nebenform von Ingmar. *Bekannter Namensträger:* Ingemar Stenmark, schwed. Skiläufer

Ingemaren weibl., Doppelname aus Inge und Maren

Ingemarie weibl., Doppelname aus Inge und Marie

Ingerid weibl., Nebenform von Ingrid

Ingetraud weibl., Doppelname aus Inge und Traude. *Weitere Formen:* Ingetrud, Ingtraud, Ingtrud

Ingmar männl., schwed. Nebenform von Ingomar. *Bekannter Namensträger:* Ingmar Bergman, schwed. Regisseur

Ingo männl., Kurzform von Vorn. mit »Ingo«. *Weitere Formen:* Ingobert, Ingomar

Ingobert männl., aus dem ahd. »ingwio« (german. Stammesgottheit) und »beraht« (glänzend). *Weitere Formen:* Ingbert, Ingo

Ingold männl., aus dem ahd. »ingwio« (german. Stammesgottheit) und »waltan« (walten, herrschen)

Ingolf männl., aus dem ahd. »ingwio« (german. Stammesgottheit) und »wolf« (Wolf)

Ingomar männl., aus dem ahd. »ingwio« (german. Stammesgottheit) und »mari« (berühmt). *Weitere Formen:* Ingo; Ingemar; Ingmar (schwed.)

Ingram männl., aus dem ahd. »ing-

wio« (german. Stammesgottheit) und »hraban« (Rabe)

Ingrid weibl., nord., aus dem ahd. »ingwio« (german. Stammesgottheit) und »fridhr« (schön). *Weitere Formen:* Ingerid. *Bekannte Namensträgerinnen:* Ingrid Bergmann, schwed. Schauspielerin; Ingrid Steeger, deutsche Schauspielerin; Ingrid Noll, deutsche Krimiautorin. *Namenstag:* 9. September

Ingvar männl., skand. Nebenform von Ingwar. *Weitere Formen:* Ivar, Iver, Iwar

Ingwar männl., aus dem ahd. »ingwio« (german. Stammesgottheit) und »wart« (Hüter). *Weitere Formen:* Igor (russ.), Ingvar (skand.)

Ingwin männl., aus dem ahd. »ingwio« (german. Stammesgottheit) und »wini« (Freund)

Inka weibl., Nebenform von Inken oder ungar. Nebenform von Ilona

Inken weibl., nordfries. Kurz- und Koseform von Vorn. mit »Ing-«, besonders von Ingeborg. *Weitere Formen:* Inka, Inke

Inko männl., fries. Kurzform von Vorn. mit »Ing-«

Inno männl., Kurzform von Innozenz

115

Innozentia weibl. Form von Innozenz. *Weitere Formen:* Zenta, Zenzi

Innozenz männl., lat., »unschuldig«. *Weitere Formen:* Inno. *Bekannte Namensträger:* Heiliger Innozenz I.; Innozenz III., Papst. *Namenstag:* 28. Juli

Inse weibl., fries. Kurzform von Vorn. mit »Ing-«. *Weitere Formen:* Insa, Inska, Inske

Ira weibl., Kurzform von Irene

Ireen weibl., engl. Form von Irene

Irena weibl., slaw. Form von Irene

Irene weibl., aus dem griech. »eiréne« (Name der Friedensgöttin): *Weitere Formen:* Ira; Ireen (engl.); Irena (slaw.); Irina (poln.). *Bekannte Namensträgerinnen:* Heilige Irene, byzantin. Märtyrerin; Irene Dische, amerikan. Schriftstellerin. *Namenstag:* 1. und 3. April

Irène weibl., französ. Form von Irene

Irina weibl., russ. Form von Irene

Iris weibl. In der griech. Mythologie ist Iris die Botin der Götter; die starke Verbreitung lässt sich auch auf die gleichnamige Blume zurückführen. *Bekannte Namensträgerin:* Iris Berben, deutsche Schauspielerin

Irka weibl., poln. Form von Irene

Irma weibl., Kurzform von Vorn. mit »Irm«. *Weitere Formen:* Imela, Irmela, Irmchen, Irmelin, Irmnia, Irmnie

Irmalotte weibl., Doppelname aus Irma und Lotte

Irmbert männl., aus dem ahd. »irmin« (groß) und »beraht« (glänzend). *Weitere Formen:* Immo

Irmengard weibl., alte Form von Irmgard

Irmentraud weibl., Nebenform von Irmtraud

Irmgard weibl., aus dem german. »irmin« (groß) und dem ahd. »gard« (Schutz). *Weitere Formen:* Irmengard, Irmingard; Imke, Imma, Imme (fries.). *Bekannte Namensträgerinnen:* Irmgard Seefried, österr. Sängerin; Irmgard Keun, deutsche Schriftstellerin. *Namenstag:* 4. September, 14. September, 20. März

Irmingard weibl., alte Form von Irmgard

Irmintraud weibl., Nebenform von Irmtraud

Irmtraud weibl., aus dem german. »irmin« (groß) und »trud« (Kraft).

Weitere Formen: Imma, Imme, Irma, Irmentraud, Irmintraud, Irmtrud

Irmtrud weibl., Nebenform von Irmtraud

Isa weibl., Kurzform von Isabel oder Isolde. *Weitere Formen:* Ise

Isaak männl., aus der Bibel übernommener Vorn. hebr. Ursprungs, »er wird lachen«. *Bekannter Namensträger:* Sir Isaak Newton, engl. Physiker

Isabe weibl., Nebenform von Isabel

Isabel weibl, span. und engl. Form von Elisabeth oder hebr. »Isebel« (die Unberührte). *Weitere Formen:* Isobel, Isabe, Bella, Isabella; Isabelle (französ.). *Bekannte Namensträgerin:* Isabel Allende, chilen. Schriftstellerin. *Namenstag:* 22. Februar

Isabella weibl., Nebenform von Isabel. *Bekannte Namensträgerin:* Isabella Rosselini, italien. Schauspielerin

Isabelle weibl., französ. Form von Isabel. *Bekannte Namensträgerinnen:* Isabelle Adjani, französ. Schauspielerin; Isabelle Huppert, französ. Schauspielerin

Isadora weibl., Nebenform von Isidora. *Bekannte Namensträgerin:* Isadora Duncan, amerikan. Tänzerin

Isbert männl., aus dem ahd. »isan« (Eisen) und »beraht« (glänzend). *Weitere Formen:* Isenbert

Isfried männl., aus dem ahd. »isan« (Eisen) und »fridu« (Friede). *Weitere Formen:* Isenfried

Isger männl., aus dem ahd. »isan« (Eisen) und »ger« (Speer). *Weitere Formen:* Isenger

Isidor männl., aus dem griech. »Isidoros« (Geschenk der Göttin Isis). *Bekannter Namensträger:* Kirchenvater Isidor von Sevilla

Isidora weibl. Form von Isidor

Isidorus männl., lat. Form von Isidor

Ismael männl., aus der Bibel übernommener Vorn. hebr. Ursprungs, »Gott hört«

Ismar männl., aus dem ahd. »isan« (Eisen) und »mari« (berühmt)

Ismund männl, aus dem ahd. »isan« (Eisen) und »munt« (Schutz der Unmündigen)

Ismunde weibl. Form von Ismund

Iso männl., Kurzform von Vorn. mit »Isen«

Isolde weibl., vermutlich kelt. Ursprungs, später angelehnt an Iswalde, aus dem ahd. »isan« (Eisen) und »waltan« (herrschen, walten). *Weitere Formen:* Isa; Isotta (italien.) *Bekannte Namensträgerin:* Isolde Kurz, deutsche Dichterin

Isotta weibl., italien. Form von Isolde

Israel männl., aus der Bibel übernommener Vorn. hebr. Ursprungs, »Fechter Gottes« oder »Gott kämpft«

István männl., ungar. Form von Stephan

Ita weibl., Nebenform von Ida oder Kurzform von Jutta. *Weitere Formen:* Ite, Itta, Itte

Ivan männl., russ. Form von Johannes. *Weitere Formen:* Iwan. *Bekannte Namensträger:* Ivan Nagel, deutscher Theaterintendant und -kritiker; Ivan Lendl, tschech.-amerikan. Tennisspieler

Ivanka weibl. Form von Ivan

Ivo männl., engl. und ostfries. Vorn. deutschen Ursprungs, aus dem ahd. »iwa« (Bogen aus Eibenholz), auch slaw. Kurzform von Ivan. Der Heilige Ivo (14. Jh.) ist der Schutzheilige der Juristen. *Weitere Formen:* Ibo, Iwe, Iwo; Yves (französ.). *Bekannte Namensträger:* Heiliger Ivo, Bischof von Chartres; Ivo Hélovy, Jurist und Priester, Schutzheiliger der Juristen Ivo Andric, serbokroat. Schriftsteller und Nobelpreisträger; Ivo Pogorelich, jugoslaw. Pianist. *Namenstag:* 19. Mai

Iwan männl., Nebenform von Ivan

Iwana weibl. Form von Iwan. *Weitere Formen:* Ivana, Iwanka

Iwo männl., Nebenform von Ivo

J

Jaap männl., niederländ. Form von Jakob

Jabbo männl., fries. Nebenform von Jakob. *Weitere Formen:* Jabbe

Jack männl., engl. Form von Johannes; eventuell durch fläm. Wollweber im 15. Jh. in den Formen Jankin und Janekin nach England gebracht. *Weitere Formen:* Jackie, Jacky. *Bekannte Namensträger:* Jack London, amerikan. Schriftsteller; Jack Lemmon, amerikan. Filmschauspieler; Jack Nicholson, amerikan. Schauspieler und Oscarpreisträger

Jackie männl., Koseform von Jack; weibl., Koseform von Jacqueline; eindeutiger Zweitname erforderlich

Jacky männl., Koseform von Jack; weibl., Koseform von Jacqueline; eindeutiger Zweitname erforderlich

Jacob männl., Nebenform von Jakob

Jacqueline weibl. Form von Jacques. *Bekannte Namensträgerin:* Jacqueline Kennedy-Onassis, Ehefrau von John F. Kennedy, später von Aristoteles Onassis

Jacques männl., französ. Form von Jakob. *Bekannte Namensträger:* Jean Jacques Rousseau, französ. Philosoph; Jacques Offenbach, deutsch-französ. Komponist

Jacub männl., tschech. Form von Jakob

Jadwiga weibl., poln. Form von Hedwig

Jago männl., span. Form von Jakob. *Weitere Formen:* Jaime

Jahn männl., Nebenform von Jan

Jakob männl., aus der Bibel übernommener Name hebr. Ursprungs. Bedeutung evtl. aus »ja'aqdo« – Fersenhalter. Grundlage hierfür ist die alttestamentarische Erzählung, wonach sich Jakob an der Ferse seines Zwillingsbruders Esau festhielt. *Weitere Formen:* Jacob; Jacques (französ.); Jascha (russ.); James, Jim, Jimmi (engl.); Giacomo (italien.); Jago, Diego (span.); Jacub (tschech.); Jockel, Jocki, Joggi (schweiz.) *Bekannte Namensträger:* Jakob Fugger, Gründer des Augsburger Handelshauses; Jakob Grimm, Begründer der Germanistik; Jakob Wassermann, deutscher Schriftsteller. *Namenstag:* 3. Mai, 25. Juli

Jakoba weibl. Form von Jakob. *Weitere Formen:* Jakobea, Jakobina, Jakobine, Koba

James männl., engl. Form von Jakob. *Bekannte Namensträger:* James Cook, engl. Seefahrer und Entdecker; James Watt, engl. Ingenieur, Erfinder der Dampfmaschine; James Dean, amerikan. Schauspieler und Teenageridol seiner Zeit; James Mason, engl.-amerikan. Filmschauspieler; James Stuart, amerikan. Filmschauspieler; James Last, deutscher Dirigent und Pianist

Jan männl., niederd., niederländ. und fries. Form von Johannes. *Weitere Formen:* Jahn, Jann, Janpeter; Janek (poln.); Jannis (fries.); Jannik (nord.); János, Janko (ungar.). *Bekannte Namensträger:* Jan van Eyck, niederländ. Maler; Jan Kiepura, poln. Tenor; Jan Ullrich, deutscher Radrennfahrer

Jana weibl., tschech. Kurzform von Johanna. *Weitere Formen:* Janna; Janne; Janika (bulg.); Janina (poln.); Janita (slaw.); Janka (russ., bulgar., ungar.)

Jane weibl., engl. Form von Johanna. *Bekannte Namensträgerin:* Jane Fonda, amerikan. Schauspielerin

Janek männl., poln. Form von Jan

Janet weibl., engl. Form von Johanna. *Bekannte Namensträgerin:* Janet Jackson, amerikan. Popsängerin

Janik männl., dän. Koseform von Jan

Janika weibl., bulgar. Form von Jana

Janina weibl., poln. und russ. Form von Jana und eingedeutschte Schreibweise von (italien.) Gianina. *Weitere Formen:* Janine, Jannina

Janis weibl., lett.-litau. Form von Johanna. *Bekannte Namensträgerin:* Janis Joplin, amerikan. Rocksängerin

Janita weibl., Nebenform von Jana. *Weitere Formen:* Jantina, Jantine

Janka weibl., russ., bulgar. und ungar. Form von Jana

Jankó männl., ungar. Form von Jan

Jann männl., Nebenform von Jan

Janna, Janne weibl., Nebenformen von Jana

Jannick weibl., schweiz. Kurzform von Jeannique, einer erweiterten Form von Jeanne

Jannik männl., nord. Koseform von Jan

Jannis männl., fries. Form von Jan

János männl., ungar. Form von Johannes. *Weitere Formen:* Janosch

Janosch männl., eingedeutschte Form

von János. *Bekannter Namensträger:* Janosch, eigentlich Horst Eckert, Kinder- und Jugendbuchautor

Janpeter männl., Doppelname aus Jan und Peter

Jaromil männl., Nebenform von Jaromir

Jaromir männl., russ., »fester Friede« oder »mutig«

Jascha männl., russ. Form von Jakob

Jean männl., französ. Form von Johannes; weibl., engl. Form von Johanna; eindeutiger Zweitname erforderlich. *Bekannte Namensträger:* Jean-Jacques Rousseau, schweiz.-französ. Philosoph; Jean-Luc Godard, französ. Filmregisseur; Jean-Michel Jarre, französ. Komponist von Rockmusik; Jean-Paul Belmondo, französ. Schauspieler

Jeanette weibl., französ. Form von Johanna. *Weitere Formen:* Jeannette

Jeanne weibl., französ. Form von Johanna. *Weitere Formen:* Jeannine. *Bekannte Namensträgerin:* Jeanne Moreau, französ. Schauspielerin

Jennifer weibl., engl., wahrscheinlich von walis. »gwyn« (weiß). *Weitere Formen:* Jenny, Jinny, Ginnifer (engl.); Genève (französ.); Ginevra (italien.).

Bekannte Namensträgerin: Jennifer Jones, amerikan. Schauspielerin. *Namenstag:* 31. Januar

Jenny weibl., engl. Koseform von Johanna. *Weitere Formen:* Jenni

Jens männl., fries. und dän. Form von Johannes

Jeremias männl., aus der Bibel übernommener Vorn. hebr. Ursprungs, »Jahwe (Gott) erhöht, möge erhören«

Jeremy männl., engl. Form von Jeremias. *Bekannter Namensträger:* Jeremy Irons, engl. Schauspieler und Oscarpreisträger

Jessica weibl, aus der Bibel übernommener Vorn. hebr. Ursprungs, »er (Gott) schaut«. *Weitere Formen:* Jessika (schwed.). *Bekannte Namensträgerin:* Jessica Lange, amerikan. Schauspielerin

Jessy weibl., engl. Koseform von Johanna. *Weitere Formen:* Jessi

Jill weibl., engl. Kurzform von Gillian

Jim männl., engl. Form von Jakob. *Bekannter Namensträger:* Jim Morrison, amerikan. Rocksänger

Jimi männl., Nebenform von Jimmy. *Bekannter Namensträger:* Jimi Hendrix, amerikan. Rockgitarrist

Jimmy männl., engl. Form von Jakob. *Bekannter Namensträger:* Jimmy Connors, amerikan. Tennisspieler

Jo männl., Kurzform von Johannes, Joachim oder Joseph; weibl., Kurzform von Johanna; eindeutiger Zweitname erforderlich

Joachim männl., hebr. »Jahwe (Gott) wird aufrichten«. *Weitere Formen:* Achim, Jochen; Joakim (skand.); Akim (niederd., slaw.); Kim (bulgar., nord.); Jokum (dän.). *Bekannte Namensträger:* Joachim Ringelnatz, deutscher Schriftsteller und Kabarettist; Joachim Löw, deutscher Fußballtrainer. *Namenstag:* 16. August

Joan weibl., engl. Form von Johanna; männl., span. Form von Johannes; eindeutiger Zweitname erforderlich. *Bekannte Namensträgerinnen:* Joan Baez, amerikan. Folkrocksängerin; Joan Collins, engl. Schauspielerin. *Bekannter Namensträger:* Joan Miró, span. Maler und Grafiker

Joanna weibl., poln. Form von Johanna. *Weitere Formen:* Joana (bask.), Joanne (engl.)

Jochen männl., Kurzform von Joachim

Jodokus männl., kelt. (breton.), »Krieger«

Johann männl., seit dem Mittelalter geläufige Kurzform von Johannes, meist mit zweitem Namen verbunden. *Bekannte Namensträger:* Johann Sebastian Bach, deutscher Musiker und Komponist; Johann Gottlieb Fichte, deutscher Philosoph; Johann Wolfgang von Goethe, deutscher Dichter; Johann Gottfried von Herder, deutscher Dichter, Theologe und Historiker; Johann Heinrich Pestalozzi, schweiz. Pädagoge und Sozialreformer; Johann Strauß, österr. Komponist

Johanna weibl. Form von Johannes. *Weitere Formen:* Hanna, Jo, Jopie, Nanne; Jonna (schweiz.); Jane, Janet, Jenny, Jessie, Joan (engl.); Jana (slaw.); Jeanne, Jeanette (französ.); Jensine, Jonna (dän.); Joanna (poln.); Ivana, Ivanka (russ.); Jovanka (serbokroat.); Giovanna, Gianna (italien.); Juana, Juanita (span.). *Bekannte Namensträgerinnen:* Johanna von Orleans (Jungfrau von Orleans), französ. Nationalheldin; Johanna Schopenhauer, deutsche Schriftstellerin

Johannes männl., aus der Bibel übernommener Vorn. hebr. Ursprungs; »jochanan« (Gott ist gnädig). *Weitere Formen:* Hans, Jo, Johann; Jan (niederländ., fries.); Jean (französ.); Jens, Evan, Iven (dän.); Jack, John, Jonny (engl.); Ian (schott.); Evan (walis.); Sean (irisch); Johan (schwed.); Iwan (russ.); Giovanni, Gian, Gianni (italien.); Juan (span.); Janos (ungar.);

Juhani (finn.). *Bekannte Namensträger:* Johannes Gutenberg, Erfinder der Buchdruckerkunst; Johannes Calvin, Reformator der französ. Schweiz; Johannes Kepler, deutscher Astronom; Johannes Brahms, deutscher Komponist; Johannes Mario Simmel, österr. Schriftsteller; Johannes Rau, deutscher Politiker. *Namenstag:* 24. Juni, 27. Dezember

John männl., engl. Form von Johannes. *Bekannte Namensträger:* John Locke, engl. Philosoph; John Keats, engl. Dichter; John Galsworthy, engl. Schriftsteller; John Wayne, amerikan. Schauspieler; John Steinbeck, amerikan. Schriftsteller; John Osborne, engl. Schriftsteller; John Lennon, engl. Popmusiker; John Neumaier, amerikan. Choreograf; John Travolta, amerikan. Schauspieler; John F. Kennedy, Präsident der Vereinigten Staaten; John Grisham, amerikan. Bestsellerautor

Jolanthe weibl., griech., »Veilchen«. *Weitere Formen:* Jolanda, Yolanda, Yolanthe

Jonas männl., aus der Bibel übernommener Vorn. hebr. Ursprungs, »die Taube«. *Weitere Formen:* Jona, Jon; Jonah, Jones (engl.); Giona (italien.)

Jonathan männl., aus der Bibel übernommener Vorn. hebr. Ursprungs, »Jahwe (Gott) hat gegeben«. *Weitere*

Formen: Nat (engl.); Gionata (italien.). *Bekannter Namensträger:* Jonathan Swift, engl. Schriftsteller

Jonna weibl., schweiz. und dän. Form von Johanna

Jörg männl., Nebenform von Georg. *Weitere Formen:* Jürg, Jorg. *Bekannte Namensträger:* Jörg Wickram, deutscher Schriftsteller; Jörg Immendorf, deutscher Maler; Jörg Demus, österr. Pianist; Jörg Wontorra, deutscher Fernsehmoderator

Jorge männl., portug. und span. Form von Georg. *Bekannter Namensträger:* Jorge Luis Borges, argentin. Schriftsteller

Joris männl., niederländ. und niederd. Form von Georg oder Gregor

José männl., französ. und span. Form von Joseph. *Bekannte Namensträger:* José Feliciano, span. Komponist und Sänger; José Carreras, span. Tenor

Josef männl., Nebenform von Joseph

Josefine weibl., Nebenform von Josepha. *Weitere Formen:* Josephine, Fina, Fine, Josi, Finette; Josette, Josianne (französ.); Josina (fries., niederländ.). *Bekannte Namensträgerinnen:* Josephine Beauharnais, erste Gattin von Napoleon; Josephine Baker, französ.-amerikan. Sängerin und Tänzerin

Josel männl., Nebenform von Joseph

Joseph männl., aus der Bibel übernommener Vorn. hebr. Ursprungs, »Jahwe (Gott) möge vermehren«. In der Bibel ist Joseph der elfte Sohn von Jakob. *Weitere Formen:* Josef, Beppo. Josel, Jupp, Seppel; Joseph, Jose, Joe (engl.); José, Joseph, Josèphe (französ.); Giuseppe (italien.); José (span.); Josip (slaw.); Ossip (russ.); Józef (poln.); Jussuf (pers.). *Bekannte Namensträger:* Joseph Haydn, österr. Komponist; Joseph von Eichendorff, deutscher Dichter; Joseph Strauß, österr. Komponist; Josef Meinrad, österr. Schauspieler; Joseph Roth, österr. Schriftsteller; Joseph Beuys, bildender Künstler; Joseph Ratzinger, Erzbischof von München-Freising, Kardinal und Leiter der Kongregation für die Glaubenslehre; Joseph (Joschka) Fischer, deutscher Politiker. *Namenstag:* 19. März

Josepha weibl. Form von Joseph. *Weitere Formen:* Peppa, Josefa, Josefine; Joséphine, Josette (französ.); Fita, Pepita (span.); Giuseppa (italien.)

Josèphe männl., französ. Form von Joseph

Josip männl., slaw. Form von Joseph

Jost männl., Koseform von Jodokus oder Justus

Josta weibl. Form von Jost

Josua männl., aus der Bibel übernommener Vorn. hebr. Ursprungs, »Jahwe (Gott) ist Hilfe«. *Weitere Formen:* Joschua; Joshua (engl.)

Josy weibl., Koseform von Josepha

Jovan männl., serbokroat. Form von Johannes

Jovanka weibl., serbokroat. und slowen. Form von Johanna

Joy weibl., engl., »Freude«. *Bekannte Namensträgerin:* Joy Fleming, deutsche Bluessängerin

Joyce weibl., angloamerikan. »Freude« und männl., engl. Form von Jodokus; eindeutiger Zweitname erforderlich

Józef männl., poln. Form von Joseph

Juan männl., span. Form von Johannes. *Bekannte Namensträger:* Juan Domingo Perón, argentin. Politiker; Juan Ramón Jiménez, span. Schriftsteller; Juan Carlos I., span. König seit 1975

Juana, Juanita weibl., span. Formen von Johanna

Judith weibl., aus der Bibel übernommener Vorn. hebr. Ursprungs, »jehu-dith« (Gepriesene, Frau aus Jehud, Jüdin). *Weitere Formen:* Judinta, Judintha, Juditha; Judy (engl.). *Bekannte Namensträgerin:* Kaiserin Judith, Ehefrau Ludwigs des Frommen. *Namenstag:* 22. Dezember

Juditha weibl., Nebenform von Judith. *Weitere Formen:* Judita

Judy weibl., engl. Koseform von Judith. *Bekannte Namensträgerin:* Judy Garland, amerikan. Filmschauspielerin

Jukunda weibl. From von Jukundus

Jukundus männl., lat., »liebenswürdig«

Jul männl., Nebenform von Julius

Jula weibl., Kurzform von Julia. *Weitere Formen:* Jule

Jules männl., französ. Form von Julius. *Weitere Formen:* Yule (engl.). *Bekannter Namensträger:* Jules Verne, französ. Schriftsteller

Julia weibl. Form von Julius. Bekannt durch Shakespeares Drama »Romeo und Julia«. *Weitere Formen:* Juliane, Jula, Julie; Julienne, Juliette (französ.), Julischka, Julika (ungar.); Juliet (engl.);

Giulia (italien.); Uljana (russ.). *Bekannte Namensträgerin:* Julia Roberts, amerikan. Schauspielerin. *Namenstag:* 22. Mai, 16. September

Julian männl., Nebenform von Julius

Juliane weibl., Nebenform von Julia. Im Mittelalter durch die Verehrung der Heiligen Juliane von Lüttich (12./13. Jh.) verbreitet. *Weitere Formen:* Juliana, Liane; Gillian (engl.), Iliane (fläm., schwed.); Giuliana (italien.); Julianka (slaw.); Julianna (ungar.). *Bekannte Namensträgerinnen:* Juliana, Königin der Niederlande; Juliane Werding, deutsche Sängerin. *Namenstag:* 16. Februar, 7. August

Julianus männl., Nebenform von Julius

Julien männl., französ. und engl. Form von Julius

Julienne weibl., französ. Form von Julia

Juliet weibl., engl. Form von Julia

Juliette weibl., französ. Koseform von Julia. *Bekannte Namensträgerin:* Juliette Gréco, französ. Chansonsängerin

Julika weibl., ungar. Koseform von Julia

Julio männl., span. Form von Julius. *Bekannter Namensträger:* Julio Iglesias, span. Sänger

Julischka weibl., ungar. Koseform von Julia

Julius männl., lat., eigentlich ein röm. Herkunftsname, »der aus dem Geschlecht der Julier«. *Weitere Formen:* Julian, Julianus; Julien, Jules (französ.); Julien (engl.); Giuliano, Giulio, Luglio (italien.); Julio (span.); Gyula (ungar.). *Bekannte Namensträger:* Papst Julius II., Förderer von Michelangelo und Raffael, Erbauer der Peterskirche in Rom; Julius Döpfner, Kardinal und Erzbischof von München; Julius Hackethal, deutscher Arzt und Chirurg. *Namenstag:* 12. April

Julka weibl., ungar. Form von Julia. *Weitere Formen:* Julika

Jupp männl., Kurzform von Joseph

Jürgen männl., niederd. Form von Georg. *Weitere Formen:* Jürn, Jörn. *Bekannte Namensträger:* Jürgen Flimm, deutscher Regisseur und Theaterintendant; Jürgen von der Lippe, deutscher Schauspieler und Fernsehunterhalter; Jürgen Hingsen, deutscher Zehnkämpfer; Jürgen Prochnow, deutscher Schauspieler

Juri männl., slaw. Form von Georg.

Bekannter Namensträger: Juri Gagarin, russ. Kosmonaut und erster Mensch im Weltraum

Jussuf männl., pers. Form von Joseph

Justina weibl. Form von Justus. *Weitere Formen:* Justine. *Namenstag:* 26. September, 7. Oktober

Justus männl., lat., »der Gerechte«. *Weitere Formen:* Justinus, Justianus, Just, Justin. *Bekannte Namensträger:* Justus Möser, deutscher Publizist; Justus von Liebig, deutscher Chemiker; Justus Frantz, deutscher Pianist und Festspielorganisator

Juta, Juthe weibl., Nebenformen von Jutta

Jutta weibl., altnord. Vorn. zu den ahd. Namen Jiute, Jut, Jot (die Jütin, aus dem Volk der Jüten). *Weitere Formen:* Idita, Ita, Itta, Juta, Juthe, Jutte; Jytte (dän.). *Bekannte Namensträgerinnen:* die selige Jutta, Erzieherin der Heiligen Hildegard von Bingen; Jutta Ditfurth, deutsche Journalistin und Politikerin; Jutta Speidel, deutsche Schauspielerin. *Namenstag:* 22. Dezember

Jutte weibl., Nebenform von Jutta. *Weitere Formen:* Jütte

Jytte weibl., dän. Form von Jutta

K

Kai männl. und weibl., vermutlich kelt., Bedeutung unklar. *Weitere Formen:* Kaie, Kay, Kei; Kaj (dän.); Caio (italien.); eindeutiger Zweitname erforderlich

Kaj männl. und weibl., dän. Form von Kai; eindeutiger Zweitname erforderlich

Kaja weibl., fries. Kurzform von Katharina

Kajetan männl., lat., »der aus der Stadt Gaeta«. *Bekannter Namensträger:* Heiliger Kajetan von Thiene, Gründer des Theatinerordens (15./16. Jh.). *Namenstag:* 7. August

Kajetane weibl. Form von Kajetan

Kajus männl., Nebenform von Gaius. *Namenstag:* 22. April

Kalle männl., schwed. Form von Karl

Kalman männl., ungar. Form von Kolman

Kamill männl., aus dem lat. »camillus« (ehrbar, edel, aus unbescholtener Ehe, frei geboren). *Weitere Formen:* Kamillo

Kamilla weibl. Form von Kamill

Kandida weibl., Nebenform von Candida

Kara weibl., engl. Form von Cara

Kareen weibl., irische Form von Karin

Karel männl., niederländ. und tschech. Form von Karl. *Bekannter Namensträger:* Karel Gott, tschech. Schlagersänger

Karen weibl., schwed. und dän. Form von Karin

Karia weibl., bask. Form von Santakara. *Weitere Formen:* Cara

Karianne weibl., niederländ. Doppelname aus Katharina und Johanna. *Weitere Formen:* Carianne

Karin weibl., nord. Kurzform von Katharina. *Weitere Formen:* Carin, Carina, Karina; Kari (norweg.); Karen (dän.); Kareen (irisch)

Karina weibl., Nebenform von Karin

Karl männl., aus dem ahd. »karal« (Mann, Ehemann) und aus dem mittelniederd. »kerle« (freier Mann nichtritterlichen Standes). *Weitere Formen:* Charles (engl., französ.); Carlo (italien.); Carlos (span.); Karel (niederländ., tschech.); Karol (poln.); Carol (rumän.); Károly (ungar.). *Bekannter Namensträger:* Karl der Große, deutscher Kaiser; Karl Marx, Klassiker des Sozialismus; Karl May, deutscher Schriftsteller; Karl Valentin, deutscher Komiker; Karl Lagerfeld, deutscher Modeschöpfer. *Namenstag:* 4. November

Karla weibl. Form von Karl. *Weitere Formen:* Carla, Karola

Karlheinz männl., Doppelname aus Karl und Heinz. *Weitere Formen:* Karl-Heinz. *Bekannte Namensträger:* Karlheinz Böhm, deutscher Schauspieler und Gründer eines Hilfsprogramms für Afrika; Karl-Heinz Rummenigge, deutscher Fußballspieler

Karline weibl., Nebenform von Karoline. *Weitere Formen:* Carline

Karlludwig männl., Doppelname aus Karl und Ludwig

Karol männl., poln. Form von Karl. *Bekannter Namensträger:* Karol Jozef Woityla, bürgerlicher Name von Papst Johannes Paul II.

Karola weibl., deutsche Form von Carola

Karolin weibl., deutsche Weiterbildung von Carola oder Karola. *Weitere Formen:* Karolina, Karoline

Karolina weibl., Nebenform von Karolin

Karoline weibl., Nebenform von Karolin

Károly männl., ungar. Form von Karl

Karsta weibl., niederd. Form von Krista. *Weitere Formen:* Carsta

Karsten männl., niederd. Form von Christian

Kasimir männl., aus dem slaw. »kaza« (verkünden, zeigen) und »mir« (Friede). *Bekannte Namensträger:* Heiliger Kasimir, Schutzpatron Polens

Kaspar männl., aus dem pers. »kandschwar« (Schatzmeister). *Weitere Formen:* Kasper, Kesper; Jasper, Caspar (engl.); Gaspar, Gaspard (französ.); Gaspare, Gasparo (italien.); Jesper (dän.). *Bekannte Namensträger:* Kaspar Hauser, Name eines Findelkindes ungeklärter – möglicherweise adliger – Abstammung, dessen Lebensschicksal und Ermordung immer wieder untersucht worden sind; Kaspar David Friedrich, deutscher Maler

Kassandra weibl., griech. Nach der

griech. Sage warnte Kassandra die Trojaner vergeblich vor dem Untergang Trojas

Kastor männl., griech. Nach der griech. Mythologie sind Kastor und Polydeikes Söhne von Zeus und Leda. *Weitere Formen:* Castor

Kata, Katalin weibl., südslaw. und ungar. Formen von Katharina

Katalina, Katalyn weibl., ungar. Formen von Katharina

Katarzyna weibl., poln. Form von Katharina

Kate weibl., engl. Kurzform von Katharina. *Bekannte Namensträgerin:* Kate Winslet, engl. Schauspielerin

Kateline weibl., engl. Form von Katharina

Katharina weibl., Umdeutung des griech. Vorn. Aikaterine, aus dem griech. »katharós« (rein). *Weitere Formen:* Ina, Kai, Kaja, Käthe, Kate, Kathrein; Kati, Katrin, Kathrin, Katrina, Katharine, Netti, Tinka; Jekaterina, Katinka, Katina, Katja, Nina (russ.); Karin, Karen (schwed., dän.); Kateline, Kathleen, Kate, Catherine (engl.); Kata, Katka, Katalin, Katalina, Katalyn (ungar.); Kaarina (finn.); Katrischa (bulgar.); Cathérine (französ.);

Caterina, Rina (italien.); Catalina (span.); Katrijn (niederländ.); Katarzyna (poln.). *Bekannte Namensträgerinnen:* Heilige Katharina von Alexandria; Katharina von Medici, Königin von Frankreich; Katharina die Große, russ. Zarin; Katarina Witt, deutsche Eiskunstläuferin; Katherine Hepburn, amerikan. Schauspielerin. *Namenstag:* 29. April, 25. November

Käthe weibl., Kurzform von Katharina. *Bekannte Namensträgerinnen:* Käthe Kollwitz, deutsche Grafikerin und Malerin; Käthe Gold, österr. Schauspielerin; Käthe Kruse, deutsche Kunsthandwerkerin

Kathleen weibl., engl. Form von Katharina. *Weitere Formen:* Cathleen. *Bekannte Namensträgerin:* Kathleen Turner, amerikan. Schauspielerin

Kathrein weibl., oberd. Form von Katharina

Kathrin weibl., Nebenform von Katharina

Kati weibl., Kurzform von Katharina. *Weitere Formen:* Katy, Katya

Katina weibl., russ. Nebenform von Katharina

Katinka weibl., russ. Koseform von Katharina

Katja weibl., russ. Kurzform von Katharina. *Bekannte Namensträgerinnen:* Katja Ricciarelli, italien. Sängerin; Katja Seizinger, deutsche Skiläuferin; Katja Riemann, deutsche Schauspielerin

Katka weibl., ungar. Koseform von Katharina

Katrijn weibl., niederländ. Form von Katharina

Katrina weibl., Nebenform von Katharina

Katrischa weibl., bulg. Koseform von Katharina

Kay männl. und weibl., Nebenform von Kai; eindeutiger Zweitname erforderlich. *Bekannter Namensträger:* Kay Lorentz, deutscher Kabarettist, Gründer des »Kom(m)mödchens«

Kea weibl., ostfries. Kurzform von Vorn. mit »-kea«

Kees männl., niederländ. Kurzform von Cornelius oder Cornelis

Keith männl., engl., ursprünglich schott. Familienname, »Wind, zugige Stelle«, oder gäl. »der vom Schlachtfeld«. *Bekannter Namensträger:* Keith Richards, engl. Rockmusiker

Kenneth männl., engl., aus dem Kelt.

übernommener Vorn., »hübsch, tüchtig, flink«. *Weitere Formen:* Ken

Keno männl., fries. Form von Konrad

Kermit männl., angloamerikan. Vorn. kelt. Ursprungs, »freier Mann«; bekannt durch die gleichnamige Froschfigur aus der Fernsehserie »Sesamstraße«

Kerry weibl., irische Koseform von Katharina; männl., engl.-irischer Vorn. kelt. Ursprungs, »der Finstere«, eindeutiger Zweitname erforderlich

Kersta weibl., schwed. Form von Kerstin. *Weitere Formen:* Kersti

Kersten männl., niederd. Form von Christian; weibl. Form von Christiane; eindeutiger Zweitname erforderlich. *Weitere Formen:* Kersti

Kerstin weibl., schwed. Nebenform von Kristina. *Weitere Formen:* Kerstina, Kerstine

Kevin männl., engl.-irischer Vorn., aus dem altirischen »coemgen« (anmutig, hübsch von Geburt). *Bekannte Namensträger:* Kevin Keegan, engl. Fußballspieler; Kevin Costner, amerikan. Schauspieler

Kilian männl., Herkunft und Bedeutung unklar. *Bekannter Namensträger:* Heiliger Kilian, irischer Missionar und Bischof von Würzburg. *Namenstag:* 8. Juli

Kim männl., engl.-irischer Vorn. kelt. Ursprungs, »Kriegsanführer«, sowie bulgar. und nord. Kurzform von Joachim; weibl., engl. und amerikan. Fantasiename, bekannt durch die amerikan. Schauspielerin Kim Nowak und die engl. Rocksängerin Kim Wilde; eindeutiger Zweitname erforderlich. *Bekannte Namensträgerin:* Kim Basinger, amerikan. Schauspielerin und Oscarpreisträgerin

Kira weibl., russ. Nebenform von Kyra

Kirsten, Kirstin weibl., dän.-schwed. Nebenformen von Christine

Kirsti weibl., schwed. Form von Kirstin. *Weitere Formen:* Kirsty (schott.)

Klaas männl., Kurzform von Nikolaus

Klara weibl., aus dem lat. »clarus« (laut, hell, leuchtend). *Weitere Formen:* Clara, Kläre, Cläre, Klarissa, Klarina; Claire (französ.); Clare (engl.); Chiara (italien.); Clará (span.); Clartje (niederländ.). *Namenstag:* 11. August

Kläre weibl. Nebenform von Klara

Klarissa weibl., erweiterte Form von Klara. *Weitere Formen:* Clarissa, Clarisse

Klaudia weibl., Nebenform von Claudia

Klaudius männl., Nebenform von Claudius

Klaus männl., Kurzform von Nikolaus. *Weitere Formen:* Claus. *Bekannte Namensträger:* Klaus Störtebecker, Seeräuber; Klaus Mann, deutscher Schriftsteller; Klaus von Dohnanyi, deutscher Politiker; Klaus Kinski, deutscher Schauspieler; Klaus Kinkel, deutscher Politiker; Klaus Wennemann, deutscher Schauspieler; Klaus Bednarz, Journalist und Fernsehmoderator

Klausdieter männl., Doppelname aus Klaus und Dieter

Klausjürgen männl., Doppelname aus Klaus und Jürgen. *Bekannter Namensträger:* Klausjürgen Wussow, deutscher Schauspieler

Klemens männl., Nebenform von Clemens. *Weitere Formen:* Klement, Kliment (tschech.). *Bekannte Namensträger:* Heiliger Klemens von Rom, erster Papst; Klemens Fürst von Metternich, österr. Staatsmann

Klementina, Klementine weibl., Nebenformen von Clementia

Kleopatra weibl., aus dem Griech., »vom Vater her berühmt«. *Weitere Formen:* Klenja, Klepa, Klera, Kleotra (russ.)

Kleopha weibl. Form von Kleophas. *Weitere Formen:* Kleophea

Kleophas männl., aus dem Griech., »durch Ruhm glänzend«

Klivia weibl., Nebenform von Clivia

Klodwig männl., altfränk. Vorn., aus dem ahd. »(c)hlud« (laut, berühmt) und »wig« (Kampf); bekannter ist die neuere Form Ludwig

Klothilde weibl., aus dem ahd. »(c)hlud« (laut, berühmt) und »hiltja« (Kampf). *Weitere Formen:* Klothild, Chlothilde. *Bekannte Namensträgerin:* Heilige Klothilde, bekehrte ihren Gatten Chlodwig I. zum Christentum. *Namenstag:* 3. Juni

Klytus männl., aus dem griech. »klytós« (berühmt). *Weitere Formen:* Clytus

Knud männl., dän. Form von Knut. *Bekannter Namensträger:* Knud Rasmussen, dän. Polarforscher

Knut männl., aus dem Nord. übernommener Vorn., der seinerseits aus dem ahd. »chnuz« (waghalsig, vermes-sen) stammt, oder nord. »aus edlem Geschlecht«. *Weitere Formen:* Knud (dän.). *Bekannter Namensträger:* Knut Hamsun, norweg. Dichter. *Namenstag:* 10. Juli

Kolja männl., russ. Kurzform von Nikolaj. *Weitere Formen:* Kolinka

Kolman männl., kelt., »der Einsiedler«. Von irischen Mönchen nach Deutschland gebracht. *Weitere Formen:* Kálmán (ungar.)

Koloman männl., Nebenform von Kolman

Konny männl., Koseform von Konrad, Konstantin, Constantin; weibl., Koseform von Konstanze; Kurzform von Cornelia; eindeutiger Zweitname erforderlich. *Weitere Formen:* Konni

Konrad männl., aus dem ahd. »kuoni« (kühn) und »rat« (Ratgeber). *Weitere Formen:* Konny, Kuno, Kunz, Konz, Conz, Kord, Keno, Conrad, Kurt; Corrado (italien.). *Bekannte Namensträger:* Konrad Duden, Vereinheitlicher der deutschen Rechtschreibung; Konrad Lorenz, Verhaltensforscher und Nobelpreisträger; Konrad Adenauer, erster deutscher Bundeskanzler. *Namenstag:* 21. April, 26. November

Konrade weibl. Form von Konrad

Konradin männl., erweiterte Form von Konrad. *Weitere Formen:* Conradin

Konradine weibl. Form von Konradin

Konstantin männl., aus dem lat. »constans« (standhaft). *Weitere Formen:* Constantin; Kosta, Kostja (slaw.); Constantine (engl.); Constantin (französ.); Constantino (italien.); Szilárd (ungar.). *Bekannter Namensträger:* Konstantin Wecker, deutscher Liedermacher. *Namenstag:* 21. Mai

Konstantine weibl. Form von Konstantin. *Weitere Formen:* Constantina (lat.)

Konstanze weibl., aus dem lat. »constantia« (Beständigkeit, Standhaftigkeit). Im 18. Jh. vor allem in Bayern und Österreich sehr gebräuchlich. *Weitere Formen:* Constance (französ., engl.). *Namenstag:* 18. Februar

Konz männl., Kurzform von Konrad

Kora weibl., aus dem griech. »kore« (Mädchen, Jungfrau, Tochter) oder Kurzform von Cornelia, Cordula oder Cordelia. *Weitere Formen:* Korinna, Corinna

Korbinian männl., Herkunft und Bedeutung unklar, eventuell zu lat. »corvinius« (Rabe) oder kelt., »Streitwagenfahrer«. *Bekannter Namensträger:*

Heiliger Korbinian, einer der ersten Missionare in Deutschland. *Namenstag:* 20. November

Kord männl., Kurzform von Konrad. *Weitere Formen:* Cord, Cort, Cordt, Kort; Kurt (niederd.)

Kordelia weibl., Nebenform von Cordelia

Kordula weibl., Nebenform von Cordula

Kornelia weibl., Nebenform von Cornelia

Kornelius männl., Nebenform von Cornelius

Korona weibl., Nebenform von Corona

Kosima weibl., Nebenform von Cosima

Kosimo, männl., Nebenform von Cosimo

Kostja männl., slaw. Koseform von Konstantin

Kraft männl., aus dem ahd. »kraft« (Kraft, Macht); früher Beiname

Kreszentia weibl., lat., »Wachstum, Aufblühen«. *Weitere Formen:* Kreszenz

Kriemhilde weibl., aus dem ahd. »grim« (Maske) und »hiltja« (Kampf): Figur aus dem Nibelungenlied. *Weitere Formen:* Krimhilde

Krishna männl. und weibl., nach dem ind. Gott Krishna (der Schwarze) oder »der/die Entzückende«. *Weitere Formen:* Krischna

Krista weibl., neue Form von Christa

Kristian männl., nord. Form von Christian

Kristina weibl., nord. Form von Christina

Kristine weibl., nord. Form von Christine

Kristof männl., nord. Form von Christoph

Kunibald männl., aus dem ahd. »kunni« (Sippe) und »bald« (kühn)

Kunibert männl., aus dem ahd. »kunni« (Sippe) und »beraht« (glänzend)

Kunigunde weibl., aus dem ahd. »kunni« (Sippe) und »gund« (Kampf). *Weitere Formen:* Gundel, Kuni, Kunza, Konne. *Namenstag:* 3. März

Kuno, Kunz männl., Kurzformen von Konrad

Kurt männl., Kurzform von Konrad oder Kunibert. *Bekannte Namensträger:* Kurt Tucholsky, deutscher Publizist und Schriftsteller; Kurt Georg Kiesinger, deutscher Politiker und ehemaliger Bundeskanzler; Kurt Masur, deutscher Dirigent; Kurt Biedenkopf, deutscher Politiker; Kurt Russell, amerikan. Schauspieler

Kurtmartin männl., Doppelname aus Kurt und Martin

Kyra weibl., aus dem griech. »Kyrene« (Frau aus Kyrenaika)

Kyrill männl., Nebenform von Cyrill, Cyrillus

Kyrilla weibl. Form von Kyrill

Lada weibl., süd- und westslaw. Form von Ladislava

Ladewig männl., niederd. Form von Ludwig

Ladina, Ladinka weibl., südslaw. Koseformen von Ladislava

Ladislaus männl., slaw. Form von der latinisierten Form Wladislaus, slaw. »vladi« (Herrschaft, Macht) und »slava« (Ruhm). *Weitere Formen:* Lado; László (ungar.). *Bekannter Namensträger:* Ladislaus, König von Ungarn und Kroatien, 1192 heilig gesprochen

Ladislava weibl. Form von Ladislaus

Lado männl., Kurzform von Ladislaus

Laila weibl., finn., vielleicht Umbildung von Aila oder andere Form von Layla, Leila

Lajos männl., ungar. Form von Ludwig

Lala weibl., slaw. Form von Ladislava

Lale weibl., skand. Kurzform von Laura oder Eulalia. *Bekannte Namensträgerin:* Lale Andersen, Sängerin (eigentlich Elisabeth-Charlotte-Helene-Eulalia Bunterberg)

Lambert männl., aus dem ahd. »land« (Land) und »beraht« (glänzend). *Weitere Formen:* Lampert, Lambrecht, Lamprecht. *Bekannte Namensträger:* Heiliger Lambertus, Bischof von Maastricht; Lambert von Hersfeld, deutscher Geschichtsschreiber. *Namenstag:* 17. September

Lamberta weibl. Form von Lambert. *Weitere Formen:* Lambertine

Lambrecht, Lampert männl., Nebenformen von Lambert

Lamprecht männl., Nebenform von Lambert

Lana weibl., slaw. Kurzform von Vorn. mit »-lana«, vor allem von Swetlana

Lancelot männl., aus dem Altengl., Sagengestalt aus der Tafelrunde des Königs Artus; Bedeutung unklar. *Weitere Formen:* Lanzelot

Landelin männl., Weiterbildung von ahd. Vorn. mit »land«

Landeline weibl. Form von Landelin

135

Landerich männl., aus dem ahd. »lant« (Land) und »rihhi« (reich, mächtig). *Weitere Formen:* Landrich

Landewin männl., aus dem ahd. »lant« (Land) und »winni« (Freund). *Weitere Formen:* Landwin, Lantwin, Landuin

Landfried männl., aus dem ahd. »lant« (Land) und »fridu« (Friede)

Lando männl., Kurzform von Vorn. mit »Land«, besonders Landold

Landolf männl., aus dem ahd. »lant« (Land) und »wolf« (Wolf). *Weitere Formen:* Landulf

Landolt männl., aus dem ahd. »lant« (Land) und »waltan« (walten, herrschen)

Lanzelot männl., Nebenform von Lancelot

Lara weibl., russ. Form von Laura. Im deutschen Sprachraum durch den Roman »Dr. Schiwago« von Boris Pasternak bekannt geworden

Larissa weibl., slaw. Vorn. griech. Ursprungs, »Frau aus Larissa (Burg)« oder aus dem griech. »larós« (lieblich)

Larry männl., Koseform von Lawrence oder engl. Form von Laurentius.

Bekannter Namensträger: Larry Hagman, amerikan. Schauspieler

Lars männl., schwed. Kurzform von Laurentius

Lasse männl., schwed. Koseform von Lars

László männl., ungar. Form von Ladislaus

Laura weibl., italien. Kurzform von Laurentia. In Dichtung und Literatur ist Laura oft Synonym für die unerreichbare oder ungenannte Geliebte (Petrarca, Schiller, Freytag). *Weitere Formen:* Lauretta (italien.); Laurette, Laure (franzÖs.); Lara (russ.); Lora (slaw.); Lale (skand.). *Bekannte Namensträgerinnen:* Heilige Laura von Cordova, Märtyrerin; Laura Biagiotti, italien. Modeschöpferin

Laure männl., Nebenform von Laurentius; weibl., französ. Nebenform von Laura; eindeutiger Zweitname erforderlich

Laurence männl., engl. Form von Laurentius. *Weitere Formen:* Larry (engl.). *Bekannter Namensträger:* Laurence Olivier, engl. Charakterschauspieler

Laurens männl., schwed. Form von Laurentius

Laurent männl., französ. Form von Laurentius

Laurentia weibl. Form von Laurentius. *Weitere Formen:* Laura; Laureen, Lauren, Laurena (engl.); Laurence (französ.); Lorenza (italien.); Laureina (niederländ.); Larsina, Laurense, Laurine (norweg.); Laurencia (ungar.)

Laurentius männl., »der aus der Stadt Laurentium Stammende«, zu lat. »laurus« (Lorbeer, der Lorbeergeschmückte). *Weitere Formen:* Lenz, Renz, Laure, Laurenz, Lorenz; Lars, Laurens (schwed.); Loris, Enz, Enzeli (schweiz.), Laurence, Lawrence (engl.); Laurent (französ.); Lorenzo, Renzo, Rienzo (italien.); Laurids (dän.); Lavrans, Lauri (norweg.); Lavrentj (russ.); Lörinc (ungar.). *Bekannte Namensträger:* Heiliger Laurentius Justiniani, Bischof von Venedig; Laurentius von Schnüffis, deutscher Dichter. *Namenstag:* 10. August

Laurenz männl., Nebenform von Laurentius. *Weitere Formen:* Lenz, Renz

Lauretta weibl., italien. Koseform von Laura

Laurette weibl., französ. Koseform von Laura

Lauri männl., norweg. Form von Laurentius. *Weitere Formen:* Laurin (der

Zwergenkönig Laurin ist eine Figur aus der Dietrichsage)

Laurids männl., dän. Form von Laurentius. *Weitere Formen:* Laurits, Lauritz

Lavina weibl., Bedeutung unklar. Lavina ist eine Figur in der griech. Mythologie. *Weitere Formen:* Lavinia

Lavrans männl., norweg. Form von Laurentius

Lavrentj männl., russ. Form von Laurentius

Lawrence männl., engl. Form von Laurentius. Bekannt wurde der Name durch den Film »Lawrence von Arabien«. *Weitere Formen:* Larry (engl.)

Layla weibl., türk., »Nacht«

Lazar männl., aus der Bibel übernommener Vorn. hebr. Ursprungs, »eleasar« (Gott ist Helfer oder Gott hilf). *Weitere Formen:* Lazarus; Lazare (französ.)

Lea weibl., aus der Bibel übernommener Vorn. hebr. Ursprungs, »lé'áh« (die sich vergeblich bemüht, die Ermüdete). Im Alten Testament war Lea die erste Frau Jakobs. *Weitere Formen:* Lia

Leander männl., aus dem griech. »laos« (Volk) und »andrós« (Mann).

Der Name ist bekannt durch die griech. Sage von Hero und Leander

Leandra weibl. Form von Leander

Leberecht männl., pietistische Neubildung als Aufforderung, richtig zu leben (17./18. Jh.). *Weitere Formen:* Lebrecht. *Bekannter Namensträger:* Karl Leberecht Immermann, deutscher Schriftsteller

Lebold männl., Nebenform von Leopold

Lebrecht männl., Nebenform von Leberecht

Leda weibl., aus der griech. Mythologie übernommener Vorn.; Bedeutung unklar, vielleicht verwandt mit dem lykischen Wort »lada« (Frau). In der griech. Sage nähert sich Zeus Leda in der Gestalt eines Schwans und überwältigt sie

Leif, Leik männl., nord. Kurzform von Vorn. mit »leifr« (Sohn, Erbe)

Leila weibl., pers., »Dunkelheit, Nacht«. *Weitere Formen:* Leilah (engl.)

Lelia weibl., niederländ. zu dem lat. »lilium« (Lilie), weibl. Form von Lelio (italien. Kurzform von Aurelius) oder aus dem griech. »lálos« (gesprächig)

Len männl., engl. Form von Leonhard

Lena weibl., Kurzform von Helene oder Magdalene. *Weitere Formen:* Lene, Leni; Lenka (slaw.). *Bekannte Namensträgerin:* Lena Christ, deutsche Schriftstellerin

Lenard männl., Nebenform von Leonhard. *Weitere Formen:* Lenhard; Lennart (schwed.)

Lene weibl., Kurzform von Helene oder Magdalene

Lenhard männl., Nebenform von Leonhard

Leni weibl., Koseform von Helene oder Magdalene

Lenka weibl., slowak. Form von Magdalene

Lenke weibl., Kurzform von Helene oder Magdalene

Lennart männl., niederländ. und schwed. Form von Leonhard. *Weitere Formen:* Lennert

Lenny männl., engl. Koseform von Leonhard. *Weitere Formen:* Lenni

Lenz männl., Nebenform von Laurentius

Lenza weibl. Form von Lenz

Leo männl., Kurzform von Leonhard. *Namenstag:* 10. November

Leon männl., Kurzform von Leonhard

Leona weibl. Form von Leo oder Leon

Leonard männl., Nebenform von Leonhard. *Bekannter Namensträger:* Leonard Bernstein, amerikan. Dirigent und Komponist.

Léonard männl., französ. Form von Leonhard

Leonardo männl., italien. Form von Leonhard. *Bekannter Namensträger:* Leonardo da Vinci, italien. Maler, Architekt, Bildhauer, Techniker und Naturforscher

Leone männl., italien. Form von Leo

Leonhard männl., aus dem lat. »leo« (Löwe) und dem ahd. »harti« (hart). *Weitere Formen:* Leo, Leon, Lienhard, Lenhard, Leonard, Leonz; Len, Lenny (engl.); Léonard (französ.); Leonardo, Lionardo (italien.); Lennart (niederländ., schwed.). *Bekannte Namensträger:* Heiliger Leonhard (6. Jh.); Leonhard Euler, schweiz. Mathematiker; Leon-

hard Frank, deutscher Schriftsteller. *Namenstag:* 6. November

Leonharda weibl. Form von Leonhard

Leoni weibl. Form von Leo oder Leon. *Weitere Formen:* Leonia, Leonie. *Bekannte Namensträgerin:* Leonie Ossowski, deutsche Schriftstellerin

Leonid männl., russ. Vorn. griech. Ursprungs, »Leonidas« (der Löwengleiche). *Bekannter Namensträger:* Leonid I. Breschnew, russ. Politiker

Leonida weibl. Form von Leonid

Leonilda weibl., aus dem lat. »leo« (Löwe) und dem ahd. »hiltja« (Kampf)

Leonore weibl., Kurzform von Eleonore. *Weitere Formen:* Lenore

Leontine weibl., aus dem lat. »leontinus« (löwenhaft). *Weitere Formen:* Leontyne (engl.). *Bekannte Namensträgerin:* Leontyne Price, amerikan. Sängerin

Leonz männl., Nebenform von Leonhard

Leopold männl., aus dem ahd. »liut« (Volk) und »bald« (kühn). *Weitere Formen:* Lebold, Leupold, Lippold, Pold, Poldi, Polt; Léopold (französ.);

Leopoldo, Poldo (italien.). *Bekannte Namensträger:* Heiliger Leopold, Markgraf von Österreich (15. Jh.); Leopold von Ranke, deutscher Historiker. *Namenstag:* 15. November

Léopold männl., französ. Form von Leopold

Leopolda weibl. Form von Leopold. *Weitere Formen:* Leopolde, Leopoldine

Leopoldo männl., italien. Form von Leopold

Lesley männl. und weibl., Nebenform von Leslie; eindeutiger Zweitname erforderlich

Leslie männl. und weibl., engl., ursprünglich schott. Ortsname unbekannter Bedeutung, auch engl. Kurzform von Elisabeth; eindeutiger Zweitname erforderlich. *Bekannte Namensträgerin:* Leslie Caron, französ. Schauspielerin

Lester männl., engl., aus dem Ortsnamen Leicester hervorgegangen

Letje weibl., dän. Form von Adelheid

Letta weibl., Kurzform von Violetta oder Adelheid

Letteke weibl., fries. Form von Adelheid

Lettie weibl., Nebenform von Letta. *Weitere Formen:* Letty

Leupold männl., Nebenform von Leopold

Leutfried männl., Nebenform von Vorn. mit »luit«. *Weitere Formen:* Leutgard, Leuthold, Leutwein, Leutwin

Levi männl., aus der Bibel übernommener Vorn. hebr. Ursprungs, »levi« (anhänglich, dem Bund zugetan)

Levin männl., niederd. Form von Liebwin. *Weitere Formen:* Lewin, Leveke. *Bekannter Namensträger:* Levin Schücking, deutscher Schriftsteller

Lew männl., russ. Form von Leo. *Weitere Formen:* Lev. *Bekannte Namensträger:* Lew N. Tolstoj, russ. Schriftsteller; Lew Kopelew, russ. Schriftsteller

Lewis männl., engl. Form von Ludwig

Lex männl., Kurzform von Alexander

Lexa weibl., Kurzform von Alexandra

Li weibl., Kurzform von Vorn. mit »li«, vor allem von Elisabeth

Lia weibl., Kurzform von Julia, anderen weibl. Vorn., die auf »lia« enden, oder Nebenform von Lea

Liane weibl., Kurzform von Juliane

Libeth weibl., Kurzform von Elisabeth

Liborius männl., Herkunft und Bedeutung unklar. Verbreitung des Namens durch den Heiligen Liborius, Bischof von Le Mans (4. Jh.). *Weitere Formen:* Bories, Borries, Börries. *Namenstag:* 23. Juli

Libussa weibl., slaw., »Liebling«. Libussa hieß eine sagenhafte böhmische Königin, die Gründerin Prags. *Weitere Formen:* Libusa

Lida weibl., Kurzform von Adelheid oder Ludmilla

Liddi weibl., Koseform von Lydia

Liddy weibl., engl. Koseform von Lydia

Lidia weibl., italien. Form von Lydia

Lidwina weibl., aus dem ahd. »liut« (Volk) und »wini« (Freund). *Weitere Formen:* Litvina; Lidewei (niederländ.)

Liebert männl., aus dem ahd. »liob« (lieb) und »beraht« (glänzend). *Weitere Formen:* Liebrecht

Liebfried männl., aus dem ahd. »liob« (lieb) und »fridu« (Friede)

Liebgard weibl., aus dem ahd. »liob« (lieb) und »gard« (Schutz)

Liebhard männl., aus dem ahd. »liob« (lieb) und »harti« (hart). *Weitere Formen:* Liebhart

Liebhild weibl., aus dem ahd. »liob« (lieb) und »hiltja« (Kampf)

Liebtraut weibl., aus dem ahd. »liob« (lieb) und »trud« (Kraft, Stärke). *Weitere Formen:* Liebetraud, Liebtrud

Liebwald männl., aus dem ahd. »liob« (lieb) und »waltan« (walten, herrschen)

Liebward männl., aus dem ahd. »liob« (lieb) und »wart« (Hüter)

Liebwin männl., aus dem ahd. »liob« (lieb) und »wini« (Freund)

Lienhard männl., Nebenform von Leonhard. *Weitere Formen:* Lienhart

Lies, Liesa weibl., Kurzformen von Elisabeth

Liesbeth, Liese weibl., Kurzformen von Elisabeth

Lilian weibl., engl., vermutlich Wei-

141

Lterbildung von Lilly. *Bekannte Namensträgerin:* Lilian Harvey, deutsche Filmschauspielerin engl. Herkunft

Liliane weibl., engl., vermutlich Weiterbildung von Lilly. *Weitere Formen:* Liliana

Lilly weibl., engl. Koseform von Elisabeth. *Weitere Formen:* Lill, Lilli. *Bekannte Namensträgerin:* Lilli Palmer, deutsche Schauspielerin und Autorin

Lilo weibl., Kurzform von Liselotte

Lilotte weibl., Koseform von Liselotte

Lina weibl., Kurzform von Vorn. mit »lina«, vor allem von Karolina, Paulina

Linda weibl., Kurzform von Vorn. mit »lind, linda«. *Bekannte Namensträgerinnen:* Linda Evangelista, internationales Fotomodell; Linda Evans, amerikan. Schauspielerin; Linda de Mol, niederländ. Fernsehmoderatorin

Linde weibl., Kurzform von Vorn. mit »linde«, eventuell auch angelehnt an den Baumnamen »Linde«

Lindgard weibl., aus dem ahd. »lind« (weich, lind, zart) und »gard« (Schutz). *Weitere Formen:* Lindgart

Line weibl., Kurzform von Vorn. mit »line«, vor allem von Karoline oder Pauline

Linette weibl., französ. Koseform von Line

Linnart männl., schwed. Form von Lennart

Linus männl., Herkunft und Bedeutung unklar, geht wahrscheinlich auf den griech. Vorn. Linos zurück. *Bekannte Namensträger:* Heiliger Linus, Nachfolger von Petrus als Bischof von Rom (1. Jh.), Linus Carl Pauling, amerikan. Chemiker und Friedensnobelpreisträger. *Namenstag:* 23. September

Lion männl., Nebenform von Leo. *Bekannter Namensträger:* Lion Feuchtwanger, deutsch-amerikan. Schriftsteller

Lionardo männl., italien. Form von Leonhard

Lionel männl., engl. und französ. Koseform von Lion. *Bekannter Namensträger:* Lionel Richie, amerikan. Sänger

Lionne weibl., französ. weibl. Form von Lion

Lippold männl., Nebenform von Leopold

Lis weibl., Kurzform von Elisabeth

Lisa weibl., Kurzform von Elisabeth

Lisanne weibl., Doppelname aus Lisa und Anne. *Weitere Formen:* Lizanne (engl.)

Lise, Lisbeth weibl., Kurzformen von Elisabeth

Lisel weibl., Kurzform von Elisabeth. *Weitere Formen:* Lisl (oberd.)

Liselotte weibl., Doppelname aus Lise und Lotte. *Weitere Formen:* Lieselotte. *Bekannte Namensträgerin:* Liselotte Pulver, schweizer. Schauspielerin

Lisenka weibl., slaw. Koseform von Elisabeth

Lisette weibl., franz. Koseform von Elisabeth

Lissy weibl., engl. Kurz- und Koseform von Elisabeth

Litthard männl., aus dem ahd. »liut« (Volk) und »harti« (hart). *Weitere Formen:* Luithard (oberd.)

Liv weibl., aus dem altisländ. »hlif« (Wehr, Schutz). *Bekannte Namensträgerin:* Liv Ullmann, norweg. Schauspielerin

Livia weibl. Form von Livius. *Bekannte Namensträgerin:* Livia Sandra Reinhard, deutsche Schauspielerin

Livio männl., italien. Form von Livius

Livius männl., lat., »der aus dem röm. Geschlecht der Livier«. *Bekannter Namensträger:* Livius, röm. Geschichtsschreiber

Liz, Liza, Lizzy weibl., engl. Kurz- und Koseformen von Elizabeth oder Alice. *Bekannte Namensträgerin:* Liza Minnelli, amerikan. Sängerin und Tänzerin

Lobgott männl., pietistische Neubildung

Lodewig, Lodewik männl., nieder. Form von Ludwig

Lois männl., oberd. Kurzform von Alois

Lola weibl., span. Koseform von Dolores, Carlota oder Karola. *Weitere Formen:* Lolika; Lolita (span.); Lolitte (franzöš.). *Bekannte Namensträgerin:* Lola Montez, Geliebte des Bayernkönigs Ludwig I.

Lolika weibl., Nebenform von Lola

Lolita weibl., span. Verkleinerungsform von Lola. Bekannt durch V. Nobokovs gleichnamigen Roman

143

Lolitte weibl., französ. Verkleinerungsform von Lola

Lona weibl., Kurzform von Leona

Loni weibl., Kurz- und Koseform von Apollonia oder Leonie. *Weitere Formen:* Lonni, Lony, Lonny. *Bekannte Namensträgerin:* Loni von Friedl, deutsche Schauspielerin

Lora weibl., südslaw. Nebenform von Laura und russ. Kurzform von Larissa

Lore weibl., Nebenform von Laura und Kurzform von Eleonore. *Weitere Formen:* Loretta, Lorella, Lorena; Loredana (italien.); Lora (russ.). *Bekannte Namensträgerin:* Lore Lorentz, deutsche Kabarettistin

Lorella weibl., erweiterte Form von Laura

Loremarie weibl., Doppelname aus Lore und Marie

Lorena weibl., engl. Form von Laurentia

Lorenz männl., eingedeutschte Form von Laurenz. *Bekannter Namensträger:* Lorenz Adlon, deutscher Hotelier

Lorenza weibl., italien. Form von Laurentia

Lorenzo männl., italien. Form von Laurentius

Loretta weibl., italien. Nebenform von Lauretta

Loretto männl., neuer Vorn., an den Wallfahrtsort Loreto (Italien) angelehnt

Lorina weibl., Nebenform von Laurentia

Lörinc männl., ungar. Form von Laurentius

Loris männl., schweiz. Form von Laurentius

Lorna weibl., vermutlich Neuschöpfung des Schriftstellers Richard D. Blackmore, wohl nach dem altengl. Wort für »verloren«

Lothar aus dem ahd. »hlut« (laut, berühmt) und »heri« (Heer). *Weitere Formen:* Lutter, Lüdeke, Lühr. *Bekannte Namensträger:* Lothar I., Sohn Ludwigs des Frommen und fränk. Kaiser; Lothar Franz Graf von Schönborn, Erzbischof und Kurfürst von Mainz; Lothar Matthäus, deutscher Fußballspieler; Lothar Späth, deutscher Politiker und Manager. *Namenstag:* 15. Juni

Lotte weibl., Kurzform von Charlotte. Bekannt durch Goethes »Die

Leiden des jungen Werther«. *Weitere Formen:* Lottelies, Lieselotte; Lotti, Lotty. *Bekannte Namensträgerinnen:* Lotte Lehmann, deutsche Sängerin; Lotte Lenya, österr. Sängerin, Schauspielerin

Lottelies weibl., Doppelname aus Lotte und Liese. *Weitere Formen:* Lotteliese

Lotti, Lotty weibl., Koseform von Lotte

Lou weibl., Kurzform von Louise; männl., Kurzform von Louis; eindeutiger Zweitname erforderlich. *Bekannte Namensträgerin:* Lou Andreas-Salomé, russ. Schriftstellerin und Psychoanalytikerin. *Bekannter Namensträger:* Lou Grant, amerikan. Schauspieler

Louis männl., französ. Form von Ludwig. *Weitere Formen:* Lou. *Bekannte Namensträger:* Louis Ferdinand, Prinz von Preußen; Louis Spohr, deutscher Komponist; Louis Pasteur, französ. Wissenschaftler und Begründer der Bakteriologie; Louis Daniel Armstrong, Jazzmusiker; Louis de Funès, französ. Schauspieler und Komiker; Louis Malle, französ. Filmregisseur

Louise, Louisa weibl. Formen von Louis

Lovis männl., niederd. Form von Ludwig

Lowig männl., niederländ. Form von Ludwig

Lowis männl., niederd. Form von Ludwig

Lowisa weibl., niederd. Form von Louise. *Weitere Formen:* Lowise

Lu männl. und weibl. Kurzform von Vorn. mit »lud«; eindeutiger Zweitname erforderlich

Lubbe männl., westfries. und ostfries. Kurzform von Vorn. mit »luit«. *Weitere Formen:* Lübe, Lübbo, Lübbe

Luc männl., roman. Kurzform von Lukas. *Weitere Formen:* Luca, Luce; weibl., Kurzform von Lucy; eindeutiger Zweitname erforderlich

Luca weibl., Kurzform von Lucia; männl., roman. Kurzform von Lukas; eindeutiger Zweitname erforderlich

Lucette weibl., französ. Koseform von Lucia

Lucia weibl. Form von Lucius. *Weitere Formen:* Luzia, Lucie, Luca, Luc, Luce, Lucy

Luciano männl., ital. Form von Lucianus. *Bekannter Namensträger:* Luciano Pavarotti, italien. Tenor

145

Lucianus männl., Nebenform von Lucius. *Weitere Formen:* Lucien (französ.)

Lucien männl., franz. Form von Lucianus

Lucienne weibl. Form von Lucien

Lucilla weibl., Koseform von Lucia. *Weitere Formen:* Lucille

Lucio männl., italien. Form von Lucius

Lucius männl., aus dem lat. »lux« (Licht)

Lucy weibl., engl. Form von Lucia

Ludbert männl., Nebenform von Luitbert

Lüdeke männl., Nebenform von Lothar

Ludger männl., Nebenform von Luitger. *Bekannte Namensträger:* Heiliger Ludger, fries. Missionar und erster Bischof von Münster; Ludger Beerbaum, deutscher Springreiter. *Namenstag:* 26. März

Ludgera weibl. Form von Luitger

Ludmilla weibl., aus dem slaw. »ljud« (Volk) und »mili« (lieb, angenehm).

Die Heilige Ludmilla ist die Landespatronin Böhmens. *Weitere Formen:* Ludmila. *Namenstag:* 16. September

Ludolf männl., Nebenform von Luitolf. *Namenstag:* 29. März

Ludolfa weibl. Form von Ludolf

Ludowika weibl., slaw. Form von Ludwiga

Ludvig männl., rätoroman. und schwed. Form von Ludwig

Ludwig männl., aus dem ahd. »hlut« (berühmt) und »wig« (Kampf). *Weitere Formen:* Lu, Lude, Lutz, Lüder; Louis (französ.); Lajos (ungar.); Luigi (italien.); Ladewig, Lodewik (niederd.); Lewis (engl.); Luis (span.). *Bekannte Namensträger:* Ludwig XIV., französ. »Sonnenkönig«; Ludwig Tieck, romantischer Dichter; Ludwig van Beethoven, deutscher Komponist; Ludwig Tieck, deutscher Dichter; Ludwig Uhland, deutscher Schriftsteller; Ludwig Thoma, deutscher Schriftsteller; Ludwig Feuerbach, deutscher Philosoph; Ludwig Erhard, deutscher Politiker und Bundeskanzler; Ludwig Wittgenstein, deutscher Philosoph. *Namenstag:* 25. August

Ludwiga weibl. Form von Ludwig. *Weitere Formen:* Ludovika, Ludowika (slaw.); Ludovica (italien.)

146

Lühr männl., Nebenform von Lothar. *Weitere Formen:* Lür

Luick männl., ostfries. Kurzform von Vorn. mit »luit«

Luidolf männl., Nebenform von Luitolf

Luigi männl., italien. Form von Ludwig

Luis männl., span. Form von Ludwig. *Bekannter Namensträger:* Luis Buñuel, span. Filmregisseur

Luisa weibl., italien., span. und rätoroman. Form von Louisa. *Weitere Formen:* Luisella, Luiselle

Luise weibl., deutsche Form von Louise. *Weitere Formen:* Luisa, Isa. *Bekannte Namensträgerinnen:* Königin Luise von Preußen; Luise Rinser, deutsche Schriftstellerin; Luise Schröder, deutsche Politikerin

Luitbald männl., aus dem ahd. »liut« (Volk) und »bald« (kühn)

Luitberga weibl., aus dem ahd. »liut« (Volk) und »berga« (Schutz, Zuflucht). *Weitere Formen:* Luitburga

Luitbert männl., aus dem ahd. »liut« (Volk) und »beraht« (glänzend). *Weitere Formen:* Luitbrecht

Luitbrand männl., aus dem ahd. »liut« (Volk) und »brant« (Brand). *Weitere Formen:* Luitprand, Luitbrant

Luitfried männl., aus dem ahd. »liut« (Volk) und »fridu« (Friede)

Luitfriede weibl. Form von Luitfried

Luitgard weibl., aus dem ahd. »liut« (Volk) und »gard« (Schutz)

Luitger männl., aus dem ahd. »liut« (Volk) und »ger« (Speer). *Weitere Formen:* Ludger

Luitgunde weibl., aus dem ahd. »liut« (Volk) und »gund« (Kampf). *Weitere Formen:* Luitgund

Luithard männl., aus dem ahd. »liut« (Volk) und »harti« (hart). *Weitere Formen:* Liuthard

Luither männl., aus dem ahd. »liut« (Volk) und »heri« (Heer)

Luithilde weibl., aus dem ahd. »liut« (Volk) und »hiltja« (Kampf). *Weitere Formen:* Luithild

Luithold männl., aus dem ahd. »liut« (Volk) und »waltan« (walten, herrschen). *Weitere Formen:* Luitwald, Leuthold

Luitolf männl., aus dem ahd. »liut«

L (Volk) und »wolf« (Wolf). *Weitere Formen:* Luidolf, Liutolf, Liudolf, Ludeke, Lüdeke

Luitpold männl., Nebenform von Luitbald. *Bekannter Namensträger:* Prinzregent Luitpold von Bayern

Luitwin männl., aus dem ahd. »liut« (Volk) und »wini« (Freund)

Luitwine weibl. Form von Luitwin

Luk männl., westfries. Kurzform von Lüdeke. *Weitere Formen:* Luke

Lukas männl., lat., »der aus Lucania Stammende«. *Weitere Formen:* Lucas. *Bekannte Namensträger:* der Evangelist Lukas, Verfasser des Lukas-Evangeliums und der Apostelgeschichte; Lucas Cranach der Ältere, deutscher Maler; Lucas Podolski, deutscher Fußballprofi. *Namenstag:* 18. Oktober

Lunetta weibl., amerikan. Vorn., aus dem lat. »luna« (Mond)

Lutmar männl., aus dem ahd. »liut« (Volk) und »mari« (berühmt). *Weitere Formen:* Lutmer, Lütmer, Lüttmer

Lutter männl., Nebenform von Lothar

Lutwin männl., Nebenform von Luitwin

Lutwine weibl., Nebenform von Luitwine

Lutz männl., Nebenform von Ludwig

Lux männl., Kurzform von Lukas

Lydia weibl., griech., »die aus Lydien Stammende«. Die Heilige Lydia war eine Purpurhändlerin und wurde von Paulus getauft. Sie galt als erste Christin Europas. *Weitere Formen:* Lidia, Liddy, Lidda, Lida, Lide, Lyda

Lysander männl., aus dem griech. »lysis« (Freilassung) und »andros« (Mann)

Lyse weibl., griech. Form von Lysander

Maaike weibl., niederländ. Form von Maria

Mabel weibl., engl. Kurzform von Amabel. *Weitere Formen:* Mabella

Mada weibl., irische Form von Maud

Maddalena weibl., italien. Form von Magdalena

Maddy weibl., engl. Koseform von Magdalena

Madeleine weibl., französ. Form von Magdalena

Madelena weibl., italien. und span. Form von Magdalena

Madelina weibl., russ. Form von Magdalena

Madeline weibl., engl. Form von Magdalena

Madge weibl., engl. Form von Margarete

Madina weibl., Kurzform von Magdalena

Madlen weibl., Kurzform von Magdalena und eingedeutschte Form von Madeleine (französ.). *Weitere Formen:* Madlene

Madlenka weibl., slaw. Form von Magdalena

Madlon weibl., französ. Form von Magdalena

Mady weibl., engl. Koseform von Magdalena

Mae weibl., eng. Koseform von Mary

Mafalda weibl., italien. Form von Mathilde

Mag weibl., engl. Kurzform von Margarete. *Weitere Formen:* Magga

Magalonne weibl., französ. Form von Magelone. *Weitere Formen:* Magali; Makalonka (slowak.)

Magda weibl., Kurzform von Magdalena

Magdalen weibl., engl. Form von Magdalena

Magdalena weibl., aus der Bibel übernommener Vorn. hebr. Ursprungs, »die aus Magdala Stammende«. Maria Magdalena war eine der treuesten Jüngerinnen Jesu. Sie stand an seinem

149

Kreuz und entdeckte am Ostermorgen als Erste sein leeres Grab. *Weitere Formen:* Lena, Lene, Leni, Lenchen, Magda, Madina, Madlen, Magdali, Magdalene, Magel; Malen, Maleen (bask., nord.); Magdalen, Madeline, Mady, Maddy, Maud, Maudlin, Maudin (engl.); Madeleine, Madlon, Magalonne (französ.); Maddalena, Madelena (italien.); Magdelone, Madel, Magli, Malene (norweg.); Madelena (span.); Malin (schwed.); Madlenka, Lenka (slaw.); Magdelina, Madelina (russ.); Magdolna, Aléna (ungar.). *Namenstag:* 22. Juli

Magdalene weibl., Nebenform von Magdalena

Magdali weibl., Kurzform von Magdalena

Magdelina weibl., russ. Form von Magdalena

Magdelone weibl., norweg. Form von Magdalena

Magdolna weibl., ungar. Form von Magdalena

Magel weibl., Kurzform von Magdalena

Magelone weibl., französ. literarischer Name aus dem 16. Jh., vielleicht von Magdalena

Maggie weibl., engl. Kurzform von Margarete. *Weitere Formen:* Maggy

Magna weibl. Form von Magnus oder Nebenform von Magnhild

Magnar männl., Nebenform von Magnus oder norweg. Neubildung nach dem Muster von Ragnar

Magnhild weibl., nord. Form von Mathilde

Magnolia weibl., nach der gleichnamigen Blume

Magnus männl., aus dem lat. »magnus« (groß). *Weitere Formen:* Magnar. *Bekannter Namensträger:* Hans Magnus Enzensberger, deutscher Schriftsteller

Mahalia weibl., engl. Vorn. hebr. Herkunft, eigentlich »Zartheit«

Mai weibl.; Kurzform von Maria oder »die im Mai Geborene«. *Weitere Formen:* Maia, Maie, Maje

Maible weibl., irische Form von Mabel

Maidie weibl., engl. Form von Margarete

Maik männl., eingedeutschte Schreibweise von Mike. *Weitere Formen:* Meik

Maika weibl., russ. und fries. Form von Maria

Maike weibl., fries. Form von Maria. *Weitere Formen:* Maiken, Meika, Meike

Mainart männl., ostfries. Form von Meinhard. *Weitere Formen:* Maint

Maio männl., fries. Kurzform von Vorn. mit »magnan, megin« (Kraft, Macht). *Weitere Formen:* Meio

Maira, Meire weibl., irische Form von Maria

Maite weibl., aus dem bask. »Maite« (Geliebte), Nebenform von Amanda, auch Zusammenziehung von Maria Therese. *Weitere Formen:* Maita, Maitane

Maja weibl., aus dem lat. »maja, majesta« (Name einer röm. Göttin des Wachstums, daher auch unser Monatsname Mai) oder aus dem ind. »maya« (Täuschung) oder Kurzform von Maria. Bekannt auch durch die Kinderserienfigur »Biene Maya«. *Weitere Formen:* Majella

Malaika weibl., aus dem arab. »malai'ka« (Engel). *Weitere Formen:* Maleika

Malberta weibl., Kurzform von Amalberta

Male weibl., Kurzform von Amalberga, Amalia oder Malwine. *Weitere Formen:* Mala, Mali

Malen weibl., bask. und nord. Kurzform von Magdalena. *Weitere Formen:* Malena, Malene

Malenka weibl., slaw. Kurzform von Melanie. *Weitere Formen:* Malanka

Malfriede weibl., aus dem ahd. »mahal« (Gerichtsstätte) und »fridu« (Friede)

Mali weibl., Kurzform von Amalia

Malika weibl., ungar. Koseform von Malwine

Malin weibl., schwed. Form von Magdalena

Malinda weibl., engl. (die Vornehme, Edle), vielleicht von Magdalena oder griech. »die Zarte«. *Weitere Formen:* Malinde, Lindy

Malte männl., dän., Herkunft und Bedeutung unklar. Wurde bekannt durch R. M. Rilke »Die Aufzeichnungen des Malte Laurids Brigge« (1910)

Malve weibl., Kurzform von Malwine oder an eine Pflanzenart (Malvengewächs) angelehnt. *Weitere Formen:* Malwe

Malwida weibl., Nebenform von Malwine. *Weitere Formen:* Malvida

Malwine aus den Ossian-Gesängen des Schotten J. Macpherson übernommener Vorn., vielleicht gäl. Ursprungs, »glatte, feine Braue« oder von ahd. »mahal« (Gerichtsplatz) und »wini« (Freund). *Weitere Formen:* Malvine, Malwida, Malve

Manda weibl., Kurzform von Amanda. *Weitere Formen:* Mandi

Mandus männl., Kurzform von Amandus

Mandy weibl., engl. Koseform von Amanda

Manfred aus dem ahd. »man« (Mann) und »fridu« (Friede). *Weitere Formen:* Manfried; Manfredo (italien.). *Bekannte Namensträger:* Manfred Freiherr von Richthofen, Kampfflieger im Ersten Weltkrieg und als »Roter Baron« bekannt; Manfred Rommel, ehemaliger Oberbürgermeister von Stuttgart; Manfred Hausmann, deutscher Schriftsteller; Manfred Krug, deutscher Schauspieler. *Namenstag:* 28. Januar

Manfreda weibl. Form von Manfred

Manfredo männl., italien. Form von Manfred

Manfried männl., Nebenform von Manfred

Mango männl., bulgar. Kurzform von Emanuel

Manhard männl., aus dem ahd. »man« (Mann) und »harti« (hart). *Weitere Formen:* Manhart

Mani männl., Kurzform von Emanuel, Hermann oder Manfred

Manja weibl., slaw. und schwed. Koseform von Maria. *Weitere Formen:* Manjana

Mano männl., slaw. und ungar. Kurzform von Emanuel. *Weitere Formen:* Manolo (span.)

Manon weibl., französ. Koseform von Maria

Manuel männl., span. Form von Emanuel. *Namenstag:* I. Oktober

Manuela weibl., Kurzform von Emanuela. *Weitere Formen:* Manuella

Mara weibl., hebr., »bitter« oder Kurzform von Vorn. mit dem ahd. »marah« (Kampfpferd)

Marald männl., aus dem ahd. »marah« (Kampfpferd) und »waltan«

(walten, herrschen). *Weitere Formen:* Marhold, Marwald

Maralda weibl. Form von Marald

Marbert männl., aus dem ahd. »marah« (Kampfpferd) und »beraht« (glänzend)

Marbod männl., aus dem ahd. »marah« (Kampfpferd) und »boto« (Bote)

Marc männl., Nebenform von Mark. *Bekannte Namensträger:* Marc Chagall, russ. Maler; Marc Antony, amerikan. Sänger

Marcel männl., französ. Form von Marcellus. *Weitere Formen:* Marceau, Marcellinus, Marzellus, Marzellinus, Linus; Marcello (italien.). *Bekannte Namensträger:* Heiliger Marcellinius, Papst; Marcel Reich-Ranicky, deutscher Literaturkritiker; Marcel Marceau, französ. Pantomime; Marcello Mastroianni, italien. Schauspieler. *Namenstag:* 16. Januar, 3. November

Marcelin männl., französ. Weiterbildung von Marcel

Marceline weibl., Nebenform von Marcella

Marcella weibl. Form von Marcel. *Weitere Formen:* Marcelle, Marcellina, Marceline, Marzella, Marzellina, Cella, Zella, Ninina. *Bekannte Namensträgerin:* Heilige Marcella, 410 von den Goten bei der Eroberung Roms erschlagen. *Namenstag:* 31. Januar

Marcellus männl., erweiterte Form von Marcus

Marcia weibl. Form von Marcius. *Bekannte Namensträgerin:* Marcia Muller, amerikan. Schriftstellerin

Marcin männl., poln. Form von Martin

Marcius männl., Nebenform von Marcus

Marco männl., italien. und span. Form von Markus

Marcus männl., lat. Form von Markus

Mare weibl., nord. Form von Maria

Mareen weibl., Nebenform von Marina

Marel weibl., Koseform von Maria und Kurzform von Marie. *Weitere Formen:* Mareile, Mareili, Mareike. *Bekannte Namensträgerin:* Mareike Carrière, deutsche Schauspielerin

Marek männl., slaw. Form von Markus

Maren weibl., dän. Form von Marina oder fries. Koseform von Maria

Maret weibl., estn. und lett. Kurzform von Margarete. *Weitere Formen:* Mareta, Marete

Marfa weibl., russ. Form von Martha

Marga weibl., Kurzform von Margarete

Margalita weibl., russ. Form von Margarete

Margaret weibl., engl. und niederländ. Form von Margarete. *Weitere Formen:* Margery, Magdy, Matge, Maggie, Maidie, Mae, May, Meg, Marget, Mer, Meta, Peg, Peggy.

Margareta weibl., Nebenform von Margarete

Margarete weibl., aus dem lat. »margarita« (Perle). *Weitere Formen:* Grete, Gesche, Gitta, Gritt, Griet, Gritta, Margret, Marga, Margit, Margot, Margaret, Margarethe, Meta, Metta, Gretel, Gredel, Greten, Gretchen, Gretli, Reda, Reta, Rita; Margaret, Marjorie, Maggie, Meg (engl.); Marguérite (französ.); Margherita, Marghita, Marghitta (italien.); Margaret, Margriet (niederländ.); Margarita (span. und russ.); Margalita (russ.); Margita (ungar.); Marketta (finn.). *Be-*

kannte Namensträgerinnen: Heilige Margareta von Antiochia, eine der 14 Nothelfer (Geburt und Wetternot); Margarete, Königin von Dänemark, Norwegen und Schweden; Königin Margarete von Navarra; Margarete Buber-Neumann, deutsche Schriftstellerin; Margarethe von Trotta, deutsche Filmregisseurin; Margarete Schreinemakers, deutsche Fernsehmoderatorin. *Namenstag:* 20. Juli

Margarita weibl., span. und russ. Form von Margarete. *Weitere Formen:* Margaritha, Margaritta

Margherita weibl., italien. Form von Margarete

Margit weibl., Kurzform von Margarete. *Weitere Formen:* Margita

Margita weibl., ungar. Form von Margarete

Margot weibl., franz. Kurzform von Marguérite. *Weitere Formen:* Margone; Margo (russ.).

Margret weibl., Kurzform von Margarete. *Weitere Formen:* Margreth, Margrit

Margriet weibl., niederländ. Form von Margarete

Marguerite weibl., französ. Form von Margarete

Marhold männl., aus dem ahd. »marah« (Kampfpferd) und »waltan« (walten, herrschen)

Mari weibl., ungar. Form von Maria

Maria weibl., aus der Bibel übernommener Vorn. hebr. Ursprungs, »mirjam« (widerspenstig oder Geliebte). Der Vorn. ist als männl. Zweitname zugelassen. Aus Ehrfurcht vor der Mutter Christi wurde der Name erst spät in den deutschen Namensschatz aufgenommen. Seit dem 15. Jh. gab es dann neben der Vollform eine fast unüberschaubare Menge an Kurz- und Nebenformen. *Weitere Formen:* Marei, Marie, Marieli, Marike, Marieka, Mariechen, Maja, Meieli, Mia, Mieke, Mieze, Mimi, Mirl, Mitzi, Ria; Mary (engl.); Marion, Manon (französ.); Mariella, Marietta, Marita (italien.); Marica, Marihuela (span.); Maire, Maureen (irisch); Maaike, Marieke, Maryse (niederländ.); Marilyn (amerikan.); Maren, Mie (dän.); Marika, Maris, Mariska, Marka (ungar.); Marija, Marja, Maika, Mascha, Maschinka, Meri (russ.); Marya (poln.). *Bekannte Namensträgerinnen:* Maria Stewart, Königin von Schottland; Maria Montessori, italien. Ärztin und Pädagogin; Maria Callas, griech.-amerikan. Sängerin; Maria Schell, deutsche Schauspielerin; Maria Hellwig, deutsche Volksmusiksängerin; Maria Walliser, schweiz. Skiläuferin; Maria Cebo-

tari, österr. Sopranistin. *Namenstag:* alle Marienfeste

Mariam weibl., Kurzform von Mariamne

Mariamne weibl., Nebenform von Mirjam, aus dem hebr. »mirjam« (widerspenstig oder Geliebte). Mariamne, die Ehefrau Herodes I., wurde 29 v. Chr. wegen angeblichen Ehebruchs hingerichtet

Marian männl., erweiterte Form von Marius

Mariana weibl., Weiterbildung von Maria oder weibl. Form von Marian oder dän. Form von Marianne. *Weitere Formen:* Mariane

Marianna weibl., Nebenform von Marianne

Marianne weibl., selbstständig gewordener Doppelname aus Maria und Anna. *Weitere Formen:* Nanne, Nanna, Marianna. *Bekannte Namensträgerinnen:* Marianne Hoppe, deutsche Schauspielerin; Marianne Sägebrecht, deutsche Schauspielerin. *Namenstag:* 26. Mai

Marica weibl., span. Form von Maria

Marie weibl., Nebenform von Maria. Diese ursprünglich protestantische Form wurde im 16. Jh. volkstümlich.

Bekannte Namensträgerin: Marie Antoinette, französ. Königin

Mariechen weibl., alte volkstümliche Koseform von Maria

Marieke weibl., niederländ. Koseform von Maria

Marielene weibl., Doppelname aus Marie und Lene

Marieli weibl., Nebenform von Maria. *Weitere Formen:* Marile

Marielies weibl., Doppelname aus Marie und Liese. *Weitere Formen:* Marieliese

Mariella weibl., italien. Koseform von Maria

Marieluise weibl., Doppelname aus Marie und Luise. *Weitere Formen:* Marie-Luise. *Bekannte Namensträgerin:* Marie-Luise Marjan, deutsche Schauspielerin

Marierose weibl., Doppelname aus Marie und Rose

Marieta weibl., span. Form von Maria

Marietheres weibl., Doppelname aus Marie und Therese. *Weitere Formen:* Marietherese

Marietta weibl., italien. Koseform von Maria

Marihuela weibl., span. Form von Maria

Marija weibl., russ. Form von Maria

Marika weibl., ungar. Koseform von Maria. *Bekannte Namensträgerinnen:* Marika Rökk, österr.-ungar. Tänzerin und Filmschauspielerin; Marika Kilius, deutsche Eiskunstläuferin

Marike weibl., Koseform von Maria. *Weitere Formen:* Mariken

Marilis weibl., Doppelname aus Maria und Lisa. *Weitere Formen:* Marilisa

Marilyn weibl., engl. Verkleinerungsform von Mary. *Bekannte Namensträgerin:* Marilyn Monroe, amerikan. Filmschauspielerin

Marin männl., französ. Kurzform von Marinus

Marina weibl. Form von Marin. *Weitere Formen:* Marine, Marinella, Marinette

Marino männl., italien. Form von Marinus

Marinus männl., aus dem lat. »marinus« (zum Meer gehörend). *Weitere For-*

men: Marin, Marinellus; Marino (italien.)

Mario männl., italien. Form von Marius. *Weitere Formen:* Maris, Maro (span.). *Bekannte Namensträger:* Mario Adorf, schweiz. Filmschauspieler; Mario Barth, deutscher Komiker

Mariola weibl., italien. erweiterte Form von Maria. *Weitere Formen:* Mariolina

Marion weibl., franz. Koseform von Maria. *Weitere Formen:* Mariona, Marionna, Marionne

Maris, Mariska weibl., ungar. Formen von Maria

Marit weibl., Kurzform von Margarete

Marius männl., lat., »aus dem Geschlecht der Marier«. *Bekannter Namensträger:* Marius Müller-Westernhagen, deutscher Popmusiker und Filmschauspieler

Marja weibl., russ. Form von Maria

Marjorie weibl., engl. Form von Margarete. *Weitere Formen:* Marjory

Mark männl., Kurzform von Markus. *Bekannte Namensträger:* Mark Twain, amerikan. Schriftsteller; Mark Spitz, amerikan. Weltrekordschwimmer und Olympiasieger

Marka weibl., ungar. Form von Maria

Marke männl., Kurzform von Vorn. mit »Mark«, vor allem von Markhart und Markward

Markhart männl., aus dem ahd. »marcha« (Grenze) und »harti« (hart). *Weitere Formen:* Markhard

Marko männl., eingedeutschte Form von Marco

Markolf männl., aus dem ahd. »marcha« (Grenze) und »wolf« (Wolf)

Markus männl., aus dem lat. »mars« (Name des Kriegsgottes) oder »marinus« (zum Meer gehörend). *Weitere Formen:* Mark, Marx; Marc (französ.); Marco (italien., span.); Marek (poln.). *Bekannte Namensträger:* Markus Lüpertz, deutscher Maler und Bildhauer; Markus Wasmeier, deutscher Skirennläufer. *Namenstag:* 25. April

Markward männl., aus dem ahd. »marcha« (Grenze) und »wart« (Hüter). *Weitere Formen:* Markwart, Marquard

Marlene weibl., Doppelname aus Maria und Lene. *Weitere Formen:* Marlen, Marleen. *Bekannte Namensträgerin:*

157

Marlene Dietrich, deutsche Schauspielerin und Sängerin

Marlis weibl., Doppelname aus Maria und Lise. *Weitere Formen:* Marlies, Marlise, Marliese

Marlit weibl., Doppelname aus Marlene und Melitta. *Weitere Formen:* Marlitt

Marlo männl., engl. und italien. Form von Merlin. *Weitere Formen:* Marlon. *Bekannter Namensträger:* Marlon Brando, amerikan. Schauspieler

Marquard männl., Nebenform von Markward

Mart männl., Kurzform von Martin. *Weitere Formen:* Marte

Marta weibl., Nebenform von Martha

Marten männl., niederländ. und schwed. Form von Martin

Märten männl., Nebenform von Martin. *Weitere Formen:* Märtgen, Märtin

Martha weibl., aus der Bibel übernommener Vorn. hebr. Ursprungs von marah »bitter, betrübt« oder »Herrin«. In der Bibel war Martha die Schwester von Lazarus und wurde die Patronin der Hausfrauen. *Weitere For-*

men: Marta, Marthe; Marfa (russ.); Martje (fries.); Mat (engl.). *Namenstag:* 29. Juli

Marthe weibl., Nebenform von Martha

Marti männl., Nebenform von Martin

Martili männl., Koseform von Martin

Martin männl., verkürzt aus dem lat. Martinus, abgeleitet von »Mars« (röm. Kriegsgott). *Weitere Formen:* Martl, Mertel, Mirtel, Merten, Mertin; Mart (fries.); Martino (italien., span.); Martinus, Marten (niederländ.); Marten (schwed.); Morten (dän.); Marcin (poln.); Mártoni (ungar.). *Bekannte Namensträger:* Martin Luther, Begründer der Reformation; Martin Heidegger, deutscher Philosoph; Martin Buber, jüd. Religionsphilosoph; Martin Opitz, deutscher Dichter; Martin Held, deutscher Schauspieler; Martin Niemöller, deutscher Theologe; Martin Luther King, amerikan. Bürgerrechtler; Martin Walser, deutscher Schriftsteller; Martin Lüttge, deutscher Schauspieler. *Namenstag:* 11. November

Martina weibl. Form zu Martin. *Weitere Formen:* Marti; Martine (französ.). *Bekannte Namensträgerinnen:* Martina

158

Navratilova, tschech.-amerikan. Tennisspielerin; Martina Hingis, schweiz. Tennisspielerin

Martino männl., italien. und span. Form von Martin

Martinus männl., niederländ. und ursprüngliche lat. Form von Martin. *Weitere Formen:* Maarten, Maartinus, Maart

Martje weibl., fries. Form von Martha

Martl männl., Nebenform von Martin

Mártoni männl., ungar. Form von Martin

Marwin männl., aus dem ahd. »mari« (berühmt) und »wini« (Freund). *Weitere Formen:* Marvin, Mervin (engl.). *Bekannter Namensträger:* Marvin Gaye, amerikan. Popsänger

Marwine weibl. Form von Marwin

Mary weibl., engl. Form von Maria

Marya weibl., poln. Form von Maria

Marylou weibl., engl. Doppelname aus Mary und Louise

Maryse weibl., niederländ. Form von Maria

Maryvonne weibl., schweiz. Doppelname aus Marie und Yvonne

Marzella weibl., Nebenform von Marcella

Mascha, Maschinka weibl., russ. Koseformen von Maria

Masetto männl., italien. Koseform von Thomas. *Weitere Formen:* Masino, Maso

Massimo männl., italien. Kurzform von Maximilian

Mat weibl., engl. Form von Martha; männl., engl. Koseform von Mathew; eindeutiger Zweitname erforderlich. *Weitere Formen:* Matty

Mathew männl., engl. Form von Matthias. *Weitere Formen:* Matthew

Mathias männl., Nebenform von Matthias

Mathieu männl., französ. Form von Matthias. *Bekannter Namensträger:* Mathieu Carrière, franz.-deutscher Schauspieler

Mathilde weibl., aus dem ahd. »maht« (Macht, Kraft) und »hiltja« (Kampf). *Weitere Formen:* Matilda, Matilde; Mafalda (italien.); Meta, Matty (engl.). *Bekannte Namensträgerin:* Mathilde Wesendonck, deutsche

Schriftstellerin und Freundin von R. Wagner. *Namenstag:* 14. März

Mathis männl., Nebenform von Matthias

Matilda, Matilde weibl., Nebenformen von Mathilde

Mats männl., schwed. Kurzform von Matthias

Mattes männl., Kurzform von Matthias

Matthäa weibl. Form von Matthäus. *Weitere Formen:* Mattea

Matthäus männl., aus der Bibel übernommener Name hebr. Herkunft (Geschenk Gottes). *Weitere Formen:* Tewes; Matteo (italien.). *Bekannter Namensträger:* der Evangelist Matthäus, Matthäus Merian der Ältere, schweizer. Kupferstecher und Buchhändler

Matthias männl., hebr., »Geschenk Jahwes (Gottes)«. Seit dem Mittelalter als Name des Heiligen Matthias verbreitet, der nach der Bibel anstelle von Judas zum Apostel bestimmt wurde. Die Gebeine des Heiligen Matthias sollen in Trier liegen, deshalb ist der Name in dieser Region stark verbreitet. *Weitere Formen:* Mathias, Mathi; Matthäus, Theis; Matteo (italien.); Mats (schwed.); Mathew, Mat (engl.);

Mathieu (französ.); Matti (finn.). *Bekannte Namensträger:* Matthias Grünewald, deutscher Maler; Matthias Claudius, deutscher Lyriker; Matthias Wiemann, deutscher Schauspieler; Matthias Wissmann, deutscher Politiker; Matthias Richling, deutscher Kabarettist. *Namenstag:* 24. Februar

Matti männl., finn. Form von Matthias

Mattia männl., italien. Form von Matthias

Matty weibl., engl. Kurzform von Mathilda

Maud weibl., engl. Form von Magdalena oder Mathilde. *Weitere Formen:* Maude

Maudin, Maudlin weibl., engl. Formen von Magdalena

Maura weibl. Form von Mauro

Maureen weibl., irische Koseform von Maria

Maurice männl., französ. Form von Moritz: *Bekannter Namensträger:* Maurice Ravel, französ. Komponist

Mauricette weibl. Koseform von Maurice. *Weitere Formen:* Maurilia, Maurina (italien.)

Mauritius männl., lat. Form von Moritz. Die »Blaue Mauritius« ist auch der Name einer sehr kostbaren Briefmarke. Der Heilige Mauritius starb in der Schweiz den Märtyrertod. *Weitere Formen:* Mauritz

Mauriz männl., Nebenform von Moritz

Maurizia weibl. Form von Mauriz

Maurizio männl., italien. Form von Moritz. *Bekannter Namensträger:* Maurizio Pollini, italien. Pianist

Mauro männl., italien. Vorn. lat. Ursprungs, »der Mann aus Mauretanien, der Mohr«. *Weitere Formen:* Maurus, Mauritius, Moritz; Murillo (span.)

Max männl., Nebenform von Maximilian. *Bekannte Namensträger:* Max Reger, deutscher Komponist; Max Klinger, deutscher Maler und Bildhauer; Max Liebermann, deutscher Maler und Grafiker; Max Planck, deutscher Physiker; Max Beckmann, deutscher Maler; Max Ernst, deutsch-amerikan. Maler, Grafiker und Bühnenbildner; Max Ophüls, deutscher Filmregisseur und Schriftsteller; Max Frisch, schweiz. Schriftsteller; Max von Sydow, schwed. Schauspieler; Max Schautzer, deutscher Fernsehmoderator

Maxi weibl., Kurzform von Maximiliane; männl., Kurzform von Maximilian; eindeutiger Zweitname erforderlich

Maxim männl., Kurzform von Maximus

Maxime männl., französ. Form von Maximus

Maximilian männl., aus dem lat. »maximus« (sehr groß, am größten). Durch den Heiligen Maximilian von Celeia vor allem in Österreich und Bayern verbreitet. *Weitere Formen:* Max; Massimo, Massimiliano (italien.). *Bekannte Namensträger:* Maximilian I., deutscher Kaiser, »der letzte Ritter«; Maximilian Kolbe, poln. Franziskaner, KZ-Opfer, selig gesprochen; Maximilian Schell, schweiz. Schauspieler und Regisseur. *Namenstag:* 12. Oktober

Maximiliane weibl. Form von Maximilian. *Weitere Formen:* Maxi; Maximilienne (französ.)

Maximus männl., lat., »der Große«

Mechthild weibl., Nebenform von Mathilde. *Weitere Formen:* Mechtild, Mechthilde

Meg weibl., engl. Kurzform von Margarete

Meieli weibl., Nebenform von Maria

Meika weibl., Nebenform von Maika. *Weitere Formen:* Meike

Meina weibl., Kurzform von Vorn. mit »Mein-«, vor allem von Meinharde

Meinald männl., Nebenform von Meinwald. *Weitere Formen:* Meinold, Meinhold

Meinberga weibl., aus dem ahd. »magan, megin« (Kraft, Macht) und »bergan« (bergen, schützen)

Meinbod männl., aus dem ahd. »magan, megin« (Kraft, Macht) und »boto« (Bote)

Meinburga weibl., aus dem ahd. »magan, megin« (Kraft, Macht) und »burg« (Schutz, Zuflucht)

Meinert männl., fries. Nebenform von Mainhard. *Weitere Formen:* Meiner, Meine, Meindert

Meinfried männl., aus dem ahd. »magan, megin« (Kraft, Macht) und »fridu« (Friede)

Meinhard männl., aus dem ahd. »magan, megin« (Kraft, Macht) und »harti« (hart). *Weitere Formen:* Meinard, Menhard

Meinharde weibl. Form von Meinhard. *Weitere Formen:* Meinharda, Meinarda

Meinhild weibl., aus dem ahd. »magan, megin« (Kraft, Macht) und »hiltja« (Kampf). *Weitere Formen:* Meinhilde

Meino männl., fries. Kurzform von Vorn. mit »Mein-«, vor allem von Meinold und Meinolf

Meinold männl., Nebenform von Meinwald

Meinolf männl., aus dem ahd. »magan, megin« (Kraft, Macht) und »wolf« (Wolf). *Weitere Formen:* Meinulf

Meinrad männl., aus dem ahd. »magan, megin« (Kraft, Macht) und »rat« (Ratgeber)

Meinrade weibl. Form von Meinrad

Meinwald männl., aus dem ahd. »magan, megin« (Kraft, Macht) und »waltan« (walten, herrschen)

Meinward männl., aus dem ahd. »magan, megin« (Kraft, Macht) und »wart« (Schutz)

Mela weibl., slaw. Koseform von Melanie. *Weitere Formen:* Melana, Melanka, Menka

Melanie weibl., griech., »die Dunkle, die Schwarze«. Melanie ist auch eine Figur des Südstaatenromans »Vom Winde verweht« von M. Mitchell. *Weitere Formen:* Mela, Malenka (slaw.). *Bekannte Namensträgerin:* Melanie Griffith, amerikan. Schauspielerin. *Namenstag:* 31. Dezember

Melcher männl., Nebenform von Melchior

Melchior männl., hebr. »Gott ist König des Lichts«. Melchior ist einer der Drei Könige. *Weitere Formen:* Melcher, Melk. *Namenstag:* 6. Januar

Melia weibl., span. Kurzform von Amelia

Melina weibl., aus dem griech. »melina« (Frau der Insel Melos). In Italien auch Koseform zum Namen Carmela. *Bekannte Namensträgerin:* Melina Mercouri, griech. Schauspielerin und Politikerin

Melinda weibl., Herkunft und Bedeutung unklar, aus dem lat. »mellinia« (Honigtrank) oder Nebenform von Melina

Meline weibl., Nebenform von Melina

Melissa weibl., Nebenform von Melitta

Melitta weibl., aus dem griech. »melitta« (Biene)

Melse weibl., fries. Kurzform von Melusine. *Weitere Formen:* Melsene

Melusine weibl., in einer französischen Sage der Name einer Meerjungfrau. Bekannt auch durch Goethes Märchen »Die neue Melusine«

Menard männl., ostfries. Form von Meinhard. *Weitere Formen:* Menardus

Mendel männl., Kurzform von Immanuel

Menno männl., fries. Kurzform von Meinold. *Weitere Formen:* Meno, Menold, Menolt. *Bekannter Namensträger:* Menno Simons, Gründer der in den USA verbreiteten Religionsgemeinschaft der Mennoniten

Mense männl., fries. Kurzform von Vorn. mit »Mein-«. *Weitere Formen:* Menso, Mensje, Menske, Menste

Meo männl., italien. Kurzform von Bartolomeo

Mercedes weibl., span. Vorn., der anstelle von Maria gebraucht wird, entstanden aus der Abkürzung des Marienfestes »Maria von der Gnade der Gefangenenerlösung« (Maria de

Mercede redemptionis captivorum); Mercedes ist ein Stellvertretername, da aus religiöser Ehrfurcht Maria als Taufname gemieden wurde. *Namenstag:* 24. September

Meret weibl., schweiz. Kurzform von Emerentia. *Weitere Formen:* Merita

Meri weibl., russ. Form von Maria

Merle weibl., aus dem Engl. übernommener Vorname franz. Herkunft, »Amsel«

Merlin männl., aus dem kelt. »myrddin« (Seehügel) oder »merlien« (Falke). *Weitere Formen:* Marlin. Im Engl. auch weibl.

Merlind weibl., aus dem ahd. »mari« (groß, berühmt) und »linta« (Schutzschild aus Lindenholz). *Weitere Formen:* Merlinde

Mertel, Merten, Mertin männl., Nebenformen von Martin

Meryl weibl., engl. Kurzform von Mary Louise oder Nebenform von Muriel. *Bekannte Namensträgerin:* Meryl Streep, amerikan. Schauspielerin und Oscarpreisträgerin

Meta weibl., Kurzform von Margarete und engl. Kurzform von Mathilde. *Weitere Formen:* Mete, Metje

Metta weibl., Kurzform von Margarete oder Mechthild. *Weitere Formen:* Mette, Metteke

Mia weibl., Kurzform von Maria. *Weitere Formen:* Mi, My. *Bekannte Namensträgerin:* Mia Farrow, amerikan. Schauspielerin

Micaela weibl., italien. Form von Michaela

Micha männl., aus der Bibel übernommener Vorn. hebr. Ursprungs, »mikhah« (Wer ist wie Jahwe [Gott]?) oder Kurzform von Michael. *Weitere Formen:* Michaja; weibl., Kurzform von Michaela; eindeutiger Zweitname erforderlich

Michael männl., aus der Bibel übernommener Vorn. hebr. Ursprungs, »Wer ist wie Gott?«. In der christlichen Welt als Name des Erzengels Michael seit dem Mittelalter weit verbreitet. In der Bibel besiegt Michael den Teufel und ist daher Schutzpatron Israels und der Kirche. *Weitere Formen:* Mike (engl.); Michel (französ.); Michele (italien.); Michel, Michiel (niederländ.); Mikael, Mickel (dän., schwed.); Michal, Michail (slaw.); Miguel (span., portug.); Mihály (ungar.). *Bekannte Namensträger:* Michael Ende, deutscher Schriftsteller; Michael Groß, deutscher Schwimmer; Michael Ande, deutscher Schauspieler; Michael Caine, engl. Schauspieler; Michael Crichton, amerikan. Bestsellerautor; Michael Jackson, amerikan. Popmusiker; Michael Jordan, amerikan. Basketballspieler; Michael Douglas, amerikan. Schauspieler und Oscarpreisträger; Michael Stich, deutscher Tennisspieler; Michael Schumacher, deutscher Autorennfahrer. *Namenstag:* 29. September

Michaela weibl. Form von Michael. *Weitere Formen:* Michaele; Michèle, Micheline (französ.); Michelle (engl.); Micaela (italien.); Mikala (dän.); Mihala, Mihaela, Michalina (slaw.); Miguela (span., portug.); Mihaéla (ungar.). *Bekannte Namensträgerinnen:* Michaela Figini, schweizer. Skiläuferin; Michaela May, deutsche Schauspielerin. *Namenstag:* 24. August

Michaele weibl., Nebenform von Michaela

Michail männl., slaw. Form von Michael. *Bekannte Namensträger:* Michail Glinka, russ. Komponist; Michail Gorbatschow, sowjet. Staatsmann; Michael Baryschnikow, russ. Balletttänzer und Choreograf

Michal männl., slaw. Form von Michael

Michalina weibl., slaw. Form von Michaela

Michel männl., französ. und niederländ. Form von Michael. *Bekannter Namensträger:* Michel Piccoli, französ. Schauspieler

Michelangelo männl., italien. Doppelname aus Michael und dem lat. »angelus« (Engel). *Bekannter Namensträger:* Michelangelo Bounarotti, italien. Bildhauer, Maler und Architekt

Michele männl., italien. Form von Michael

Michèle weibl., französ. Form von Michaela. *Bekannte Namensträgerin:* Michèle Marian, deutsche Filmschauspielerin

Micheline weibl., französ. Form von Michaela

Michelle weibl., engl. und französ. Form von Michaela. Auch Name eines Lieds der Beatles. *Bekannte Namensträgerin:* Michelle Pfeiffer, amerikan. Schauspielerin

Michiel männl., niederländ. Form von Michael

Mick männl., engl. Koseform von Michael. *Bekannter Namensträger:* Mick Jagger, engl. Rocksänger

Mickel männl., dän. und schwed. Form von Michael

Mie weibl., dän. Kurzform von Maria oder Annemie

Mieke, Mieze weibl., Koseformen von Maria

Mies männl., Kurzform von Bartholomäus oder Jeremias

Mignon weibl., aus dem französ. »mignon« (zart, allerliebst). *Weitere Formen:* Mignonne

Mignonne weibl., französ. Koseform von Mignon

Miguel männl., span. und portug. Form von Michael. *Bekannter Namensträger:* Miguel, portug. Fußballspieler

Miguela weibl., span. und portug. Form von Michaela

Mihaela weibl., slaw. Form von Michaela

Mihaéla weibl., ungar. Form von Michaela

Mihala weibl., slaw. Form von Michaela

Mihály männl., ungar. Form von Michael

Mikael männl., dän. und schwed. Form von Michael

Mikala weibl., dän. Form von Michaela

Mike männl., engl. Kurzform von Michael. *Bekannte Namensträger:* Mike Krüger, deutscher Sänger und Fernsehunterhalter; Mike Oldfield, engl. Popmusiker

Miklas männl., slaw. Form von Nikolaus. *Weitere Formen:* Mikola, Mikolas, Mikulas

Miklós männl., ungar. Form von Nikolaus

Mila weibl., Kurzform von Ludmilla. *Weitere Formen:* Milena

Milda weibl., Kurzform von Vorn. mit »mil« oder »mild«

Mildred weibl., engl. Form von Miltraud. *Bekannte Namensträgerin:* Mildred Scheel, Ärztin, Initiatorin der »Deutschen Krebshilfe«

Milka weibl., slaw. Kurzform von Ludmilla oder aus dem Hebr., »Königin«. *Bekannte Namensträgerin:* Milka Loff Fernandes, deutsche Moderatorin

Milko männl., Kurz- und Koseform von Miloslaw

Milli weibl., Kurzform von Emilie. *Weitere Formen:* Milly, Mile

Miloslaw männl., aus dem slaw. »milyi« (lieb, angenehm) und »slava« (Ruhm). *Weitere Formen:* Milo, Milko

Miltraud weibl., aus dem ahd. »mildi« (freundlich, freigiebig) und »trut« (Kraft, Stärke). *Weitere Formen:* Miltrud

Milva weibl., italien. Vorn. wahrscheinlich lat. Ursprungs, »Taubenfalke«. *Weitere Formen:* Milvia. *Bekannte Namensträgerin:* Milva, italien. Sängerin

Mimi weibl., kindersprachliche Koseform von Maria oder Wilhelmine

Mina weibl., Kurzform von Vorn. mit »-mina« oder »-mine«, vor allem von Wilhelmina oder Hermine

Minerva weibl., griech. »die Kluge«. Minerva ist in der Mythologie die Tochter Jupiters und wurde als Göttin der Weisheit verehrt

Minette weibl., Verkleinerungsform von Mina

Minna weibl., Kurzform zu Wilhelmina oder Hermine. Volkstümlich geworden durch Lessings »Minna von Barnhelm«. *Weitere Formen:* Minne, Minka, Minja, Mina, Mine

Minnegard weibl., aus dem ahd. »minnja« (Liebe, Zuneigung) und »gard« (Schutz). *Weitere Formen:* Mingard

Mino männl., italien. Kurzform von Giacomino (Koseform von Jakob) oder Guglielmino (Kosesform von Wilhelm)

Mira weibl., Kurzform von Mirabella

Mirabella weibl., aus dem italien. »mirabile« (bewundernswert) und »bella« (schön). *Weitere Formen:* Mira, Mirabell, Mirabelle, Mireta, Miretta; Mirabel (engl.)

Miranda weibl, engl. Vorn. lat. Ursprungs zu »mirandus« (wunderbar). *Weitere Formen:* Mirande, Mirandola

Mireille weibl., französ. Form von Mirella. *Bekannte Namensträgerin:* Mireille Mathieu, französ. Sängerin

Mirella weibl., italien. Kurzform von Mirabella

Mirjam weibl., aram. Vorform von Maria. *Weitere Formen:* Miriam, Myriam, Myrjam

Mirka weibl. Form von Mirko

Mirko männl., slaw. Kurzform von Miroslaw. *Weitere Formen:* Mirco

Mirl weibl., Kurzform von Maria, besonders in Bayern verbreitet

Miroslaw männl., aus dem slaw. »mir« (Friede) und »slava« (Ruhm). *Bekannter Namensträger:* Miroslav Klose, deutscher Fußballer

Mirtel männl., Nebenform von Martin

Mirzel weibl., Koseform von Maria

Mischa männl., russ. Koseform von Michail

Mitja männl., slaw. Koseform von Dimitrij. *Weitere Formen:* Mitko, Mito

Mitzi weibl., Kurz- und Koseform von Maria

Modest männl., aus dem lat. »modestus« (bescheiden, sanftmütig). *Weitere Formen:* Modesto (italien.). *Bekannter Namensträger:* Modest Mussorgskij, russ. Komponist

Modesta weibl. Form von Modest. *Weitere Formen:* Modeste

Molly weibl., engl. Koseform von Mary

Mombert männl., aus dem ahd. »muni« (Geist, Gedanke) und »beraht« (glänzend). *Weitere Formen:* Mommo, Momme

Mona weibl., Kurzform von Monika oder aus dem irischen »muadh« (edel). Bei der »Mona Lisa« von Leonardo da Vinci ist der Name als Abkürzung von Madonna (Frau) zu verstehen

Moni weibl., Kurzform von Monika

Monica weibl., engl., niederländ. und italien. Form von Monika

Monika weibl., Herkunft und Bedeutung unklar, eventuell aus dem griech. »monachós« (Mönch, Einsiedler). Seit dem Mittelalter als Name der Heiligen Monika (4. Jh.) in der christlichen Welt verbreitet. *Weitere Formen:* Mona, Moni; Monica (engl., niederländ., italien.); Monique (französ.). *Bekannte Namensträgerin:* Monika Wulf-Mathies, Gewerkschafterin und EU-Kommissarin. *Namenstag:* 27. August

Monique weibl., französ. Form von Monika

Monty männl., engl. Kurzform eines französ. Familiennamens, wahrscheinlich Montague, »Bewohner des Berggipfels« oder Montgomery, »der von des Wohlhabenden Schloss«

Morena weibl. Form von Moreno

Moreno männl., aus dem italien. »morinus« (dunkel, schwarz)

Morgan männl., aus dem Kelt., »Seemann«

Moritz männl., eingedeutschte Form von Maurus (Mauro). Als Heiligenname seit dem Mittelalter bekannt, vor allem in der Schweiz, dem Verehrungsgebiet des Heiligen Mauritius. Moritz galt lange als Adelsname, wurde erst durch W. Buschs »Max und Moritz« volkstümlich. *Weitere Formen:* Maurus, Mauriz; Mauritius (lat.); Maurice (französ.); Maurizio (italien.); Morris (engl.). *Bekannter Namensträger:* Kurfürst Moritz von Sachsen. *Namenstag:* 22. September

Morris männl., engl. Form von Moritz

Morten männl., dän. Form von Martin. Bekannt auch durch die Figur des Morten Schwarzkopf in Th. Manns »Die Buddenbrooks«. *Weitere Formen:* Morton, Mort

Mortimer männl., engl., ursprünglich Familiennamen, vom Ort Mortemer (vom ruhigen Wasser) in der Normandie, oder gäl. »Meereskundiger«. Bekannt auch durch Schillers Mortimer in »Maria Stuart«

Munibert männl., aus ahd. »muni« (Gedanke) und »beraht« (glänzend)

Munja männl., russ. Kurzform von Immanuel; weibl., russ. Kurzform von Maria oder Emilia; eindeutiger Zweitname erforderlich

Muriel weibl., aus dem Engl. übernommener Vorn. mit unklarer Bedeutung (eventuell »glänzender See«). *Weitere Formen:* Meriel

Myrta weibl., aus dem griech. »myrtós« (wahrscheinlich »mit Myrten geschmückt«). Seit dem 16. Jh. dient Myrte in Deutschland als Brautschmuck. *Weitere Formen:* Myrthe

N

Nabor männl., hebr., »Prophet des Lichts«

Nada, Nadia weibl., Nebenformen von Nadja

Nadina weibl., engl. und niederländ. Form von Nadja

Nadine weibl., engl., niederländ. und französ. Form von Nadja

Nadinka weibl., Koseform von Nadja

Nadja weibl., Kurzform von Nadjeschda. *Weitere Formen:* Nada, Nadia, Nadjeschda, Nadinka; Nadine, Nadina (engl., niederländ.); Nadine (französ.). *Bekannte Namensträgerinnen:* Nadja Tiller, österr. Filmschauspielerin; Nadja Boulanger, französ. Komponistin und Musikpädagogin; Nadja Uhl, deutsche Schauspielerin

Nadjeschda weibl., aus dem russ. »nadéschda« (Hoffnung)

Naemi weibl., aus der Bibel übernommener Vorn. hebr. Ursprungs, »die Liebliche«. *Weitere Formen:* Naomi, Noeme, Noemi; Noomi (engl.); Naima, Naimi (schwed.)

Nahum männl., aus dem hebr. »nachum« (trostreich, Tröster). Nahum war im Alten Testament einer der zwölf Propheten. *Weitere Formen:* Naum

Nallo männl., Kurzform von Immanuel

Nana weibl., Koseform von Anna. *Weitere Formen:* Nane. *Bekannte Namensträgerin:* Nana Mouskouri, griech. Sängerin

Nancy weibl., engl. Form von Anna. *Bekannte Namensträgerin:* Nancy Reagan, Ehefrau von Ronald Reagan, 40. Präsident der Vereinigten Staaten

Nanda weibl., Kurzform von Ferdinanda. *Weitere Formen:* Nande

Nandolf männl., aus dem ahd. »nantha« (wagemutig, kühn) und »wolf« (Wolf)

Nandor männl., ungar. Form von Ferdinand

Nanna weibl., aus dem Nord. übernommener Vorn., der auf die altnord. Göttin Nanna zurückgeht, auch der Kindersprache entnommene Koseform von Anna oder Marianne. *Weitere Formen:* Nanne

Nannette weibl., französ. Koseform von Anna. *Weitere Formen:* Nannetta, Nanette, Nanetta

Nanni weibl., Koseform von Nanna

Nanno männl., Nebenform von Nahne, fries. Lallform zu german. »nantha« (wagemutig)

Nanon weibl., französ. Form von Anna

Nante männl., fries. Form von Ferdinand

Nantje weibl., fries. Kurzform von Vorn. mit »Nant-«

Nantwig männl., aus dem ahd. »nantha« (wagemutig, kühn) und »wig« (Kampf)

Naomi weibl., aus der Bibel übernommener Vorn. hebr. Ursprungs, »die Liebliche«

Nastasja weibl., russ. Kurzform von Anastasia. *Weitere Formen:* Nastija, Nastjenka, Nastassja, Naschda, Nanja. *Bekannte Namensträgerin:* Nastassja Kinski, deutsche Schauspielerin

Nat männl., engl. Kurzform von Na-

thanael. *Bekannter Namensträger:* Nat »King« Cole, afroamerikan. Jazzmusiker

Nata weibl., Kurzform von Renata oder Natalia. *Weitere Formen:* Nate

Natalia weibl., Nebenform von Natalie. *Weitere Formen:* Natalina

Natalie weibl. Form von Natalis. *Weitere Formen:* Natalia; Nathalie, Noëlle (französ.); Natalija, Natalja, Natascha (russ.). *Bekannte Namensträgerin:* Natalie Wood, amerikan. Filmschauspielerin

Natalija weibl., russ. Form von Natalie

Natalis männl., lat., »der an Weihnachten Geborene«

Natascha weibl., russ. Form von Natalie. Figur in Tolstois »Krieg und Frieden«

Nathalie weibl., französ. Form von Natalie

Nathan männl., aus der Bibel übernommener Vorn. hebr. Ursprungs, »Jahwe (Gott) hat gegeben«. Nathan war in der Bibel ein Prophet, der David das Urteil Gottes verkündete. Auch bekannt durch Lessings Drama »Nathan der Weise«. Auch Kurzform von Nathanael oder Jonathan

Nathanael männl., hebr., »Gott hat gegeben«

Ned männl., engl. Kurzform von Edward

Neel männl., fries. Kurzform von Cornelius

Neele weibl., fries. Kurzform von Cornelia. *Weitere Formen:* Neela, Neelke, Neeltje, Nele

Neeltje männl., fries. Kurzform von Cornelius; weibl., fries. Form von Cornelia; eindeutiger Zweitname erforderlich

Nehemia männl., aus der Bibel übernommener Vorn. hebr. Ursprungs, »Jahwe (Gott) hat getröstet«

Neidhard männl., aus dem ahd. »nid« (Kampfeszorn, blinder Eifer) und »harti« (hart). *Weitere Formen:* Neithard, Nithard. *Bekannter Namensträger:* Neidhard von Reuenthal, deutscher Dichter

Neil männl., aus dem Kelt. (der Kämpfer, Anführer). *Bekannte Namensträger:* Neil Armstrong, amerikan. Astronaut, betrat als erster Mensch 1969 den Mond; Neil Young, kanad. Rockmusiker; Neil Diamond, amerikan. Sänger

Nelda weibl., Kurzform von Thusnelda

Nelli, Nelly weibl., der Kindersprache entlehnte Form von Elli, Helene oder Eleonore. *Bekannte Namensträgerin:* Nelly Sachs, deutsche Dichterin

Nelson männl., engl., »Niels/Neils Sohn«. *Bekannte Namensträger:* Nelson Piquet, brasilian. Motorsportler; Nelson Mandela, südafrikan. Freiheitskämpfer und erster schwarzer Präsident Südafrikas

Nepomuk männl., tschech., »Mann aus Pomuk (Ort in Böhmen)«. Der Heilige Nepomuk wurde der Legende nach von König Wenzel ertränkt, weil er über die Beichte der Königin schwieg. Er ist Landespatron von Böhmen und oft als Brückenheiliger zu sehen. *Bekannte Namensträger:* Johann Nepomuk Hummel, deutscher Komponist; Johann Nepomuk Nestroy, österr. Schriftsteller. *Namenstag:* 16. Mai

Nestor männl., griech., »der immer Wiederkehrende«. Sagengestalt aus Homers Odyssee, wo er der weise Berater der Griechen vor Troja war

Neta weibl., schwed. und dän. Kurzform von Agneta. *Weitere Formen:* Nete

Nette weibl., Kurzform von Jeanette, Annette oder Antoinette. *Weitere Formen:* Netta, Netti, Netty

Nic männl., italien. Form von Nikolaus. *Weitere Formen:* Niclo, Nico

Niccolò männl., italien. Form von Nikolaus. *Weitere Formen:* Nicoletto. *Bekannter Namensträger:* Niccolò Paganini, italien. Violinvirtuose und Komponist

Nicholas männl., engl. Form von Nikolaus

Nick männl., engl. Kurzform von Nikolaus

Nicki männl., Kurzform von Nikolaus

Nicol männl., französ. Form von Nikolaus

Nicola männl., italien. Form von Nikolaus; weibl. Form von Nikolaus; bei der Wahl als weibl. Vorn. ist ein eindeutiger Zweitname erforderlich

Nicolaas männl., niederländ. Form von Nikolaus

Nicolas männl., engl. und französ. Form von Nikolaus. *Bekannte Namensträger:* Nicolas Sarkozy, französ. Präsident; Nicolas Cage, amerikan. Schauspieler

Nicole weibl. Form von Nikolaus. *Weitere Formen:* Nicla, Nicoletta, Nicolette, Nikoletta, Nikoline, Nicoline, Nicolle, Colette, Coletta. *Bekannte Namensträgerin:* Nicole Uphoff, deutsche Dressurreiterin, mehrfache Olympiasiegerin

Niculaus männl., rätoroman. Form von Nikolaus. *Weitere Formen:* Niculin

Niels männl., Kurzform von Cornelius oder skand. Form von Nikolaus. Bekannt durch S. Lagerlöfs »Die wunderbare Reise des Niels Holgersson mit den Wildgänsen«. *Weitere Formen:* Nils, Nisse, Nels. *Bekannte Namensträger:* Niels Wilhelm Gade, dän. Komponist; Niels Bohr, dän. Physiker

Nigg männl., fries. Form von Nikolaus

Nik männl., Kurzform von Nikolaus

Nikita männl., russ. Koseform von Nikolaj. *Bekannte Namensträger:* Nikita Chruschtschow, russ. Politiker

Nikkel männl., Koseform von Nikolaus

Niklas männl., fries. Form von Nikolaus. *Weitere Formen:* Niklaus. *Bekannter Namensträger:* Niklas von Wyle, schweiz. Humanist

Niko männl., Kurzform von Nikolaus

Nikol männl., fries. Form von Nikolaus

Nikolai männl., Nebenform von Nikolaj

Nikolaj männl., russ. Form von Nikolaus

Nikolaus männl., aus dem griech. »nike« (Sieg) und »laós« (Volksmenge). Der Heilige Nikolaus ist einer der 14 Nothelfer. Er ist Schutzpatron der Schiffer, Seeleute, Kaufleute, Bäcker und Schüler. *Weitere Formen:* Klas, Klaas, Klaus, Nik, Nicki, Nickel, Niko; Niclo, Nico, Niculaus (rätoroman.); Nick, Nicholas, Nicolas (engl.); Nicol, Nicolas (französ.); Nico, Niccolò, Nicola (italien.); Niklas, Nikol, Nigg (fries.); Nicolaas (niederländ.); Niels (skand.); Nikolaj, Nikita (russ.); Miklas (slaw.); Miklós (ungar.). *Bekannte Namensträger:* Papst Nikolaus V., Humanist und Begründer der Vatikanischen Bibliothek; Nikolaus von Kues, deutscher Philosoph und Theologe; Nikolaus Ludwig Graf von Zinzendorf, Gründer der Herrenhuter Brüdergemeinde, Lieddichter; Nikolaus Kopernikus, deutscher Astronom; Nikolaus Lenau, österr. Schriftsteller. *Namenstag:* 6. Dezember

Nina weibl., Kurzform von Vorn. mit »-ina«, vor allem von Antonina oder Annina. *Weitere Formen:* Nine; Ninja (span., portug.). *Bekannte Namensträgerin:* Nina Hagen, deutsche Popsängerin. *Namenstag:* 15. Dezember

Ninetta weibl., französ. Koseform von Nina. *Weitere Formen:* Ninon, Ninette

Nino männl., italien. Koseform von Giovanni

Nita weibl., skand. Kurzform von Vorn. mit »-ita«, vor allem von Anita oder Benita

Noah männl., aus der Bibel übernommener Vorn. hebr. Ursprungs, »noach« (Ruhebringer). Im Alten Testament überstand Noah die Sintflut in seiner Arche und wurde zum Gründer neuer Volksstämme. *Bekannter Namensträger:* Noah Gordon, amerikan. Bestsellerautor

Noel männl., franz. Form von Natalis

Noelle weibl. Form von Noel

Nolda weibl., Kurzforn von Arnolde

Nolde männl., fries. Kurzform von Arnold. *Weitere Formen:* Nolte

Nolik männl., russ. Kurzform von Anatolij

Nona weibl., engl., schwed. und span. Vorn. lat. Ursprungs, »die Neunte«. Nona war eine der drei Schicksalsgöttinnen und römische Geburtsgöttin

Nonna weibl., schwed. Kurzform von Eleonora oder Yvonne. *Weitere Formen:* Nonny

Nonne männl., fries. Kurzform von Vorn. mit »nant«. *Weitere Formen:* Nonno

Nonneke weibl. Form von Nonne. *Weitere Formen:* Nonna

Nora weibl., Kurzform von Eleonora. Bekannt auch durch »Nora oder ein Puppenheim« von Ibsen. *Weitere Formen:* Nore; Norina (italien.); Noreen (irisch); Norah. *Bekannte Namensträgerin:* Nora Marie Tschirner, deutsche Moderatorin

Norbert männl., aus dem ahd. »nord« (Norden) und »beraht« (glänzend). *Weitere Formen:* Nordbert. *Bekannte Namensträger:* Norbert Wiener, amerikan. Mathematiker; Norbert Blüm, deutscher Politiker; Norbert Schramm, deutscher Eiskunstläufer. *Namenstag:* 6. Juni

Norberta weibl. Form von Norbert

Nordbert männl., Nebenform von Norbert

Nordrun weibl., Neubildung aus ahd. »nord« (Norden) und Vorn. »run«

Nordwin männl., aus dem ahd. »nord« (Norden) und »wini« (Freund)

Norfried männl., aus dem ahd. »nord« (Norden) und »fridu« (Friede)

Norgard weibl., aus dem ahd. »nord« (Norden) und »gard« (Schutz)

Norhild weibl., aus dem ahd. »nord« (Norden) und »hiltja« (Kampf). *Weitere Formen:* Norhilde

Norina weibl., Nebenform von Nora

Norma weibl., engl. Vorn. aus dem lat. »norma« (Gebot)

Norman männl., aus dem ahd. »nord« und »man« (Mann). *Weitere Formen:* Norm, Normann. *Bekannte Namensträger:* Norman Mailer, amerikan. Schriftsteller; Normann Stadler, deutscher Triathlet

Norwin männl., aus dem ahd. »nord« (Norden) und »wini« (Freund)

Notburg weibl., aus dem ahd. »not« (Bedrängnis) und »burg« (Schutz). *Weitere Formen:* Notburga, Burga. *Namenstag:* 15. September

Notburga weibl., Nebenform von Notburg

Notger männl., aus dem ahd. »not« (Not) und »ger« (Speer). Notger ist Umkehrung von Gernot. *Weitere Formen:* Notker. *Bekannter Namensträger:* Notker Balbulus, deutscher Dichter und Sprachlehrer

Nunzia weibl., Kurzform von Annunziata

Nuria weibl., aus dem Span. übernommener Vorn., abgeleitet von »Nuestra Señora de Nuria« (Unsere Frau von Nuria), Muttergottesstätte in der Provinz Gerona

Obba weibl. Form von Obbo

Obbo männl., Nebenform von Otto oder fries. Kurzform von Otbert. *Weitere Formen:* Obbe

Oberon männl., franz. Form von Alberich

Oberto männl., italien. Form von Hubert

Oceana weibl., neugebildeter Vorn. anlässlich einer Geburt auf einem Überseedampfer (1875). *Weitere Formen:* Ozeana

Octavia weibl. Form von Octavius. *Bekannte Namensträgerinnen:* Octavia, röm. Kaiserin und Gattin des Nero (1. Jh. v. Chr.); Octavia Minor, Ehefrau von Marcus Antonius und erste Frau auf einer röm. Münze

Octavius männl., lat., »aus dem Geschlecht der Octavier«. Figur in Schillers »Wallenstein«. *Weitere Formen:* Oktavio, Oktavian, Oktavius; Octave (französ.); Octavio (span.)

Oda weibl., Kurzform von Vorn. mit »ot«. Die hochdeutsche Form ist Ute

Odalinde weibl., aus dem ahd. »ot« (Besitz) und »linta« (Schutzschild aus Lindenholz)

Oddo männl., italien. Form von Otto

Ode männl., ostfries. Kurzform von Vorn. mit »ot«. *Weitere Formen:* Odo

Odette weibl., französ. Koseform von Odilde

Odila weibl., Koseform von Oda. *Weitere Formen:* Otila

Odilberga weibl., aus dem ahd. »ot« (Besitz) und »bergan« (bergen, schützen). *Weitere Formen:* Otberga, Otburga, Ottberge, Ottburga

Odilbert männl., aus dem ahd. »ot« (Besitz) und »beraht« (glänzend)

Odilgard weibl., aus dem ahd. »ot« (Besitz) und »gard« (Schutz)

Odilia weibl., Nebenform von Ottilie. Die Heilige Odilia wurde der Legende nach blind geboren und erlangte bei der Taufe ihr Augenlicht. Sie ist Schutzheilige im Elsass (7./8. Jh.). *Weitere Formen:* Odilie; Odile (französ.)

Odilo männl., Nebenform von Odo. *Bekannter Namensträger:* Odilo, Abt von Cluny

Odin männl., nord. Göttername, german., »Erregung, Wut, der Rasende«

Odine weibl., Nebenform von Oda. *Weitere Formen:* Odina

Odo männl., Nebenform von Otto

Odomar männl., Nebenform von Otmar. *Weitere Formen:* Odemar

Okko männl., Nebenform von Otto

Ola männl., norweg. Form von Olaf

Olaf männl., nord., »Ahnenspross«. *Weitere Formen:* Olav; Ole, Oluf (dän.); Olof (schwed.); Olafur (isländ.). *Bekannte Namensträger:* Olaf Gulbransson, norweg. Zeichner; Olaf Thon, deutscher Fußballspieler. *Namenstag:* 29. Juli

Olafur männl., isländ. Form von Olaf

Olaus männl., lat. Form von Olaf

Olav männl., Nebenform von Olaf

Olberich männl., Nebenform von Alberich

Oldwig männl., Nebenform von Adalwig

Ole männl., dän. Form von Olaf

Oleg männl., russ. Form von Helge. *Bekannter Namensträger:* Oleg Protopopow, russ. Eiskunstläufer

Olf männl., Kurzform von Vorn. mit »wolf«

Olfert männl., ostfries. Kurzform von Wolfhard oder Nebenform von Adalfried

Olga weibl., russ. Form von Helga. Der nord. Vorn. Helga wurde im 9. Jh. nach Russland getragen und dort zu Olga umgebildet. Durch die Heirat Karls von Württemberg mit Olga von Russland wurde der Name im 19. Jh. in Deutschland bekannt. *Weitere Formen:* Olla, Guscha. *Bekannte Namensträgerinnen:* Heilige Olga, Großfürstin von Kiew; Olga Tschechowa, deutsche Filmschauspielerin. *Namenstag:* 11. Juli

Olinde weibl., Nebenform von Odalinde

Oliva weibl., italien. Form von Olivia

Olive weibl, französ. und engl. Form von Olivia

Oliver männl., wahrscheinlich engl. Der Name geht zurück auf Oliver, einen Waffengefährten von Roland, der sich im Gegensatz zur ungestümen Tapferkeit Rolands, durch Besonnenheit und Mäßigung auszeichnete (Rolandslied). *Weitere Formen:* Olivier (französ.); Olli (amerikan.); Oliviero (italien.); Havelock (walis.). *Bekannte Namensträger:* Oliver Cromwell, engl. Staatsmann; Oliver Goldsmith, engl. Schriftsteller; Oliver Hardy, amerikan. Filmkomiker. *Namenstag:* 11. Juli

Olivet weibl., engl. Form von Olivia

Olivia weibl., aus dem lat. »oliva« (Ölbaum, Olive). *Weitere Formen:* Olla; Oliva (italien.); Olive (französ.); Olive, Olivet, Livy (engl.). *Bekannte Namensträgerin:* Olivia Newton-John, amerikan. Sängerin

Olivier männl., französ. Form von Oliver. *Bekannter Namensträger:* Olivier Messiaen, französ. Komponist

Oliviero männl., italien. Form von Oliver

Olla weibl., Koseform von Olga oder Olivia. *Weitere Formen:* Olli, Ollie

Olli männl., amerikan. Form von Oliver; weibl., Koseform von Olga oder Olivia; eindeutiger Zweitname erforderlich

Olof männl., schwed. Form von

Olaf. *Bekannter Namensträger:* Olof Palme, ehemaliger schwed. Ministerpräsident

Olofa weibl. Form von Olof. *Weitere Formen:* Olova, Oluva

Oltman männl., fries. Vorn. ahd. Ursprungs von »ald« (bewährt) und »man« (Mann)

Oluf männl., dän. Form von Olaf

Olympia weibl., griech., »die vom Berg Olymp Stammende«. Figur in Offenbachs Oper »Hoffmanns Erzählungen«. *Weitere Formen:* Olympias; Olimpias (italien., span.)

Olympus männl., griech., »der vom Berge Olymp Stammende«. *Weitere Formen:* Olimpio (italien., span.)

Omar männl., arab., »der Höchste, der Erstgeborene«. *Bekannter Namensträger:* Omar Sharif, Künstlername des libanes. Schauspielers Michael Chalhoub

Omke männl., fries. Kurzform von Vorn. mit »od« oder »ot«, vor allem von Otmar. *Weitere Formen:* Omko, Omme, Ommeke, Ommo, Onno

Ona weibl., aus dem bask. »on« (gut, wohl, glücklich). *Weitere Formen:* Oneka, Onna, Onne

Onno, Ontje männl., Nebenformen von Otto

Oona weibl., Herkunft und Bedeutung ungeklärt

Ophelia weibl., aus dem griech. »ophéleia« (Hilfe, Nutzen, Vorteil). Figur in Shakespeares »Hamlet«

Orania weibl., aus dem griech. »ourania« (die Himmlische). In der Mythologie ist Orania eine der neun Musen. *Weitere Formen:* Urania; Oriane (engl.); Orane (französ.)

Orell männl., schweiz. Form von Aurelius

Orella weibl., bask. Form von Aurelia

Orla weibl., Kurzform von Orsola (italien. Form von Ursula)

Ornella weibl., italien. Verkleinerungsform von Orania. *Bekannte Namensträgerin:* Ornella Muti, italien. Schauspielerin

Orschel weibl., schweiz. Kurzform von Ursula

Orsola weibl., italien. Form von Ursula

Ortensia weibl., rätoroman. Form von Hortensia

Ortfried männl., aus dem ahd. »ort« (Spitze) und »fridu« (Friede.). *Weitere Formen:* Ortfrid

Ortger männl., aus dem ahd. »ort« (Spitze) und »ger« (Speer)

Orthia weibl., Kurzform von Dorothea

Orthild weibl., aus dem ahd. »ort« (Spitze) und »hiltja« (Kampf). *Weitere Formen:* Orthilde

Ortlieb männl., aus dem ahd. »ort« (Spitze) und »leiba« (Erbe). *Weitere Formen:* Ortlibus

Ortlind weibl., aus dem ahd. »ort« (Spitze) und »linta« (Schutzschild aus Lindenholz). *Weitere Formen:* Ortlinde

Ortnit männl., aus dem ahd. »ort« (Spitze) und »nid« (Kampfeszorn, wilder Eifer, Missgunst). Ortnit ist eine Gestalt der Kudrunssage. *Weitere Formen:* Ortnid

Ortolf männl., aus dem ahd. »ort« (Spitze) und »wolf« (Wolf). *Weitere Formen:* Ortulf

Ortolt männl., Nebenform von Ortwald

Ortrud weibl., aus dem ahd. »ort« (Spitze) und »trud« (Kraft). Durch Wagners »Lohengrin« wurde der Name in Deutschland volkstümlich. *Weitere Formen:* Ortraud

Ortrun weibl., aus dem ahd. »ort« (Spitze) und »runa« (Zauber, Geheimnis)

Ortwald männl., aus dem ahd. »ort« (Spitze) und »waltan« (walten, herrschen)

Ortwin männl., aus dem ahd. »ort« (Spitze) und »wini« (Freund). Vorname mehrerer Figuren der deutschen Heldensagen. *Weitere Formen:* Ortwein

Osane weibl., aus dem bask. »osa« (gesund, heil; die Hilfe Bringende)

Osbert männl., Nebenform von Ansbert

Osberta weibl. Form von Osbert

Oscar männl., Nebenform von Oskar. *Bekannter Namensträger:* Oscar Wilde, engl. Schriftsteller

Oskar aus der Ossian-Dichtung des Schotten J. Macpherson übernommener Vorn.; Nebenform von Ansgar. Ende des 18. Jh. durch die Ossian-Dichtung in Deutschland bekannt, Ende des 19. Jh. volkstümlich geworden. Bekannte Redewendung: »frech wie Oskar«. *Weitere Formen:* Oscar, Ossi, Ossy. *Bekannte Namensträger:* Oskar I., König von Schweden; Oskar Kokoschka, österr. Maler; Oskar Lafontaine, deutscher Politiker

Osmar männl., aus dem ahd. »ans« (Gott) und »mari« (berühmt)

Osmund männl., aus dem ahd. »ans« (Gott) und »munt« (Schutz der Unmündigen)

Osmunde weibl. Form von Osmund

Ossi männl., Kurzform von Vorn. mit »os«, vor allem von Oskar oder Oswald. *Weitere Formen:* Ossy (engl.)

Ossip männl., russ. Form von Josef

Ostara weibl., »die im Ostermonat geborene«. *Weitere Formen:* Easter (engl.)

Osterhild weibl., aus dem ahd. »ostar« (nach Osten, Frühlingslicht) und »hiltja« (Kampf)

Osterlind weibl., aus dem ahd. »ostar« (nach Osten, Frühlingslicht) und »linta« (Schutzschild aus Lindenholz)

Oswald männl., aus dem ahd. »ans« (Gott) und »waltan« (walten, herrschen). Der Heilige Oswald von Northumbrien führte in seinem Land das

Christentum ein (7. Jh.). Durch angelsächsische und schottische Mönche fand der Name in Deutschland, vor allem im Alpenraum, Verbreitung. *Bekannte Namensträger:* Oswald von Wolkenstein, Tiroler Minnesänger; Oswald Boelke, deutscher Jagdflieger

Oswalda weibl. Form von Oswald. *Weitere Formen:* Oswalde

Oswin männl., aus dem ahd. »ans« (Gott) und »wini« (Freund)

Oswine weibl. Form von Oswin

Ota weibl., Nebenform von Oda; männl., tschech. Form von Otto; eindeutiger Zweitname erforderlich

Otberga weibl., Nebenform von Odilberga

Otbert männl., aus dem ahd. »ot« (Besitz) und »beraht« (glänzend)

Otberta weibl. Form von Otbert

Otburga weibl., aus dem ahd. »ot« (Besitz) und »beraht« (glänzend). *Weitere Formen:* Otburg

Otfried männl., aus dem ahd. »ot« (Besitz) und »fridu« (Friede). *Bekannter Namensträger:* Otfried von Weißenburg, Verfasser der Evangelienharmonie

Otfriede weibl. Form von Otfried

Otger männl., aus dem ahd. »ot« (Besitz) und »ger« (Speer). *Weitere Formen:* Otker; Edgar (engl.)

Otgund weibl., aus dem ahd. »ot« (Besitz) und »gund« (Kampf). *Weitere Formen:* Otgunde

Otgunde weibl., Nebenform von Otgund

Othild weibl., aus dem ahd. »ot« (Besitz) und »hiltja« (Kampf). *Weitere Formen:* Othilde

Othmar männl., Nebenform von Otmar

Othon männl., französ. Nebenform von Otto

Otil männl., Nebenform von Otto

Otlinde weibl., aus dem ahd. »ot« (Besitz) und »linta« (Schutzschild aus Lindenholz). *Weitere Formen:* Ottlinde, Utlinde

Otmar männl., aus dem ahd. »ot« (Besitz) und »mari« (berühmt). Die Verehrung des Heiligen Otmar von St. Gallen (8. Jh.) führte besonders im süddeutschen Raum zur Verbreitung. *Weitere Formen:* Ottmar, Othmar, Odomar; Omke, Omme,

Oomke (fries.). *Namenstag:* 16. November

Otmund männl., aus dem ahd. »ot« (Besitz) und »munt« (Schutz der Unmündigen)

Ott männl., Kurzform von Vornamen mit »ot« oder »ott«

Otte männl., Nebenform von Otto

Ottegebe weibl., aus dem ahd. »ot« (Besitz) und »geba« (Gabe, Geschenk). *Weitere Formen:* Geba, Ottogebe, Otgiva

Ottfried männl., Nebenform von Otfried

Ottheinrich männl., Doppelname aus Otto und Heinrich. *Bekannter Namensträger:* Ottheinrich, Kurfürst von der Pfalz

Ottheinz männl., Doppelname aus Otto und Heinz

Otthermann männl., Doppelname aus Otto und Hermann

Otti weibl., Kurzform von Ottilie

Ottilie weibl. Form von Otto oder Kurzform von Vorn. mit »Ot-«. *Weitere Formen:* Ottilia, Odilie, Odilia, Utilie

Ottmar männl., Nebenform von Otmar. *Bekannter Namensträger:* Ottmar Mergenthaler, deutscher Uhrmacher und Techniker

Otto männl., deutscher Vorn., selbstständig gewordene Kurzform von Vorn. mit »ot«. Ende des 19. Jh. war Otto einer der zwölf beliebtesten Namen in Berlin. *Weitere Formen:* Obbo, Odo, Okko, Onno, Otil, Ontje, Otte, Udo; Othon (französ.); Ottone, Oddo (italien.). *Bekannte Namensträger:* Otto Nicolai, deutscher Komponist; Otto von Bismarck, deutscher Reichskanzler; Otto Bierbaum, deutscher Schriftsteller und Lyriker; Otto Hahn, deutscher Physiker und Nobelpreisträger; Otto von Lilienthal, Flugpionier; Otto Dix, deutscher Maler; Otto Klemperer, deutscher Dirigent; Otto Eduard Hasse, deutscher Schauspieler; Otto W. Fischer, österr. Schauspieler; Otto Waalkes, deutscher Komiker; Otto Rehhagel, deutscher Fußballtrainer; Otto Schily, Rechtsanwalt und Politiker. *Namenstag:* 30. Juni

Ottokar männl., aus dem ahd. »ot« (Besitz) und »wakar« (munter, wachsam, wacker). Nebenform von Ordowakar. *Bekannter Namensträger:* König Ottokar II. von Böhmen

Ottone männl., italien. Form von Otto. *Weitere Formen:* Ottorino

Otwald männl., aus dem ahd. »ot« (Besitz) und »waltan« (walten, herrschen)

Otward männl., aus dem ahd. »ot« (Besitz) und »wart« (Hüter)

Otwin männl., aus dem ahd. »ot« (Besitz) und »wini« (Freund). *Weitere Formen:* Edwin (engl.)

Otwine weibl. Form von Otwin

Ove männl., schwed. Form von Uwe

Owe männl., nordfries. Form von Uwe. *Weitere Formen:* Ouwe

Owen männl., engl. Form von Eugen. *Bekannter Namensträger:* Owen D. Young, amerikan. Politiker und Wirtschaftsführer

Ozeana weibl., Nebenform von Oceana

Paale männl., fries. Form von Paul

Paavo männl., finn. Form von Paul. *Bekannter Namensträger:* Paavo Nurmi, finn. Rekordläufer

Pablo männl., span. Form von Paul. *Bekannte Namensträger:* Pablo Picasso, span. Maler; Pablo Casals, span. Cellist

Paddy männl., engl. Form von Patrick

Pál männl., ungar. Form von Paul

Palle männl., fries. Form von Paul

Palmira weibl. Form von Palmiro

Palmiro männl., aus dem Italien. übernommener Vorn. vom lat. »palma« (Palme), auf Palmsonntag bezogen oder »aus Palmyra«

Paloma weibl., aus dem span. »paloma« (die Taube). *Weitere Formen:* Palomina

Pals männl., fries. Form von Paul

Pamela weibl., engl. Vorn. wahrscheinlich griech. Ursprungs, »alles« und »Gesang«, wohl eine Erfindung Sir Philip Sidneys für eine Gestalt seines Romans »Arcadia« (1590). *Bekannte Namensträgerin:* Pamela Anderson, amerikan. Schauspielerin

Pamina weibl., aus Mozarts Oper »Die Zauberflöte« (1791) übernommener Vorn. wohl griech. Ursprungs, eigentlich »immerwährende Vollmondnacht«

Pancha weibl. Form von Pancho

Pancho männl., span. Koseform von Francisco

Pandora weibl., aus dem griech. »pan« (ganz) und »doron« (Gabe, Geschenk). Bekannt durch die griech. Sagengestalt, die aus einem Tongefäß alles Unheil unter die Menschen bringt (Büchse der Pandorra)

Panja weibl., russ. Kurzform von Vorn. mit »-nja«

Pankratius männl., aus dem griech. »pan« (ganz) und »krátos« (Kraft, Macht). Der Heilige Pankratius ist einer der Nothelfer. *Namenstag:* 12. Mai

Pankraz männl., Nebenform von Pankratius

Pankrazius männl., Nebenform von Pankratius

Pankrazia weibl. Form von Pankraz

Pantaleon männl., griech. Vorn. unklaren Ursprungs. Der Heilige Pantaleon von Nicomedia gehört zu den 14 Nothelfern. *Namenstag:* 27. Juli

Paola weibl., italien. Form von Paula

Paolo männl., italien. Form von Paul

Paridam männl., engl., eventuell eine Anlehnung an Paris, der französ. Form von Patrick. *Weitere Formen:* Paride (italien.)

Paris männl., Kurzform von Patrice, der französ. Form von Patricius

Parzival männl., von dem altfranzös. »Perceval« (Taldurchstreifer). Figur aus der Artussage. *Weitere Formen:* Parsifal, Parsival; Percival (engl.)

Pascal männl., französ. Form von Paschalis (der zu Ostern Geborene). *Weitere Formen:* Paschal, Pasquale, Pascual (italien.)

Pascale weibl. Form von Pascal

Paschalis männl., aus dem lat. »paschalis« (der zu Ostern Geborene). *Namenstag:* 17. Mai

Pat männl., Koseform von Patrick; weibl., Koseform von Patricia; eindeutiger Zweitname erforderlich

Patric männl., Nebenform von Patrick

Patricia weibl. Form von Patricius. *Weitere Formen:* Pat, Patty, Patsy; Patrice (engl.). *Bekannte Namensträgerinnen:* Gracia Patricia, Fürstin von Monaco; Patricia Highsmith, amerikan. Krimiautorin. *Namenstag:* 15. August

Patricius männl., aus dem lat. »patricius« (zum altröm. Adel gehörend, Patrizier). *Weitere Formen:* Patrizius; Patrice, Paris (französ.); Patrizio (italien.)

Patrick männlich, irisch-engl. Form von Patricius (zum altrömischen Adel gehörend). *Weitere Formen:* Patric, Paddy, Patty, Patrik, Pat. *Bekannte Namensträger:* Heiliger Patrick, Apostel und Schutzheiliger Irlands; Patrick Süskind, deutscher Schriftsteller; Patrick Lindner, deutscher Sänger. *Namenstag:* 17. März

Patrik männl., Nebenform von Patrick

Patrizia weibl., Nebenform von Patricia

Patrizius männl., Nebenform von Patricius

185

Patty männl., Koseform von Patrick; weibl., Koseform von Patricia; eindeutiger Zweitname erforderlich

Paul männl., aus dem lat. »paulus« (klein). Namensvorbild war der Apostel Paulus, der mit jüdischem Vorn. eigentlich Saul (lat. Saulus) hieß. Nach seiner Bekehrung zu Christus wechselte er den Namen (daher auch die Redwendung »vom Saulus zum Paulus«). *Weitere Formen:* Paulinus; Pole (niederd.); Paale, Pals (fries.); Paulus (lat., niederländ.); Paolo (italien.); Pawel, Pavel (slaw.); Pablo (span.); Paavo (finn.); Poul (dän.); Pál (ungar.). *Bekannte Namensträger:* Paul Gerhardt, deutscher Kirchenlieddichter; Paul Verlaine, französ. Dichter; Paul Gauguin, französ. Maler; Paul Cézanne, französ. Maler; Paul Lincke, deutscher Komponist; Paul Klee, deutscher Maler; Paul Hindemith, deutscher Komponist; Paul Newman, amerikan. Filmschauspieler; Paul McCartney, engl. Popmusiker; Paul Simon, amerikan. Popmusiker. *Namenstag:* 29. Juni

Paula weibl. Form von Paul. *Weitere Formen:* Paulina, Pauline, Paula (engl., französ., span.); Paule, Paulette (französ.); Paola, Paolina (italien.); Pavla, Pola (slaw.). *Bekannte Namensträgerinnen:* Paula Modersohn-Becker, deutsche Malerin; Paula Wessely, österr. Schauspielerin. *Namenstag:* 26. Januar

Paule, Paulette weibl, französ. Formen von Paula

Paulina weibl., Nebenform von Paula

Pauline weibl., Nebenform von Paula

Paulinus männl., erweiterte Form von Paul. *Weitere Formen:* Paulin; Polin (rätoroman.)

Paulus männl., lat. und niederländ. Form von Paul

Pavla weibl., slaw. Form von Paula

Pawel männl., slaw. Form von Paul

Peder männl., dän. Form von Peter

Pedro männl., span. Form von Peter

Peeke männl., fries. Form von Peter

Peer männl., schwed. und fries. Form von Peter. Bekannt durch Ibsens Drama »Peer Gynt«

Pelle männl., schwed. Form von Peter

Peppo männl., italien. Kurzform von Joseph

Per männl., schwed. Form von Peter

Percy männl., engl. Kurzform von Parzival. *Bekannter Namensträger:* Percy Bysshe Shelley, engl. Dichter

Peregrina weibl. Form von Peregrinus

Peregrinus männl., aus dem lat. »peregrinus« (fremd, der Fremde)

Perette weibl., französ. Form von Petra

Petar männl., bulgar. Form von Peter

Pete männl., Kurzform von Peter

Peter männl., deutsche Form von Petrus (griech. »pétros« Felsblock, Stein). Als Name des Apostels Paulus fand Peter schon früh in die christliche Welt. Petrus, der erste Bischof von Rom, erlitt dort den Märtyrertod. Über seinem Grab wurde die Peterskirche errichtet. Im Mittelalter gehörte Peter zu den beliebtesten Namen. *Weitere Formen:* Pete, Petz, Pitt, Pit; Pierre (französ.); Piet, Pieter (niederländ.); Pier, Peko, Peer, Peeke (fries.); Pier, Pietro, Piero (italien.); Pedro, Pérez (span.); Peder (dän.); Per, Peer, Pelle, Pär (schwed.); Petr, Pjotr (russ.); Piotre (poln.); Petar (bulgar.); Pes (slaw.); Petö (ungar.). *Bekannte Namensträger:* Peter der Große, Zar von Russland; Peter Paul Rubens,

niederländ. Maler; Peter Tschaikowski, russ. Komponist; Peter Kreuder, deutscher Komponist; Peter Bamm, deutscher Schriftsteller; Peter Frankenfeld, deutscher Fernsehunterhalter; Peter Alexander, österr. Filmschauspieler, Schlagersänger und Showmaster; Peter Ustinov, engl. Schauspieler und Schriftsteller; Peter Gabriel, engl. Rocksänger; Peter Kraus, Schlagersänger und Teenageridol der Sechzigerjahre; Peter Ludwig, Unternehmer, Kunstmäzen und Sammler; Peter Maffay, deutscher Rockmusiker; Peter Weck, österr. Schauspieler und Regisseur; Peter Zadek, deutscher Theaterregisseur; Peter Hofmann, deutscher Opern- und Musicalsänger; Peter Falk, amerikan. Schauspieler; Peter Scholl-Latour, deutscher Journalist. *Namenstag:* 29. Juni

Petö männl., ungar. Form von Peter

Petr männl., tschech. und russ. Form von Peter

Petra weibl. Form von Peter. *Weitere Formen:* Perette, Pierrette, Pierrine (französ.); Pietra, Pierina (italien.); Peekje, Pietje, Pierke, Pierkje, Piertje, Peterke, Petje, Petke, Pieterke (fries.); Peetje (niederländ.). *Bekannte Namensträgerinnen:* Petra Kelly, deutsche Politikerin; Petra Schürmann, deutsche Fernsehmoderatorin

Petrissa weibl., erweiterte Form von Petra. *Weitere Formen:* Petrisse

Petronella weibl., italien. Koseform von Petronia. *Weitere Formen:* Petronilla. *Bekannte Namensträgerin:* Heilige Petronella, Märtyrerin aus dem I. Jh.

Petronelle weibl., französ. Koseform von Petronia. *Weitere Formen:* Petronille

Petronia weibl. Form von Petronius

Petronius männl., lat., »zum altröm. Geschlecht der Petronier gehörend«, ursprünglich aus dem griech. »pétros« (Felsblock, Stein)

Petrus männl., vom griech. »pétros« (Felsblock, Stein)

Petula weibl., aus dem lat. »petulans« (mutwillig, ausgelassen)

Petz männl., Kurzform von Peter

Phil männl., engl. Kurzform von Philipp. *Bekannter Namensträger:* Phil Collins, engl. Sänger

Phila weibl., Kurzform von Philomele

Philhard männl., Doppelname aus Philipp und Gerhard

Philine weibl., griech., »Geliebte, Freundin«

Philip männl., engl. Form von Philipp

Philipp männl., aus dem griech. »philos« (Freund) und »hippos« (Pferd). Durch den Apostel Philippus verbreitete sich der Name in der christlichen Welt. Im 12. Jh. gehörte Philipp im Rheinland zu den beliebtesten Vornamen. Bekannt ist auch die Figur des »Zappelphilipp« in H. Hoffmanns Struwwelpeter. *Weitere Formen:* Lipp, Lips, Fips; Philip, Phil (engl.); Philippe (französ.); Filippo, Lippo (italien.); Felipe (span.); Filip (slaw.); Filko, Fülöp (ungar.). *Bekannte Namensträger:* Philipp II., König von Mazedonien und Vater von Alexander dem Großen; Philipp II. von Spanien, Sohn Kaiser Karls V., Vorkämpfer der katholischen Reform; Philipp Melanchthon, deutscher Humanist und Reformator; Carl Philipp Emanuel Bach, deutscher Komponist; Georg Philipp Telemann, deutscher Komponist; Philipp Otto Runge, deutscher Maler und Schriftsteller; Johann Philipp Reis, deutscher Physiker; Philipp Scheidemann, deutscher Politiker. *Namenstag:* 3. Mai

Philippa weibl. Form von Philipp. *Weitere Formen:* Filippa (italien.); Felipa (span.); Filipa (slaw.)

Philippe männl., französ. Form von Philipp

Philippine weibl., französ. Form von Philippa

Philo männl., aus dem griech. »philos« (Freund, Liebhaber)

Philomele weibl., griech., »Freundin des Gesangs (Nachtigall)«. *Weitere Formen:* Philomela

Philomene weibl., griech. »philéon« (lieben, liebkosen) und »oumós« (mir bestimmt). Die Heilige Philomena war eine frühchristliche Märtyrerin und italien. Volksheilige. *Weitere Formen:* Philomena. *Namenstag:* 11. August

Phöbe weibl. Form von Phöbus, Beiname der Artemis als Mondgöttin. *Weitere Formen:* Phoebe

Phöbus männl., griech., »der Strahlende, der Glänzende«. Phöbus ist der Beiname Apollos

Phyllis weibl., aus dem griech. »phyllás« (Belaubung, Blätterhaufen). Phyllis ist nach der griech. Mythologie die Geliebte Demophons gewesen und wurde nach ihrem Tod in einen Mandelbaum verwandelt

Pia weibl. Form von Pius. *Namenstag:* 6. Januar

Piata weibl., Nebenform von Pia

Pidder männl., nordfries. Form von Peter

Pier männl., italien., niederländ. und fries. Kurzform von Peter. *Weitere Formen:* Pierke, Pierkje, Piertje. *Bekannter Namensträger:* Pier Paolo Pasolini, italien. Filmregisseur

Piera weibl. Form von Piero

Pierangela weibl., italien. Doppelname aus Piera und Angela

Pierette weibl., französ. Koseform von Petra

Pierina weibl., italien. Form von Petra

Piero männl., italien. Form von Peter

Pierre männl., französ. Form von Peter. *Bekannte Namensträger:* Pierre Curie, französ. Physiker; Pierre Boulez, französ. Komponist; Pierre Littbarski, deutscher Fußballspieler; Pierre Brice, französ. Schauspieler

Pierrine weibl., französ. Koseform von Petra

Piet männl., niederländ. Form von Peter

Pieter männl., niederländ. Form von

Peter. *Bekannter Namensträger:* Pieter Breughel, niederländ. Maler

Pieterke weibl., fries. Koseform von Petra. *Weitere Formen:* Pietje

Pietje weibl., fries. Form von Petra

Pietro männl., italien. Form von Peter

Pikka weibl., lappländ. Kurzform von Brigitta

Pilar weibl., span.; eine Abkürzung aus Maria del Pilar, einem wundertätigen Marienbild am Pfeiler einer span. Kirche. Pilar wurde aus religiöser Ehrfurcht stellvertretend für Maria als Taufname gewählt. Auch als männl. Vorn. *Namenstag:* 12. Oktober

Pim männl., niederländ. Koseform von Wilhelm

Pinkas männl., Nebenform von Pinkus. *Bekannter Namensträger:* Pinkas Braun, deutscher Filmschauspieler

Pinkus männl., hebr., »der Gesegnete«

Piotre männl., poln. Form von Peter

Pippa weibl., italien. Kurzform von Philippa. Bekannt auch durch G. Hauptmanns Schauspiel »Und Pippa tanzt«

Pippi weibl., eventuell Kurzform von Philippa. Bekannt durch »Pippi Langstrumpf«, beliebte Figur aus Büchern von Astrid Lindgren

Pippo männl., italien. Koseform von Filippo

Pirkko weibl., finn. Form von Brigitta

Pirmin männl., Vorn. mit unklarer Herkunft und Bedeutung. Als Name des Heiligen Pirmin (8. Jh.) vor allem im Südwesten Deutschlands verbreitet. *Bekannter Namensträger:* Pirmin Zurbriggen, schweiz. Skirennläufer

Piroschka weibl., ungar. Form von Prisca. Bekannt durch den Film »Piroschka« mit Liselotte Pulver. *Weitere Formen:* Piroska

Pit männl., Kurzform von Peter

Pitt männl., Kurzform von Peter. *Weitere Formen:* Pitter

Pius männl., aus dem lat. »pius« (fromm, gottesfürchtig, tugendhaft). Als Papstname geläufig. *Namenstag:* 21. August, 30. April

Pjotr männl., russ. Form von Peter

Placida weibl. Form von Placidus

Placidus männl., aus dem lat. »placide« (sanft, ruhig). *Weitere Formen:* Placido (span.). *Bekannte Namensträger:* Placido Domingo, span. Tenor; Placidus Heinrich, deutscher Mönch und Naturforscher

Pola weibl., slaw. Form von Paula

Poldi männl. Form von Leopold; weibl. Form von Leopoldine; eindeutiger Zweitname erforderlich

Pole männl., niederd. Form von Paul. Bekannt auch durch »Pole Poppenspieler«, einer Erzählung von Th. Storm. *Weitere Formen:* Pol, Polet, Polin (rätoroman.)

Polly weibl., engl. Koseform von Mary

Polyxenia weibl., aus dem griech. »polyxenos« (gastfrei, gastlich aufnehmend). *Weitere Formen:* Xenia

Poul männl., dän. Form von Paul

Prisca weibl., aus dem lat. »priscus« (nach alter Art, streng, ernsthaft). *Namenstag:* 18. Januar

Priscilla weibl., Nebenform von Prisca. *Weitere Formen:* Priszilla, Priska, Cilla, Cilli, Piri, Pirka; Piroschka (ungar.). *Bekannte Namensträgerinnen:* Priscilla Presley, amerikan. Schauspielerin; Priszilla, Person aus dem Neuen

Testament der Bibel, Missionarin und Prophetin des frühen Christentums

Prosper männl., aus dem lat. »prosperus« (glücklich, günstig). *Weitere Formen:* Prospero (italien.). *Bekannte Namensträger:* Prosper Mérimée, franzos. Dichter; Prosper Tiro von Aquitanien, spätantiker Schriftsteller und Heiliger, Schutzpatron der Dichter

Prudens männl., aus dem lat. »prudens« (klug, besonnen)

Prudentia weibl., aus dem lat. »prudentia« (Klugheit, Umsicht)

Pulcheria weibl., aus dem lat. »pulchra« (schön, der Gestalt und dem Ansehen nach)

Quentin männl., französ. und engl. Form von Quintus

Quintus männl., aus dem lat. »quintus« (der Fünfte). *Weitere Formen:* Quint, Quintinus

Quint männl., Kurzform von Quintus

Quirinus männl., aus dem lat. »quirinus« (der Kriegerische oder Mann aus Quirinum). *Bekannte Namensträger:* Heiliger Quirinus von Neuß; Heiliger Quirinus von Tegernsee; Quirinus Kuhlmann, deutscher Dichter

Quirin männl., Kurzform von Quirinus. *Weitere Formen:* Corin (französ.). *Namenstag:* 30. April

Raban männl., aus dem ahd. »hraban« (Rabe). *Weitere Formen:* Rabanus (latinisiert). *Namenstag:* 4. Februar

Rabea weibl., aus dem arab. »rabi« (Frühling) oder »rabja« (ein Mädchen). *Bekannte Namensträgerin:* Rabea Grand, schweiz. Skirennläuferin

Rachel weibl., Nebenform von Rahel

Rachele weibl., italien. Form von Rahel. *Weitere Formen:* Rachelle

Rachil weibl., russ. Form von Rahel

Rada weibl., Kurzform von Vorn. mit »rade«

Radegunde weibl., aus dem ahd. »rat« (Ratgeber) und »gund« (Kampf). *Weitere Formen:* Radegund; Radegonde (französ.). *Namenstag:* 12. August

Radek männl., slaw. Kurzform von Vorn. mit »rada« oder »rado«, vor allem von Radomil. *Weitere Formen:* Rado

Radka weibl. Form von Radek

Radlof männl., Nebenform von Radolf

Radmila weibl. Form von Radomil. *Weitere Formen:* Radomila, Radomilla

Radolf männl., aus dem ahd. »rat« (Ratgeber) und »wolf« (Wolf). *Weitere Formen:* Radlof, Radulf, Ralf; Relf (fries.); Raoul (französ.); Randal, Ralph (engl.); Raúl (span.). *Bekannter Namensträger:* Heiliger Radolf, Erzbischof von Bourges

Radomil männl., aus dem slaw. »rad« (froh) und »milyj« (lieb, angenehm)

Radomila weibl. Form von Radomil, auch Radomilla

Radulf männl., Nebenform von Radolf

Rafael männl., Nebenform von Raphael. *Bekannter Namensträger:* Rafael Kubelik, tschech. Dirigent

Raff männl., Kurzform von Waltram

Raffael männl., Nebenform von Raphael

Raffaela weibl., italien. Form von Raphaela

Raffaelo männl., italien. Form von Raphael. *Bekannter Namensträger:* Raffaelo Santi, italien. Maler

Raginald männl., ursprüngliche Form von Reinold

Ragna weibl., nord. Kurzform von Vorn. mit »Ragn-« (entspricht »Rein-«)

Ragnar männl., nord. Form von Rainer

Ragnhild weibl., nord. Form von Reinhild. *Bekannte Namensträgerin:* Ragnhild, Prinzessin von Norwegen

Rahel weibl., aus der Bibel übernommener Vorn. hebr. Ursprungs, »Mutterschaf«. Rahel ist im Alten Testament die Frau Jakobs und die Mutter von Joseph und Benjamin. *Weitere Formen:* Rachel, Recha; Rachele, Rachelle (italien.); Raquel (span.); Rachil (russ.); Rahil (arab.). *Bekannte Namensträgerin:* Rahel Levin, Gattin von V. von Ense und Brieffreundin zahlreicher bedeutender Literaten und Philosophen ihrer Zeit

Raika weibl., Kurz- und Koseform von verschiedenen slaw. Vorn. *Weitere Formen:* Rajka

Raimar männl., Nebenform von Reimar

Raimo männl., Nebenform von Reimo

Raimond männl., Nebenform von Raimund

Raimund männl., *Herkunft:* aus dem ahd. »regin« (Rat, Beschluss) und »munt« (Schutz der Unmündigen). *Weitere Formen:* Raimond, Reimund, Reinmund, Raimo, Reim, Reime, Rehm; Ramón (span.); Raymond (engl., französ.); Ray (engl.); Raimondo (italien.); Reemt (fries.). *Namenstag:* 23. Januar

Raimunde weibl. Form von Raimund. *Weitere Formen:* Raimunda, Reimunde; Raymonde (französ.); Reemde (fries.)

Rainald männl., Nebenform von Reinold. *Weitere Formen:* Reinald. *Bekannter Namensträger:* Rainald von Dassel, Erzbischof von Köln und Reichskanzler von F. Barbarossa

Rainer männl., aus dem ahd. »regin« (Rat, Beschluss) und »heri« (Heer). Dieser frühere Adelsname ist in der ersten Hälfte des 20. Jh. durch die Rilkebegeisterung volkstümlich geworden. *Weitere Formen:* Reiner, Reinar, Regino, Rackner, Regner, Renner; Rainier, Régnier (französ.); Ragnar (nord.); Regnerus (lat.). *Bekannte Namensträger:* Rainer Maria Rilke, österr.

Dichter; Rainer Barzel, deutscher Politiker; Rainer Bonhof, deutscher Fußballspieler; Rainer Werner Fassbinder, deutscher Schauspieler und Filmemacher; Rainer Hunold, deutscher Schauspieler; Rainer Eppelmann, deutscher Theologe und Politiker. *Namenstag:* 11. April, 4. August

Rainier männl., französ. Form von Rainer. *Bekannter Namensträger:* Rainier III., Fürst von Monaco

Raja weibl., russ. Kurzform von Rachil oder aus dem russ. »raj« (Paradies)

Ralf männl., Kurzform von Radolf. *Bekannter Namensträger:* Ralf Dahrendorf, deutscher Soziologe und Politiker

Ralph männl., engl. Form von Radolf. *Bekannter Namensträger:* Ralph Benatzky, österr. Operettenkomponist

Rambald männl., aus dem ahd. »hraban« (Rabe) und »bald« (kühn). *Weitere Formen:* Rambalt, Rambold, Ramphold, Rambo

Rambert männl., aus dem ahd. »hraban« (Rabe) und »beraht« (glänzend)

Rambod männl., aus dem ahd. »hraban« (Rabe) und »boto« (Bote)

Ramón männl., span. Form von Raimund

Ramona weibl. Form von Ramón. *Bekannte Namensträgerin:* Ramona Leiß, deutsche Fernsehmoderatorin

Randal männl., engl. Form von Randolf

Randi weibl., aus dem Nord. übernommene Kurzform von Reinhild

Rando männl., Kurzform von Vorn. mit »rand«, z. B. von Randolf, Randolt oder Randwig

Randold männl., Nebenform von Randolt

Randolf männl., aus dem ahd. »rant« (Schild) und »wolf« (Wolf). *Weitere Formen:* Randulf, Rando; Randal, Randall, Randolph (engl.)

Randolph männl., engl. Form von Randolf

Randolt männl., aus dem ahd. »rant« (Schild) und »waltan« (walten, herrschen). *Weitere Formen:* Randold

Randwig männl., aus dem ahd. »rant« (Schild) und »wig« (Kampf). *Weitere Formen:* Rantwig

Ranka weibl. Form von Ranko

Ranko männl., aus dem slowak. »rany« (frühauf, Frühaufsteher)

Rantwig männl., Nebenform von Randwig

Raoul männl., französs. Form von Radolf. *Bekannter Namensträger:* Raoul Dufy, französs. Maler

Raphael männl., aus der Bibel übernommener Vorn. hebr. Ursprungs, »rapha'el« (Gott heilt). *Weitere Formen:* Raffael, Rafael; Raffaele, Raffaelo, Raffaello (italien.). *Namenstag:* 29. September, 24. Oktober

Raphaela weibl. Form von Raphael. *Weitere Formen:* Raffaele, Rafaela; Raffaela (italien.)

Rappo männl., Nebenform von Ratbold. *Weitere Formen:* Rappold, Rappolt, Rabbold

Raquel weibl., span. Form von Rahel. *Bekannte Namensträgerin:* Raquel Welch, amerikan. Schauspielerin

Rasmus männl., Nebenform von Erasmus

Rasso männl., Kurzform von Vorn. mit »rat«

Ratbald männl., aus dem ahd. »rat« (Ratgeber) und »bald« (kühn). *Weitere*

Formen: Ratbold, Rappold, Rappolt, Rappo

Ratbert männl., aus dem ahd. »rat« (Ratgeber) und »beraht« (glänzend)

Ratberta weibl. Form von Ratbert

Rathard männl., aus dem ahd. »rat« (Ratgeber) und »harti« (hart)

Rathild weibl., aus dem ahd. »rat« (Ratgeber) und »hiltja« (Kampf). *Weitere Formen:* Rathilde

Rathold männl., aus dem ahd. »rat« (Ratgeber) und »waltan« (walten, herrschen)

Ratilo männl., Verkleinerungsform von Rato

Ratmar männl., aus dem ahd. »rat« (Ratgeber) und »mari« (berühmt)

Ratmund männl., aus dem ahd. »rat« (Ratgeber) und »munt« (Schutz der Unmündigen)

Rato männl., Kurzform von Vorn. mit »Rat-«

Ratward männl., aus dem ahd. »rat« (Ratgeber) und »wart« (Schutz)

Raul männl., eingedeutschte Form von Raoul

Raunhild weibl., Nebenform von Runhild

Rautgunde weibl., vielleicht aus dem ahd. »rat« (Ratgeber) und »gund« (Kampf). *Weitere Formen:* Raute

Ray männl., engl. Kurzform von Raimund. *Bekannter Namensträger:* Ray Charles, amerikan. Sänger

Raya weibl. Form von Ray

Raymond männl., engl. und französ. Form von Raimund

Rebecca weibl., engl. Form von Rebekka. *Bekannte Namensträgerin:* Rebecca West, angloirische Schriftstellerin

Rebekka weibl., aus der Bibel übernommener Vorn. hebr. Ursprungs, die Bestrickende? Im Alten Testament ist Rebekka die Frau Isaaks und die Mutter von Esau und Jakob. Bekannt auch durch W. Scotts Roman »Ivanhoe« (1819). *Weitere Formen:* Rebecca (engl.)

Recha weibl., aus der Bibel übernommener Name. Figur in »Nathan der Weise« von Lessing. *Weitere Form:* Reka

Redelf männl., Nebenform von Radolf

Redlef männl., Nebenform von Redelf

Redlof männl., Nebenform von Redelf

Redward männl., fries. Form von Ratward. *Weitere Formen:* Redwart, Redwert, Reduard

Reemt männl., fries. Form von Raimund

Regelinde weibl., aus dem ahd. »regin« (Rat, Beschluss) und »lind« (weich, lind, zart). *Weitere Formen:* Reglinde, Reglindis, Reilinde, Reela, Rela, Rele

Regina weibl., aus dem lat. »regina« (Königin, womit nach der christlichen Bedeutung Maria als Himmelskönigin gemeint ist). *Weitere Formen:* Regine, Gina, Ina, Rega. *Bekannte Namensträgerin:* Regine Hildebrandt, deutsche Politikerin

Reginald männl., engl. Form von Reinold

Regino männl., Kurzform von Reginald

Regis männl., Nebenform von Remigius

Regnerus männl., latinisierte Form von Rainer

Régnier männl., französ. Form von Rainer

Regula weibl., aus dem lat. »regula« (Regel, Richtschnur). *Weitere Formen:* Regele

Reich männl., fries. Form von Richard

Reichard männl., Nebenform von Richard

Reimar männl., aus dem ahd. »regin« (Rat, Beschluss) und »mari« (berühmt). *Weitere Formen:* Reinmar, Raimar, Raimer, Reimer

Reimara weibl. Form von Reimar

Reimbert männl., Nebenform von Reinbert. *Weitere Formen:* Reimbrecht, Reinbrecht, Rembert, Rimbert; Reimert (niederd., niederländ.)

Reimbod männl., aus dem ahd. »regin« (Rat, Beschluss) und »boto« (Bote)

Reimo männl., Kurzform von Vorn. mit »reim«

Reimund männl., Nebenform von Raimund

Reimut männl., aus dem ahd. »regin« (Rat, Beschluss) und »muot« (Geist, Gesinnung)

Reimute weibl. Form von Reimut

Reina weibl., ostfries. Kurzform von Vorn. mit »rein«

Reinar männl., Nebenform von Rainer

Reinbert männl., aus dem ahd. »regin« (Rat, Beschluss) und »beraht« (glänzend)

Reinberta weibl. Form von Reinbert

Reinburg weibl., aus dem ahd. »regin« (Rat, Beschluss) und »burg« (Schutz). *Weitere Formen:* Reinburga

Reinecke männl., fries. Form von Vorn. mit »rein«. Bekannt ist »Reinecke Fuchs« als Fabelwesen

Reiner männl., Nebenform von Rainer

Reinfried männl., aus dem ahd. »regin« (Rat, Beschluss) und »fridu« (Friede)

Reinfriede weibl. Form von Reinfried

Reingard weibl., aus dem ahd. »regin« (Rat, Beschluss) und »gard« (Schutz)

Reinhard männl., aus dem ahd. »regin« (Rat, Beschluss) und »harti« (hart, stark). *Weitere Formen:* Reinhart, Raginhard. *Bekannter Namensträger:* Reinhard Mey, deutscher Liedermacher

Reinharda weibl. Form von Reinhard. *Weitere Formen:* Reinharde, Reinhardine

Reinhild weibl., aus dem ahd. »regin« (Rat, Beschluss) und »hiltja« (Kampf). *Weitere Formen:* Reinhilde, Rendel; Ragna, Randi, Ragnhild (nord.). *Bekannte Namensträgerin:* Reinhild Hoffmann, deutsche Choreografin. *Namenstag:* 30. Mai

Reinhilde weibl., Nebenform von Reinhild

Reinhold männl., Nebenform von Reinold mit Anlehnung an das Adjektiv »hold«. *Bekannte Namensträger:* Reinhold Schneider, deutscher Schriftsteller; Reinhold Messner, österr. Bergsteiger

Reinka weibl., ostfries. Form von Reinharda

Reinke weibl. und männl. fries. Koseform von Vorn. mit »rein«; eindeutiger Zweitname erforderlich

Reinko männl., ostfries. Form von Reinhard

198

Reinmar männl., aus dem ahd. »regin« (Rat, Beschluss) und »mari« (berühmt). *Bekannter Namensträger:* Reinmar von Hagenau, mhd. Dichter

Reinmund männl., Nebenform von Reimund

Reinold männl., von Raginald, aus dem ahd. »regin« (Rat, Beschluss) und »waltan« (walten, herrschen). Der Name entwickelte sich von Raginald. Im Mittelalter verbreiteter und volkstümlich gewordener Name durch den Heiligen Reinoldus, Schutzpatron von Dortmund. *Weitere Formen:* Raginald, Reinald, Reinhold; Reginald (engl.); Reinaud, Renault (französ.); Rinaldo (italien.); Ronald (schott.). *Namenstag:* 7. Januar

Reintraud weibl,. aus dem ahd. »regin« (Rat, Beschluss) und »trud« (Kraft, Stärke). *Weitere Formen:* Reintraude, Reintrud

Reinulf männl., aus dem ahd. »regin« (Rat, Beschluss) und »wolf« (Wolf). *Weitere Formen:* Rainulf, Reinolf

Reinwald männl., aus dem ahd. »regin« (Rat, Beschluss) und »waltan« (walten, herrschen) oder Nebenform von Reinold

Reinward männl., aus dem ahd. »regin« (Rat, Beschluss) und »wart« (Schutz)

Reitz männl., Nebenform von Heinrich

Reja weibl., aus dem Russ. übernommener Vorn. lat. Ursprungs, »aurea« (golden). *Weitere Formen:* Rejane

Reka weibl., hebr., »weich, zart«

Relf männl., fries. Kurzform von Radolf. *Weitere Formen:* Reelef, Reeleff, Reelf

Relke weibl., fries. Nebenform von Roelke

Relia weibl., ungar. Kurzform von Aurelia

Remigius männl., aus dem lat. »remigare« (rudern). Der Heilige Remigius war im 6. Jh. Missionar in Franken

Remmert männl., fries. Form von Reimbert

Remo männl., italien. Form von Remus

Remus männl., aus dem lat. »remus« (Ruder). Der Sage nach ist Remus der Bruder von Romulus und Mitbegründer Roms. Die Brüder wurden ausgesetzt und von einer Wölfin ge-

säugt. Bei der Stadtgründung wurde Remus von seinem Bruder erschlagen

Rena weibl., fries. Kurzform von Vorn. mit »rein« und Kurzform von Irena, Renata oder Verena

Renata weibl., italien. Form von Renate. *Bekannte Namensträgerin:* Renata Tebaldi, italien. Opernsängerin

Renate weibl. Form von Renatus. *Weitere Formen:* Rena, Reni, Rene, Nate, Nata, Nati; Rentje, Rena (fries); Renata (italien.); Renée, Renette (franzÖs.). *Namenstag:* 22. Mai

Renato männl., italien. Form von Renatus

Renatus männl., aus dem lat. »renatus« (wieder geboren). *Weitere Formen:* Renato, Reno (italien.); René (franzÖs.)

Rene weibl., Kurzform von Renate

René männl., franzÖs. Form von Renatus. *Bekannte Namensträger:* René Descartes, franzÖs. Philosoph; René Schickele, franzÖs. Schriftsteller; René Clair, franzÖs. Filmregisseur; René Kollo, deutscher Opernsänger; René Deltgen, deutscher Schauspieler

Renée weibl., franzÖs. Form von Re-

nate. *Bekannte Namensträgerin:* Renée Sintenis, deutsche Bildhauerin

Renette weibl., franzÖs. Form von Renate

Reni weibl., Kurzform von Irene oder Renate

Renja männl., russ. Form von Andrej; weibl., russ. Form von Regina; eindeutiger Zweitname erforderlich

Renka weibl., fries. Form von Reinharda. *Weitere Formen:* Renke

Renke männl., fries. Form von Reinhard oder niederd. Kurzform von Vorn. mit »Rein-«. *Weitere Formen:* Renko

Reno männl., italien. Kurzform von Renatus

Rentje weibl., fries. Kurzform von Vorn. mit »rein«, vor allem von Renate. *Weitere Formen:* Rensje, Renske, Renskea

Renz männl., Kurzform von Laurentius

Renza weibl., italien. Kurzform von Lorenza

Renzo männl., italien. Kurzform von Lorenzo

Resi weibl., Kurzform von Therese

Rex männl., engl. Kurzform von Reginald; auch an das lat. »rex« (König) angelehnt. *Bekannter Namensträger:* Rex Harrison, engl. Schauspieler

Rhea weibl., aus der griech. Mythologie übernommener Vorn., Bedeutung unklar. *Weitere Formen:* Rea

Rhoda weibl., engl. Vorn. griech. Ursprungs, »rhódon« (Rose)

Rhonda weibl., engl. Vorn. walis. Ursprungs, ursprünglich Flussname, »laut, brausend«

Ria weibl., Kurzform von Maria. *Bekannte Namensträgerin:* Ria Baran-Falk, deutsche Eiskunstläuferin

Rica weibl., span. Kurzform von Richarda und Vorn. mit »rike«

Ricarda weibl., span. Form von Richarda. *Bekannte Namensträgerin:* Ricarda Huch, deutsche Schriftstellerin

Ricardo männl., span. Form von Richard

Ricca weibl., italien. Kurzform von Riccarda

Riccarda weibl., italien. Form von Richarda

Riccardo männl., italien. Form von Richard

Ricci männl., italien. Kurzform von Riccardo

Ricco männl., italien. Kurzform von Riccardo

Richard männl., aus dem Engl. übernommen. Durch die Begeisterung für Shakespeares Dramen »Richard II.« und »Richard III.« wurde dieser Name in Deutschland in der ersten Hälfte des 19. Jh. verbreitet. *Weitere Formen:* Reich, Ritsch; Riek, Righard, Rikkert, Rikkart, Ritserd, Rickert, Ritser, Ritzard (fries.); Richard, Rick, Ricky, Dick, Dicky, Hick, Hobe (engl.); Riccardo, Ricco, Rico (italien.); Ricard (französ.); Rickard (schwed.). *Bekannte Namensträger:* Richard Löwenherz, engl. König; Richard Wagner, deutscher Komponist; Richard Dehmel, deutscher Lyriker, Richard Strauss, österr. Komponist; Richard Rodgers, amerikan. Musicalkomponist; Richard von Weizsäcker, deutscher Bundespräsident von 1984–1994; Richard Burton, amerikan. Schauspieler; Richard Chamberlain, amerikan. Schauspieler; Richard Dreyfuss, amerikan. Schauspieler und Oscarpreisträger; Richard Gere, amerikan. Schauspieler; Richard Nixon, 37. Präsident der Vereinigten Staaten; Richard Tauber, deutscher Tenor. *Namenstag:* 3. April

Richarda weibl. Form von Richard. *Weitere Formen:* Rika, Richardine, Richardis; Riccarda, Ricca (italien.); Ricarda, Rica (span.)

Richbald männl., aus dem ahd. »rihhi« (reich, mächtig) und »bald« (kühn)

Richbert männl., aus dem ahd. »rihhi« (reich, mächtig) und »beraht« (glänzend)

Richhild weibl., aus dem ahd. »rihhi« (reich, mächtig) und »hiltja« (Kampf). *Weitere Formen:* Richhilde

Richlind weibl., aus dem ahd. »rihhi« (reich, mächtig) und »linta« (Schutzschild aus Lindenholz). *Weitere Formen:* Richlinde

Richmar männl., aus dem ahd. »rihhi« (reich, mächtig) und »mari« (berühmt). *Weitere Formen:* Rigomar; Rickmer (fries.)

Richmut männl., aus dem ahd. »rihhi« (reich, mächtig) und »muot« (Geist, Gesinnung). *Weitere Formen:* Richmodis

Richmute weibl. Form von Richmut

Richwald männl., aus dem ahd. »rihhi« (reich, mächtig) und »waltan«

(walten herrschen). *Weitere Formen:* Richold

Richwin männl., aus dem ahd. »rihhi« (reich, berühmt) und »wini« (Freund). *Weitere Formen:* Reichwin

Rick männl., engl. Kurzform von Richard

Ricka weibl., Koseform von Friederike und anderen Vorn. mit »-rike«. *Weitere Formen:* Ricke, Rickele, Rickeltje

Rickard männl., schwed. Form von Richard

Rickert männl., fries. Form von Richard

Ricky männl., engl. Koseform von Richard

Rico männl., italien. Kurzform von Riccardo. *Weitere Formen:* Riko, Ricco. *Bekannter Namensträger:* Rico Steinmann, deutscher Fußballspieler

Ridolfo männl., italien. Form von Rudolf

Rieghard, Riek männl., fries. Formen von Richard

Rieka weibl., Koseform von Friederike oder anderen Vorn. mit »-rike«. *Weitere Formen:* Rieke

202

Rienzo männl., italien. Form von Laurentius

Rigbert männl., Nebenform von Richbert. *Weitere Formen:* Rigobert

Righard männl., fries. Formen von Richard. *Weitere Formen:* Riek, Ridsert, Ridzart

Rigo männl., Kurzform von Vorn. mit »rig« oder »rigo«

Rika weibl., Koseform von Richarda, Friederike, Henrike oder anderen Vorn. mit »-rike«. *Weitere Formen:* Rike, Rikea

Rikkart, Rikkert männl., fries. Formen von Richard

Rina weibl., Kurzform von Katharina oder anderen Vorn. mit »-rina«

Rinaldo männl., italien. Form von Reinold. *Weitere Formen:* Rinald, Rino

Ringo männl., Kurzform von Ringolf. *Bekannter Namensträger:* Ringo Starr, engl. Popmusiker

Ringolf männl., aus dem ahd. »regin« (Rat, Beschluss) und »wolf« (Wolf)

Rino männl., Kurzform von Rinaldo

Risto männl., finn. Form von Christoph

Rita weibl., Kurzform von Margareta. *Bekannte Namensträgerinnen:* Rita Hayworth, amerikan. Filmschauspielerin; Rita Süssmuth, deutsche Politikerin. *Namenstag:* 22. Mai

Ritsche, Ritser männl., fries. Formen von Richard

Ritserd, Ritzard männl., fries. Formen von Richard

Roald männl., nord. Form von Rodewald. *Bekannte Namensträger:* Roald Amundsen, norweg. Polarforscher; Roald Dahl, engl. Schriftsteller

Roar männl., nord. Form von Rüdiger

Rob, Robb männl., engl. Formen von Robert

Röbbe männl., fries. Form von Robert

Robby männl., engl. Koseform von Robert

Robert männl., Nebenform von Rupert. *Weitere Formen:* Rodebert; Bob, Bobby, Rob, Robby, Robin, Dobby, Pop (engl.); Roberto (italien.); Röbbe (fries.). *Bekannte Namensträger:* Robert Guiskard, französ. Herzog; Robert

Bunsen, deutscher Chemiker; Robert Schumann, deutscher Komponist; Robert Koch, deutscher Bakteriologe und Nobelpreisträger; Robert Musil, österr. Schriftsteller; Robert Redford, amerikan. Schauspieler und Regisseur; Robert Atzorn, deutscher Schauspieler; Robert de Niro, amerikan. Schauspieler und Oscarpreisträger; Robert Kennedy, amerikan. Präsidentschaftskandidat, Bruder von J. F. Kennedy. *Namenstag:* 17. September

Roberta weibl. Form von Robert. *Weitere Formen:* Roberte, Robertine

Roberto männl., italien. Form von Robert. *Bekannter Namensträger:* Roberto Blanco, kuban.-deutscher Schlagersänger

Robin männl., engl. Form von Robert

Robine weibl. Form von Robin. *Weitere Formen:* Robina

Robinson männl., engl., »Sohn des Robin«

Robrecht männl., Nebenform von Rodebrecht

Rocco männl., italien. Form von Rochus

Roch männl., französ. Form und ursprüngliche Form von Rochus

Roche männl., span. Form von Rochus

Rochus männl., latinisierte Form des alten Vorn. Roch; aus dem german. »rohon« (schreien, Kriegsruf). *Weitere Formen:* Rock, Rocky (amerikan.); Roch (französ.); Rocco (italien.); Roque, Roche (span.). *Bekannter Namensträger:* Heiliger Rochus von Montpellier. *Namenstag:* 16. August

Rock männl., amerikan. Form von Rochus. *Bekannter Namensträger:* Rock Hudson, amerikan. Schauspieler

Rocky männl., amerikan. Koseform von Rochus

Roda weibl., eingedeutschte Form von Rhoda

Rodebrecht männl., aus dem german. »hroth« (Ruhm) und dem ahd. »beraht« (glänzend). *Weitere Formen:* Rodebert

Rodegard weibl., aus dem german. »hroth« (Ruhm) und dem ahd. »gard« (Schutz)

Rodehild weibl, aus dem german. »hroth« (Ruhm) und dem ahd. »hiltja« (Kampf). *Weitere Formen:* Rodehilde

Rodelind weibl., aus dem german.

»hroth« (Ruhm) und dem ahd. »linta« (Schutzschild aus Lindenholz)

Roderic männl., französ. Form von Roderich

Roderich männl., aus dem german. »hroth« (Ruhm) und dem ahd. »rihhi« (reich, mächtig). *Weitere Formen:* Roderick (engl.); Roderic (französ.); Rodrigo, Rodrigue (italien., span., portug.); Rurik (russ., nord.)

Roderick männl., engl. Form von Roderich

Rodewald männl., aus dem german. »hroth« (Ruhm) und dem ahd. »waltan« (walten, herrschen)

Rodolfo männl., italien. Form von Rudolf

Rodolphe männl, französ. Form von Rudolf

Rodrigo, Rodrigue männl., italien., span. und portug. Formen von Roderich

Rodulfo männl., span. Form von Rudolf

Roele männl., fries. Form von Rudolf

Roelef männl., fries. Form von Rudolf. *Weitere Formen:* Roelf, Roelof, Rolof, Roloff, Roolof, Roluf

Roelke weibl., fries. Form von Rudolfa. *Weitere Formen:* Roeltje

Roff männl., Nebenform von Rudolf

Roger männl., normann. Form von Rüdiger. *Weitere Formen:* Rodger. *Bekannte Namensträger:* Roger Bacon, engl. Philosoph und Physiker; Roger Vadim, französ. Filmregisseur; Roger Moore, engl. Schauspieler; Roger Willemsen, deutscher Journalist und Fernsehmoderator

Roland männl., aus dem german. »hroth« (Ruhm, Ehre) und dem ahd. »lant« (Land). *Weitere Formen:* Ron, Rowland (engl.); Rolland (französ.); Orlando (italien.); Rolando (span.)

Rolande weibl. Form von Roland. *Weitere Formen:* Rolanda

Rolando männl., span. Form von Roland

Rolf männl., Nebenform von Rudolf. *Bekannte Namensträger:* Rolf Liebermann, schweiz. Komponist; Rolf Hochhuth, deutscher Schriftsteller; Rolf Schimpf, deutscher Schauspieler

Rolland männl., französ. Form von Roland

Rollo männl., Nebenform von Roland oder Rudolf

Rolph männl., engl. Form von Rudolf

Romain männl., französ. Form von Roman oder Romanus. *Bekannter Namensträger:* Romain Rolland, französ. Schriftsteller

Roman männl., Nebenform von Romanus. *Bekannte Namensträger:* Roman Polanski, poln.-amerikan. Filmregisseur; Roman Herzog, deutscher Politiker, Bundespräsident

Romana weibl. Form von Romanus. *Weitere Formen:* Roma; Romane, Romaine (französ.); Romika (ungar.)

Romano männl., italien. Form von Romanus

Romanus männl., aus dem lat. »romanus« (der Römer). *Weitere Formen:* Roman; Romain (französ.); Romano (italien.); Romek (poln.)

Romek männl., poln. Form von Romanus

Romeo männl., italien. Form von Bartholomäus. Bekannt aus Shakespeares Drama »Romeo und Julia«

Romilda weibl., aus dem ahd. »hruom« (Ruhm, Ehre) und »hiltja« (Kampf). *Weitere Formen:* Romilde, Rumilde

Romy weibl., Nebenform von Rosemarie. *Bekannte Namensträgerin:* Romy Schneider, österr.-deutsche Schauspielerin

Ron männl., engl. Kurzform von Ronald

Ronald männl., schott. Form von Reinold. *Bekannter Namensträger:* Ronald Reagan, 40. amerikan. Präsident

Ronan männl., aus dem Irischen, »wie eine kleine Robbe«

Ronny männl., Koseform von Ronald

Roque männl., span. Form von Rochus

Ros weibl., Kurzform von Rosa

Rosa weibl., italien. Vorn. lat. Ursprungs »rosa« (die Rose) oder Kurzform von Rosalind oder Roswitha. Im 19. Jh. durch Vulpius' Roman »Rinaldo Rinaldini« verbreitet. *Weitere Formen:* Ros, Rosalie, Rosi, Rosine, Rose, Rosel, Rösel; Rosalia, Rosella (italien.); Roselita, Rosita (span.); Rosika (ungar.). *Bekannte Namensträgerinnen:* Heilige Rosa von Lima, Patronin Amerikas; Rosa Luxemburg, deutsche Politikerin. *Namenstag:* 23. August

Rosabella weibl., italien., aus dem lat. »rosa bella« (schöne Rose)

Rosalba weibl., italien., aus dem lat. »rosa alba« (weiße Rose)

Rosalia, Rosalie weibl., italien. erweiterte Form von Rosa

Rosalind weibl., Nebenform von Rodelind. *Weitere Formen:* Rosalinde, Roselinde

Rosalita weibl., span. Form von Rosa

Rosamunde weibl., aus dem ahd. »hruom« (Ruhm, Ehre) und »munt« (Schutz). *Weitere Formen:* Rosamunda. *Bekannte Namensträgerin:* Rosamunde Pilcher, engl. Bestsellerautorin

Rosangela weibl., Doppelname aus Rosa und Angela

Rosanna weibl., italien. Doppelname aus Rosa und Anna

Rosaria weibl., Doppelname aus Rosa und Maria

Rose, Rosel weibl., Nebenformen von Rosa

Rosella weibl., italien. erweiterte Form von Rosa. *Weitere Formen:* Roselina

Rosemarie weibl., Doppelname aus Rose und Maria. *Weitere Formen:* Rosmarie, Rosamaria, Rosemaria; Rosemary (engl.)

Rosi weibl., Koseform von Rosa. *Bekannte Namensträgerin:* Rosi Mittermaier, deutsche Skirennläuferin und Olympiasiegerin

Rosika weibl., ungar. Koseform von Rosa

Rosina weibl., Nebenform von Rosine

Rosine weibl., Nebenform von Rosa. *Weitere Formen:* Rosina

Rosita weibl., span. Form von Rosa. *Weitere Formen:* Sita, Roselita

Rosmargret weibl., Doppelname aus Rose und Margarete

Rossana weibl., italien. Form von Roxana

Roswin männl., aus dem ahd. »hros« (Ross, Pferd) und »wini« (Freund)

Roswitha weibl., aus dem ahd. »hruom« (Ruhm) und »swinths« (stark). *Weitere Formen:* Roswita, Hroswitha

Rothard männl., aus dem ahd. »hruom« (Ruhm, Ehre) und »harti« (hart)

Rother männl., aus dem ahd. »hruom« (Ruhm, Ehre) und »heri« (Heer)

Roux männl., französ. Form von Rudolf

Rowena weibl., Phantasiename aus dem Roman »Ivanhoe« von W. Scott. Rowena war eine legendäre angelsächsische Prinzessin. *Weitere Formen:* Rona

Rowland männl., engl. Form von Roland

Roxana weibl., aus dem pers. »raohschna« (licht, hell, glänzend). Die Frau Alexander des Großen hieß Roxana. *Weitere Formen:* Roxane, Roxanne

Roy männl., engl., aus dem kelt. »ruadh« (rot). *Bekannte Namensträger:* Roy Orbison, amerikan. Popmusiker; Roy Black, deutscher Schlagersänger

Ruben männl., aus der Bibel übernommener Vorn. hebr. Ursprungs, »seht, ein Sohn!«. Ruben ist der älteste Sohn Jakobs. *Weitere Formen:* Rouven, Reuben (engl.)

Rüdeger männl., Nebenform von Rüdiger

Rudel männl., Kurzform von Rudolf

Rudenz männl., aus der Schweiz. Name kommt vor in »Wilhelm Tell« von Schiller

Rudgar männl., Nebenform von Rüdiger

Rudhard männl., Nebenform von Rothard

Rudi männl., Kurzform von Rudolf. *Bekannte Namensträger:* Rudi Völler, deutscher Fußballspieler; Rudi Carrell, niederländ. Fernsehunterhalter; Rudi Dutschke, einer der Hauptführer der Studentenbewegung

Rudibert männl., aus Rudi und dem ahd. »beraht« (glänzend)

Rüdiger männl., aus dem german. »hroth« (Ruhm, Ehre) und dem ahd. »ger« (Speer). Bekannt auch durch das Nibelungenlied. *Weitere Formen:* Rudgar; Rüdeger, Rutger, Rütger; Roger (engl., französ.); Roar (nord.)

Rudmar männl., aus dem ahd. »hruom« (Ruhm, Ehre) und »mari« (berühmt). *Weitere Formen:* Rutmar

Rudo männl., Nebenform von Rudolf

Rudolf männl., aus dem ahd. »hruom« (Ruhm, Ehre) und »wolf«

(Wolf). *Weitere Formen:* Rolf, Rollo, Rudi, Ruodi, Rudo, Dolf; Rudolph, Rolph (engl.); Rodolphe, Roux (franzós.); Roele, Roelef (fries.); Rodolfo, Ridolfo (italien.); Ruedi (schweiz.); Rudolfo (span.). *Bekannte Namensträger:* Rudolf I., Stammvater der Habsburger; Rudolf Virchow, deutscher Pathologe; Rudolf Diesel, Erfinder der Verbrennungskraftmaschine; Rudolf Binding, deutscher Schriftsteller; Rudolf Steiner, österr. Anthroposoph; Rudolf Platte; deutscher Schauspieler; Rudolf Augstein, Journalist und Herausgeber des »Spiegel«; Rudolf Nurejew, russ. Tänzer und Choreograf; Rudolf Scharping, deutscher Politiker. *Namenstag:* 6. November

Rudolfa weibl. Form von Rudolf

Rudolfine weibl., Nebenform von Rudolfa

Rudolph männl., engl. Form von Rudolf

Ruedi männl., schweiz. Form von Rudolf. *Weitere Formen:* Ruedy, Rudeli, Ruedli

Rufina weibl. Form von Rufus

Rufus männl., aus dem lat. »rufus« (der Rote). Rufus war ursprünglich ein Beiname: der Rothaarige. *Weitere Formen:* Rufin, Rufinus

Rumen männl., bulgar., »mit roten Wangen«

Rumena weibl. Form von Rumen

Rumold männl., aus dem ahd. »hruom« (Ruhm, Ehre) und »waltan« (walten, herrschen). *Weitere Formen:* Rumolt

Runa weibl., Kurzform von Vorn. mit »run«. Runa kann als männl. Vorn. gewählt werden, wenn ein eindeutig männl. Zweitname vergeben wird

Rune männl., schwed. Kurzform von Vorn. mit »Run-«

Runfried männl., aus dem ahd. »runa« (Geheimnis, Zauber) und »fridu« (Friede)

Runhild weibl., aus dem ahd. »runa« (Geheimnis, Zauber) und »hiltja« (Kampf). *Weitere Formen:* Runhilde

Ruodi männl., Nebenform von Rudolf

Rupert männl., aus dem ahd. »hruom« (Ruhm, Ehre) und »beraht« (glänzend). Der Heilige Rupert war Bischof von Salzburg und Schutzpatron Bayerns (7./8. Jh.). *Weitere Formen:* Ruppert, Rupp, Ruprecht, Rupprecht; Rupertus (latinisiert). *Namenstag:* 24. September

Ruperta weibl. Form von Rupert

Rupp männl., Nebenform von Rupert

Ruppert männl., Nebenform von Rupert

Ruprecht männl., Nebenform von Rupert. In vielen Regionen ist »Knecht Ruprecht« der Gehilfe des Heiligen Nikolaus. Er trägt die Geschenke, aber auch die Rute

Rurik männl., russ. und nord. Form von Roderich. *Bekannter Namensträger:* Rurik aus dem Stamm Rus, Gründer des ersten russ. Staatswesens

Rutgard weibl., aus dem ahd. »hruom« (Ruhm, Ehre) und »gard« (Schutz)

Rutger männl., Nebenform von Rüdiger. *Bekannter Namensträger:* Rutger Hauer, schwed. Filmschauspieler

Rütger männl., Nebenform von Rüdiger

Ruth weibl, aus der Bibel übernommener Vorn. hebr. Ursprungs, »Freundin« oder »Erquickung«. Ruth ist im Alten Testament die Stammmutter des jüdischen Königshauses. *Bekannte Namensträgerinnen:* Ruth Schaumann, deutsche Schriftstellerin; Ruth Maria Kubitschek, deutsche Serienschauspielerin

Ruthard männl., aus dem ahd. »hruom« (Ruhm, Ehre) und »harti« (hart). *Weitere Formen:* Rüter (fries.)

Ruven männl., Nebenform von Ruben. *Weitere Formen:* Ruwen

Ruy männl., Kurzform von Rodrigo. *Weitere Formen:* Rui. *Bekannte Namensträger:* Ruy López de Villalobos, span. Entdecker

Sabin männl. Form von Sabina. *Weitere Formen:* Sabino, Savino (italien.); Sabinus (lat.)

Sabina weibl., Nebenform von Sabine

Sabine weibl., lat., »die Sabinerin«. *Weitere Formen:* Sabina, Bine. *Bekannte Namensträgerinnen:* Sabine Sinjen, deutsche Schauspielerin; Sabine Christiansen, deutsche Nachrichtenredakteurin; Sabine Sauer, deutsche Fernsehmoderatorin; Sabine Braun, deutsche Leichtathletin. *Namenstag:* 29. August

Sabrina weibl., engl., eigentlich Name einer Nymphe des Flusses Severn. Bekannt auch durch den Film »Sabrina« mit A. Hepburn

Sacha männl., französ. Form von Sascha. *Bekannter Namensträger:* Sacha Guitry, französ. Schriftsteller

Sachar männl., russ. Form von Zacharias

Sachso männl., aus dem ahd. »sahsun« (Sachse)

Sadie weibl., amerikan. Koseform von Sarah

Saladin männl., arab., »Heil des Glaubens«

Sally männl., Kurzform von Salomon oder Samuel; weibl., Kurzform von Sarah; eindeutiger Zweitname erforderlich. *Weitere Formen:* Salli. *Bekannte Namensträgerin:* Sally Field, amerikan. Schauspielerin und Oscarpreisträgerin

Salome weibl. Form von Salomon. *Namenstag:* 22. Oktober

Salomon männl., aus der Bibel übernommener Vorn. hebr. Ursprungs, »der Friedliche«. Der sagenumwobene König Salomon galt im Orient als das Idealbild eines weisen und gerechten Herrschers, daher auch das »salomonische Urteil«. *Weitere Formen:* Salomo, Sally, Salim, Sallo; Selim (arab.)

Salvator männl., italien. Vorn. lat. Ursprungs, »der Erretter, Erlöser«. *Weitere Formen:* Salvatore; Salvador (span.). *Bekannter Namensträger:* Salvador Dalí, span. Maler

Salwija weibl., slaw., aus dem lat. »salvus« (gesund, wohlbehalten). *Weitere Formen:* Salwa, Salka, Salvina

Sam männl., Kurzform von Samuel;

weibl., Kurzform von Samantha; eindeutiger Zweitname erforderlich. *Bekannter Namensträger:* Sam Shepard, amerikan. Schriftsteller und Schauspieler

Samantha weibl., angloamerikan. Vorn. hebr. Ursprungs, »die Zuhörerin«. *Bekannte Namensträgerin:* Samantha Fox, engl. Sängerin

Sämi männl., Kurzform von Samuel

Sammy männl., engl. Koseform von Samuel. *Bekannte Namensträger:* Sammy Drechsel, deutscher Sportjournalist und Kabarettist; Sammy Davis jr., amerikan. Unterhaltungskünstler

Samson männl., aus der Bibel übernommener Vorn. hebr. Ursprungs, »kleine Sonne«. Der Legende nach verfügte Samson über unheimliche Kräfte. Seine Geliebte Delila entlockte ihm das Geheimnis dafür und lieferte ihn aus. *Weitere Formen:* Simson

Samuel männl., aus der Bibel übernommener Vorn. hebr. Ursprungs, »schmu'el« (von Gott erhört). In der Bibel ist Samuel der letzte Richter Israels und salbte David zum König. *Weitere Formen:* Sam, Sally, Sämi; Sammy (engl.). *Bekannte Namensträger:* Samuel Hahnemann, Begründer der Homöopathie; Samuel Fischer, deutscher Verleger; Samuel Beckett, irischer Dramatiker

Sander männl., engl. Kurzform von Alexander

Sándor männl., ungar. Form von Alexander

Sandra weibl. Kurzform von Alexandra. *Weitere Formen:* Sandrina, Sandrine, Sandria. *Bekannte Namensträgerinnen:* Sandra Paretti, deutsche Bestsellerautorin; Sandra, deutsche Schlagersängerin

Sandro männl., italien. Kurzform von Alessandro

Sanja männl., russ. Kurzform von Alexander; weibl., russ. Kurzform von Alexandra; eindeutiger Zweitname erforderlich

Sanna weibl., Kurzform von Susanne

Sanne, Sanni weibl., Kurzformen von Susanne

Saphira weibl., aus der Bibel übernommener Vorn. hebr. Ursprungs, »Edelstein, die Schöne«

Sara weibl., Nebenform von Sarah

Sarah weibl., aus der Bibel übernommener Vorn. hebr. Ursprungs, »die

Fürstin«. Im Alten Testament ist Sarah die Frau Abrahams und die Mutter Isaaks. Im Dritten Reich wurde jeder Jüdin der Beiname Sarah amtlich aufgezwungen. *Weitere Formen:* Sara, Sally, Zarah; Sadie (amerikan.) *Bekannte Namensträgerinnen:* Sarah Bernhard, französ. Schauspielerin; Sarah Kirsch, deutsche Schriftstellerin. *Namenstag:* 13. Juli

Sascha männl., russ. Form von Alexander; weibl., russ. Form von Alexandra; eindeutiger Zweitname erforderlich. *Bekannter Namensträger:* Sascha Hehn, deutscher Schauspieler

Saskia weibl. Form von Sachso. *Bekannte Namensträgerin:* Saskia von Uijlenburgh, Gattin von Rembrandt

Sasso männl., Nebenform von Sachso

Saul männl., aus der Bibel übernommener Vorn. hebr. Ursprungs, »der Erbetene«. *Bekannter Namensträger:* Saul Bellow, amerikan. Schriftsteller

Scarlett weibl., engl., »die Rothaarige«; ursprünglich Familienname. Bekannt durch den Roman »Vom Winde verweht« von M. Mitchell (1936)

Scholastika weibl., aus dem lat. »scholasticus« (zur Schule gehörend, die Lernende)

Schöntraut weibl., Neubildung aus »schön« und dem ahd. »traud« (Kraft, Stärke)

Schorsch männl., Nebenform von Georg

Schura weibl. und männl., russ. Kurzform von Alexandra und Alexander; eindeutiger Zweitname erforderlich

Schwabhild weibl., aus dem ahd. »svaba« (Schwäbin) und »hiltja« (Kampf)

Sczepan männl., slaw. Form von Stephan

Sean männl., irische Form von Johannes. *Bekannter Namensträger:* Sean Connery, schott. Schauspieler

Sebald männl., Nebenform von Siegbald

Sebalde weibl. Form von Sebald

Sebastian männl., griech., »der Verehrungswürdige, der Erhabene«. Der Heilige Sebastian ist der Schutzpatron der Jäger, Soldaten und Schützen. *Weitere Formen:* Bastian, Basti, Wastel (bayr.); Basch, Bascho, Bastia (schweiz.); Sébastien (französ.); Sebastiano, Bastiano, Basto (italien.). *Bekannte Namensträger:* Johann Sebastian

213

Bach, deutscher Komponist; Sebastian Kneipp, Entdecker des Wasserheilverfahrens. *Namenstag:* 20. Januar

Sebastiane weibl. Form von Sebastian

Sebastiano männl., italien. Form von Sebastian

Sébastien männl., französ. Form von Sebastian

Sebe männl., Nebenform von Siegbald oder Siegbert

Sebert männl., Nebenform von Siegbert

Sebo männl., Kurzform von Siegbald. *Weitere Formen:* Sebe, Sebold

Segimer männl., Nebenform von Siegmar

Segimund männl., Nebenform von Siegmund

Seibolt männl., Nebenform von Siegbald

Selene weibl., Name der griech. Mondgöttin und Schwester des Helios. *Weitere Formen:* Selina, Seline; Selena, Selinda (engl.)

Selina weibl., engl., aus dem lat.

»caelum« (Himmel) oder Kurzform von Marceline oder Nebenform von Selene

Seline weibl., Nebenform von Selina

Selma weibl., Kurzform von Anselma oder arab.-türk. Form von Salome. *Bekannte Namensträgerin:* Selma Lagerlöf, schwed. Schriftstellerin und Nobelpreisträgerin

Selman männl., aus dem altsächs. »seli« (Saalhaus) und dem ahd. »man« (Mann)

Selmar männl., aus dem altsächs. »seli« (Saalhaus) und dem ahd. »mari« (berühmt) oder männl. Form von Selma

Semjon männl., russ. Form von Simon

Sent männl., fries. Kurzform von Vincent. *Weitere Formen:* Sentz

Senta weibl., Kurzform von Kreszentia oder Vinzenta. *Weitere Formen:* Senda. *Bekannte Namensträgerin:* Senta Berger, österr. Filmschauspielerin

Sepp männl., Kurzform von Josef

Seraph männl., hebr., »der Leuchtende«. »Seraphim« kann als Vorn. nicht benutzt werden, da es sich um

214

die Mehrzahl von Seraph handelt, »Seraphin« ist aber durch einen Heiligen gleichen Namens (16./17. Jh.) belegt

Seraphia weibl. Form von Seraph. *Weitere Formen:* Seraphine, Seraphina, Serafina

Serena weibl. Form von Serenus

Serenus männl., aus dem lat. »serenus« (heiter, glücklich)

Serge männl., französ. und engl. Form von Sergius

Sergej männl., russ. Form von Sergius. *Weitere Formen:* Sergeij. *Bekannte Namensträger:* Sergej Prokowjeff, russ. Komponist; Sergej Bubka, russ. Stabhochspringer

Sergia weibl. Form von Sergius

Sergio männl., italien. und span. Form von Sergius. *Bekannter Namensträger:* Sergio Leone, italien. Filmregisseur

Sergius männl., aus dem lat. »sergius« (aus dem altröm. Geschlecht der Sergier), ursprünglich vielleicht »Wächter, Diener«. *Weitere Formen:* Serge (französ., engl.); Sergej (russ.); Sergio (italien., span.). *Namenstag:* 8. September

Servaas männl., niederländ. Form von Servatius

Servais männl., französ. Form von Servatius

Servas männl., Kurzform von Servatius

Servatius männl., lat., »der Gerettete«. Servatius ist neben Bonifatius und Pankratius einer der Eisheiligen. *Weitere Formen:* Vaaz, Servas, Servazius; Servaas (niederländ.); Servais (französ.); Servazio (italien.). *Namenstag:* 13. Mai

Servazio männl., italien. Form von Servatius

Servazius männl., Nebenform von Servatius

Severa weibl. Form von Severus

Severin männl., aus dem lat. »severus« (ernsthaft, streng); ursprünglich war der Vorn. ein atlröm. Bei- und Familienname. *Weitere Formen:* Sören (dän., niederländ.). *Namenstag:* 23. Oktober

Severina weibl. Form von Severin. *Weitere Formen:* Severine

Severus männl., aus dem lat. »severus« (ernsthaft, streng)

215

Sheila weibl., engl. Schreibweise für den irischen Vorn. Sile, einer Kurzform von Cäcilie

Shirley weibl., engl. Vorn., ursprünglich Familienname, der seinerseits auf einen Ortsnamen in England zurückgeht, »helle Lichtung«. *Bekannte Namensträgerinnen:* Shirley Temple, amerikan. Filmstar; Shirley MacLaine, amerikan. Schauspielerin und Autorin

Siaard, Siard männl., fries. Form von Sieghard

Sib weibl., engl. Kurzform von Sibylle

Sibo männl., fries. Kurzform von Siegbald oder Siegbert. *Weitere Formen:* Sibe, Siebo

Sibyl weibl., engl. Form von Sibylle

Sibylla weibl., Nebenform von Sibylle. *Bekannte Namensträgerin:* Maria Sibylla Merian, Botanikerin und Kupferstecherin

Sibylle weibl., aus dem Lat. übernommener Name; Herkunft und Bedeutung unklar. Die griech. Sibyllen verkündeten den Willen Apollos (später Zeus) und galten als Weissagerinnen (Sibyllenbücher). Sibylle von Cumae soll Christi Geburt vorausgesagt haben. *Weitere Formen:* Sibylla, Bilke, Billa; Sybil, Sib, Sibyl (engl.). *Namenstag:* 9. Oktober

Siccard männl., französ. Form von Sieghard

Sida weibl., Kurzform von Sidonia

Sidney weibl., engl. Form von Sidonia; männl., engl. Form von Sidonius, oder weibl. und männl., aus »Saint-Denis« (Sankt Dionysius) oder aus dem altengl. Flurnamen »weites, wohl bewässertes Land«; eindeutiger Zweitname erforderlich. *Bekannter Namensträger:* Sidney Poitier, amerikan. Schauspieler und Oscarpreisträger

Sidonia weibl. Form von Sidonius. *Weitere Formen:* Sidonie, Sitta, Sida; Zdenka (slaw.)

Sidonie weibl., Nebenform von Sidonia

Sidonius männl., lat., »der Sidonier, aus der Stadt Sido in Phönizien«. *Weitere Formen:* Zdenko (slaw.)

Siegbald männl., aus dem ahd. »sigu« (Sieg) und »bald« (kühn). *Weitere Formen:* Sebald, Siebold, Siegbold, Seibold; Sebo, Sibo (fries.)

Siegbert männl., aus dem ahd. »sigu« (Sieg) und »beraht« (glänzend). *Weitere Formen:* Sebert, Sebe, Sibo, Sitt, Sigbert, Sigisbert. *Namenstag:* 1. Februar

Siegbod männl., aus dem ahd. »sigu« (Sieg) und »boto« (Bote). *Weitere Formen:* Sigbot

Siegbold männl., Nebenform von Siegbald

Siegbrand männl., aus dem ahd. »sigu« (Sieg) und »brant« (Brand)

Siegbrecht männl., aus dem ahd. »sigu« (Sieg) und »beraht« (glänzend)

Siegburg weibl., aus dem ahd. »sigu« (Sieg) und »burg« (Schutz). *Weitere Formen:* Siegburga

Sieger männl., aus dem ahd. »sigu« (Sieg) und »heri« (Heer). *Weitere Formen:* Siegher

Siegfried männl., aus dem ahd. »sigu« (Sieg) und »fridu« (Friede). Siegfried ist im Nibelungenlied der Drachentöter. Im 19. Jh. wurde der Name durch die gleichnamige Oper von R. Wagner wieder häufiger gewählt. *Weitere Formen:* Sefried, Siffried, Sigfried, Siggi, Sigix

Siegfriede weibl. Form von Siegfried

Sieghard männl., aus dem ahd.

»sigu« (Sieg) und »harti« (hart). *Weitere Formen:* Sieghart, Sighart; Siaard, Sierd (fries.); Siccard (französ.)

Sieghelm männl., aus dem ahd. »sigu« (Sieg) und »helm« (Helm, Schutz)

Sieghild weibl., aus dem ahd. »sigu« (Sieg) und »hiltja« (Kampf). *Weitere Formen:* Sieghilde

Sieglinde weibl., aus dem ahd. »sigu« (Sieg) und »linta« (Schutzschild aus Lindenholz). In der Nibelungensage ist dies der Name von Siegfrieds Mutter, so auch in R. Wagners »Walküre«. *Weitere Formen:* Siglinde, Selinde

Siegmar männl., aus dem ahd. »sigu« (Sieg) und »mari« (berühmt). *Weitere Formen:* Sigmar, Segimer

Siegmund männl., aus dem ahd. »sigu« Sieg) und »munt« (Schutz der Unmündigen). Siegmund ist in der Nibelungensage der Vater von Siegfried. *Weitere Formen:* Sigismund, Sigmund, Segimund; Sigismond (französ.); Sigismondo, Gismondo (italien.); Zygmunt (poln.); Zsigmond (ungar.). *Namenstag:* 2. Mai

Siegmunde weibl. Form von Siegmund. *Weitere Formen:* Sigismunde, Siegmunda; Sigismonda, Gismonda (italien.)

Siegolf männl., aus dem ahd. »sigu« (Sieg) und »wolf« (Wolf). *Weitere Formen:* Siegulf

Siegrad männl., aus dem ahd. »sigu« (Sieg) und »rat« (Ratgeber). *Weitere Formen:* Sigrat

Siegram männl., aus dem ahd. »sigu« (Sieg) und »hraban« (Rabe)

Siegrich männl., aus dem ahd. »sigu« (Sieg) und »rihhi« (reich, mächtig). *Weitere Formen:* Siegerich

Siegrid weibl., Nebenform von Sigrid

Siegwald männl., aus dem ahd. »sigu« (Sieg) und »waltan« (walten, herrschen). *Weitere Formen:* Sigiswald

Siegward männl., aus dem ahd. »sigu« (Sieg) und »wart« (Schutz). *Weitere Formen:* Siegwart, Sievert, Siwert

Siegwin männl., aus dem ahd. »sigu« (Sieg) und »wini« (Freund)

Sieke weibl., fries. Kurzform von Vorn. mit »Sieg-«. *Weitere Formen:* Sierkje

Sierk männl., fries. Kurzform von Vorn. mit »Sieg-«

Sigga weibl., nord. Koseform von Sigrid

Siggo männl., fries. Kurzform von Vorn. mit »Sieg-«. *Weitere Formen:* Sigo, Sikko

Sighart männl., Nebenform von Sieghard

Sigi weibl. und männl. Kurzform von Vorn. mit »Sieg-«, vor allem von Sieglinde und Siegfried; eindeutiger Zweitname erforderlich. *Weitere Formen:* Siggi. *Bekannter Namensträger:* Siggi Held, deutscher Fußballspieler

Sigisbert männl., Nebenform von Siegbert

Sigismond männl., französ. Form von Siegmund

Sigismondo männl., italien. Form von Siegmund

Sigismund männl., Nebenform von Siegmund. *Bekannte Namensträger:* Sigismund, König der Burgunder; Sigismund von Radecki, deutscher Schriftsteller. *Namenstag:* I. Mai

Sigismunde weibl., Nebenform von Siegmunde

Siglinde weibl., Nebenform von Sieglinde

Sigmund männl., Nebenform von Siegmund. *Bekannter Namensträger:* Sig-

mund Freud, Begründer der Psycho-
analyse

Signe männl., nord. Vorn. ahd. Ursprungs aus »sigu« (Sieg) und »hiltja«
(Kampf). *Weitere Formen:* Siganhilt

Sigri weibl., schwed. Form von Sigrid

Sigrid weibl., nord., aus altisländ.
»sigr« (Sieg) und »fridhr« (schön).
Weitere Formen: Siegrid, Sigrit; Siri,
Sirid (schwed.). *Bekannte Namensträgerin:* Sigrid Undset, norweg. Erzählerin und Nobelpreisträgerin. *Namenstag:*
7. Januar

Sigrit weibl., Nebenform von Sigrid

Sigrun weibl., aus dem ahd. »sigu«
(Sieg) und »runa« (Geheimnis). *Weitere Formen:* Siegrun, Sirun

Sigune weibl., Kurzform von Vorn.
mit »Sieg-« oder aus dem altisländ.
»sigr« (Sieg) und »unn« (Welle,
Flut)

Silja weibl., skand. Form von Cäcilie

Silje weibl., fries. Form von Cäcilie

Silke weibl., niederd. und schwed.
Form von Cäcilie. *Weitere Formen:*
Silka

Silko männl. Form von Silke

Silva weibl., schwed. und tschech.
Form von Silvia

Silvain männl., französ. Form von
Silvanus

Silvan männl., Nebenform von Silvanus

Silvana weibl. Form von Silvanus.
Weitere Formen: Silvanna, Sylvana

Silvanius männl., Nebenform von
Silvanus

Silvano männl., italien. Form von Silvanus

Silvanus männl., lat. zu »silva«
(Wald). Silvanus war der Name eines
altröm. Waldgottes. *Weitere Formen:* Silvius, Silvan, Silvanius, Sylvanus; Silvio,
Silvano (italien.); Silvain, Sylvain
(französ.)

Silvest männl., Kurzform von Silvester

Silvester männl., lat., »der zum Wal-
de Gehörende«. Durch die Verehrung
des heilig gesprochenen Papstes Silvester (3./4. Jh., Patron der Haustiere
sowie für eine gute Futterernte und ein
gutes neues Jahr) war der Name im
Mittelalter weit verbreitet. *Weitere Formen:* Sylvester, Silvest; Syste (fries.).
Namenstag: 31. Dezember

Silvetta weibl., französ. Koseform von Silvia. *Weitere Formen:* Sylvetta

Silvia weibl., lat., zu »silva« (Wald). Rhea Silvia ist der Legende nach die Mutter der Zwillinge Romulus und Remus, der Gründer Roms. *Weitere Formen:* Sylvia; Silvie, Silvetta (französ.); Silvina (italien.); Sylvi (skand.). *Namenstag:* 3. November

Silvie weibl., französ. Form von Silvia. *Weitere Formen:* Sylvie

Silvina weibl., italien. Form von Silvia

Silvio männl., italien. Form von Silvanus

Silvius männl., Nebenform von Silvanus. Bekannt durch die Gestalt des Silvius aus Shakespeares »Wie es Euch gefällt«

Sim männl., Kurzform von Simon

Sima männl., poln. Form von Simon

Simeon männl., aus der Bibel übernommener Vorn. hebr. Ursprungs, »(Geschenk) der Erhörung«. *Weitere Formen:* Symeon. *Namenstag:* 5. Januar, 18. Februar

Simon männl., aus der Bibel übernommener Vorn., Nebenform von Simeon. *Weitere Formen:* Sim; Simón (span.); Simon (engl.); Semjon (russ.). *Bekannter Namensträger:* Simon Dach, deutscher Dichter. *Namenstag:* 28. Oktober

Simón männl., span. Form von Simon. *Bekannter Namensträger:* Simón Bolívar, südamerikan. Staatsmann, Befreier von Venezuela, Kolumbien und anderer Länder von der span. Herrschaft

Simone weibl. Form von Simon. *Weitere Formen:* Simona, Simonette, Simonetta. *Bekannte Namensträgerinnen:* Simone de Beauvoir, französ. Schriftstellerin; Simone Signoret, französ. Schauspielerin

Sina weibl., Kurzform von Gesina oder Rosina. *Weitere Formen:* Sini, Sinja, Sinje

Sinikka weibl., finn. Vorn. russ. Ursprungs von »sinij« (blau)

Sinold männl., fries. und hess. Form von Siegwald

Sintbald männl., aus dem ahd. »sind« (Weg, Reise) und »bald« (kühn). *Weitere Formen:* Sinbald

Sintbert männl., aus dem ahd. »sind« (Weg, Reise) und »beraht« (glänzend). *Weitere Formen:* Sinbert

Sintram männl., aus dem ahd. »sind« (Weg, Reise) und »hraban« (Rabe). *Weitere Formen:* Sindram

Sira weibl., Nebenform von Sirena

Sirena weibl., italien. Vorn. griech. Ursprungs, wahrscheinlich »singende Meerjungfrau«. Die Sirenen sollen mit ihrem Gesang die Seeleute verwirrt und so Schiffsunglücke verursacht haben. *Weitere Formen:* Sira

Sireno männl., Nebenform von Serenus oder männl. Form von Sirena. *Weitere Formen:* Siro

Siri, Sirid weibl., schwed. Formen von Sigrid

Sirk männl., niederd. Form von Siegerich, aus dem ahd. »sigu« (Sieg) und »rihhi« (reich, mächtig)

Sirke weibl. Form von Sirk

Siro männl., Nebenform von Sireno

Sirun weibl., Nebenform von Sigrun

Siska weibl., schwed. Kurzform von Franziska

Sissa weibl., schwed. Kurzform von Cäcilie. *Weitere Formen:* Sissan, Sissi

Sissy weibl., österr. Koseform von Elisabeth und engl. Koseform von Cäcilie. Sissy (auch Sisy) war der Kosename der österr. Kaiserin Elisabeth Amalie Eugenie, die 1898 in Genf ermordet wurde. Bekannt auch durch die Verfilmung mit Romy Schneider in der Hauptrolle

Sista weibl., schwed., »das letzte Kind«

Sisto männl., italien. Form von Sixtus

Sitt männl., Nebenform von Siegbert

Sitta weibl., Kurzform von Sidonia

Sixta weibl. Form von Sixtus, bekannt durch die um 1515 von Raffael gemalte »Sixtinische Madonna«. *Weitere Formen:* Sixtina; Sixtine (französ.)

Sixten männl., alter schwed. Vorn., der sich aus Sighsten entwickelt hat, von altschwed. »sigher« (Sieg) und »sten« (Steinwaffe). *Bekannter Namensträger:* Sixten Jernberg, schwed. Skilangläufer

Sixtus männl., lat. Umbildung des griech. Beinamens »xystós« (der Feine, Glatte); auch nach dem lat. »sextus« (der Sechste) gedeutet. *Weitere Formen:* Sixt; Sixte, Xiste (französ.); Sisto (italien.)

Slava männl., slaw. Kurzform von Vorn. mit »slava« (Ruhm). *Weitere Formen:* Slavko

Slavka weibl., slaw. Kurzform von Vorn. mit »slava« (Ruhm)

Smarula weibl., vermutlich slaw. Koseform von Maria (Marula). Das S. steht wohl für St., also Heilige Maria

Soffi, Sofia, Sofie weibl., Nebenformen von Sophia

Solange weibl., französ. Vorn. lat. Ursprungs, »solemnis« (feierlich)

Solveig weibl., aus dem skand. »sal« (Saal) und »vig« (Kampf). Bekannt auch durch »Peer Gynt« von Ibsen (1881)

Söncke männl., nordd. und fries. Vorn., eigentlich »Söhnchen«. *Weitere Formen:* Sönke, Sönnich

Sonja weibl., russ. Koseform von Sophia

Sonnfried männl., Neubildung aus »Sonne« und »fried«

Sonngard weibl., Neubildung aus »Sonne« und »gard«

Sonntraud weibl., Neubildung aus »Sonne« und »traud«

Sophia weibl., aus dem griech. »sophia« (Weisheit). Im Altertum wurde die »hagia sophia« (heilige Weisheit) als Umschreibung für Christus benutzt, danach für die Kirche selbst. Die Heilige Sophia (2. Jh.), die besonders im Elsass verehrt wurde, ist als »Kalte Sophie« (die letzte Eisheilige am 15. 5.) volkstümlich geworden. *Weitere Formen:* Fei, Fey, Fi, Fieke, Fia, Sophie, Sofia, Sofie, Soffi; Sophy (engl.); Zofia (poln.); Sonja, Sonia (russ.). *Bekannte Namensträgerin:* Sophia Loren, italien. Filmschauspielerin. *Namenstag:* 15. Mai

Sophie weibl., Nebenform von Sophia. *Bekannte Namensträgerinnen:* Sophie Scholl, Widerstandskämpferin gegen das Hitlerregime; Anne-Sophie Mutter, deutsche Violinistin

Sophus männl., aus dem griech. »sophós« (klug, weise)

Sophy weibl., engl. Form von Sophia

Soraya weibl., altind.-pers., »gute Herrscherin«

Sören männl., dän. und niederländ. Form von Severin. *Bekannter Namensträger:* Sören Kierkegaard, dän. Religionsphilosoph

Spela weibl., eingedeutschte serbokroat. Form von Elisabeth

Stachus männl., Nebenform von Eustachius

Stan männl., Kurzform von Stanley oder Stanislaus. *Bekannter Namensträger:* Stan Laurel, amerikan. Filmkomiker

Stanel, Stanerl, Stanes männl., bayr. Formen von Stanislaus

Stani männl., Nebenform von Stanislaus

Stanisl männl., bayr. Form von Stanislaus

Stanislao männl., italien. Form von Stanislaus

Stanislas männl., französ. Form von Stanislaus

Stanislaus männl., latinisierte Form des slaw. Vorn. Stanislaw, aus dem altslaw. »stani« (standhaft) und »slava« (Ruhm). Der Heilige Stanislaus (11. Jh.) war Bischof von Krakau und ist der Schutzpatron Polens. *Weitere Formen:* Stasch, Stani, Stanko, Stan, Stano, Stasik; Stanislaw (slaw.); Stanislao (italien.); Stanislas (französ.); Stenzel (schles.); Stanes, Stanisl, Stanel, Stanerl (bayr.) *Bekannter Namensträger:* Stanislaus Leszczynski, König von Polen und Herzog von Lothringen. *Namenstag:* 7. Mai, 13. November

Stanislaw männl., slaw. Grundform von Stanislaus

Stanislawa weibl. Form von Stanislaw. *Weitere Formen:* Stanislava, Stana, Stanka, Stase, Stasja

Stanko männl., Nebenform von Stanislaus

Stanley männl., engl. Vorn., der sich aus einem Familiennamen entwickelt hat, der seinerseits wieder auf einen Ortsnamen zurückgeht, »steinige Lichtung«

Stano männl., Nebenform von Stanislaus

Stanze weibl., Kurzform von Konstanze

Stasch männl., Nebenform von Stanislaus

Stasi weibl., Kurzform von Anastasia

Stasik männl., Nebenform von Stanislaus

Stefan männl., Nebenform von Stephan. *Bekannte Namensträger:* Stefan Lochner, deutscher Maler; Stefan George, deutscher Dichter; Stefan Andres, deutscher Erzähler; Stefan Zweig, deutscher Schriftsteller; Ste-

fan Heym, deutscher Schriftsteller; Stefan Edberg, schwed. Tennisspieler

Stefana, Stefania weibl., Nebenformen von Stephanie

Stefanida weibl., russ. Form von Stephanie

Stefanie weibl., Nebenform von Stephanie

Stefano männl., italien. Form von Stephan

Steffel männl., bayr. Form von Stephan

Steffen männl., niederd. Form von Stephan

Steffi weibl., Nebenform von Stephanie. *Bekannte Namensträgerin:* Steffi Graf, deutsche Tennisspielerin

Stella weibl., lat., »Stern«. *Weitere Formen:* Estelle (franzos.); Estella, Estrelle (span., italien.). Die Seeleute verehrten die Heilige Maria als »Stella maris« (orientierender Stern des Meeres ist der Polarstern). Goethes gleichnamiges Schauspiel sorgte ebenfalls für eine Verbreitung des Namens

Sten männl., nord., »Stein« oder Kurzform von Vorn. mit »Sten«

Stenka männl., slaw. Form von Stephan

Stenzel männl., schles. Form von Stanislaus

Stepan männl., slaw. Form von Stephan

Stephan männl., aus dem griech. »stéphanos« (Kranz, Krone). Durch die Verehrung des Heiligen Stephanus, der vor den Toren Jerusalems gesteinigt wurde, erlangte der Name im Mittelalter eine große Beliebtheit. *Weitere Formen:* Stefan; Steffen (niederd.); Steffel (bayr.); Stephen, Steve, Steven (engl.); Étienne, Estienne, Stéphane (franzos.); Stefano (italien.); Steven (niederländ.); Estéban, Estévan (span.); Stefan, Stepan, Stenka, Stepka, Stepko, Sczepan (slaw.); István (ungar.). *Namenstag:* 26. Dezember

Stephana weibl., Nebenform von Stephanie

Stephane weibl., Nebenform von Stephanie

Stéphane männl., franzos. Form von Stephan. *Bekannter Namensträger:* Stéphane Mallarmé, franzos. Dichter

Stephanie weibl. Form von Stephan. *Weitere Formen:* Stephania, Fannie, Stefanie, Stefana, Stefania, Stephana, Steffi;

Stéphanie, Stephine, Etiennette, Tienette (französ.); Fanny (engl.); Stefanida (russ.). *Namenstag:* 26. Dezember

Stéphanie weibl., französ. Form von Stephanie

Stephen männl., engl. Form von Stephan. *Bekannter Namensträger:* Stephen King, amerikan. Bestsellerautor

Stephine weibl., französ. Form von Stephanie

Stepka, Stepko männl., slaw. Formen von Stephan

Steve männl., engl. Form von Stephan. *Bekannter Namensträger:* Steve McQueen, amerikan. Schauspieler

Steven männl., engl. und niederländ. Form von Stephan. *Bekannter Namensträger:* Steven Spielberg, amerikan. Filmregisseur und Oscarpreisträger

Stillfried männl., aus dem ahd. »stilli« (still) und »fridu« (Friede). *Weitere Formen:* Stillo

Stillfriede weibl. Form von Stillfried. *Weitere Formen:* Stillfrieda, Stilla

Stina weibl., fries. Form von Christine, Ernestine oder Augustine. *Weitere Formen:* Stine, Stintje

Stinnes männl., rhein. Form von Augustinus

Stuart männl., schott. Familienname, aus dem Engl., »Hausbewahrer«

Su weibl., Kurzform von Susanne

Sue weibl., engl. Kurzform von Susanne

Suleika weibl., arab., »die Verführerin«. Bekannt wurde der Name u. a. durch Goethes »Westöstlicher Diwan«, wo er seine Freundin Suleika nannte. *Weitere Formen:* Zuleika

Suleima weibl., arab. Form von Salome

Suleiman männl., arab. Form von Salomo

Sultana weibl., rumän., entspricht der männl. ungar. Form »Zoltá«, abgeleitet vom türk. Titel Sultan

Susa weibl., italien. Kurzform von Susanne

Susan weibl., engl. Form von Susanne. *Weitere Formen:* Susann. *Bekannte Namensträgerin:* Susan Sarandon, amerikan. Schauspielerin

Susanka weibl., slaw. Form von Susanne

Susann weibl., Kurzform von Susanne

Susanna weibl., italien. Form von Susanne

Susanne weibl., aus der Bibel übernommener Vorn. hebr. Ursprungs, »die Lilie«. Die Geschichte der keuschen Susanne beim Bade, die im Mittelalter volkstümlich wurde, führte zu einer starken Verbreitung des Namens. *Weitere Formen:* Susann, Sanne, Sanna, Sanni, Su, Suse, Susi; Susan, Sue (engl.); Suzanne, Suzette (französ.); Susanna, Susa, Susetta (italien.); Susanka (slaw.); Susen (schwed.). *Bekannte Namensträgerinnen:* Susanne von Klettenberg, deutsche Schriftstellerin; Susanne Uhlen, deutsche Schauspielerin. *Namenstag:* 11. August

Suse weibl., Kurzform von Susanne

Susen weibl., schwed. Form von Susanne

Susetta weibl., italien. Koseform von Susanne

Susi weibl., Koseform von Susanne. *Weitere Formen:* Susy, Suzy

Suzanne weibl., französ. Form von Susanne

Suzette weibl., französ. Koseform von Susanne

Suzy weibl., Koseform von Susanne

Svane weibl., Kurzform von Vorn. mit »svan« (Schwan)

Svea weibl., schwed., aus »svea-rike« (Schwedenreich)

Sven männl., nord., »junger Krieger«. *Weitere Formen:* Swen; Svend (dän.)

Svenja weibl. Form von Sven

Swana weibl., Nebenform von Swanhild. *Weitere Formen:* Schwana

Swanhild weibl., aus dem ahd. »swan« (Schwan) und »hiltja« (Kampf). *Weitere Formen:* Swanhilde

Swante männl., slav., »Kriegsvolk«. *Weitere Formen:* Svante (schwed.)

Swantje weibl., fries. Form von Swanhild. *Weitere Formen:* Swaantje, Swaneke

Swetlana weibl., russ., »hell«. *Weitere Formen:* Svetlana

Swidgard weibl., aus dem ahd. »swinde« (stark, geschwind) und »gard« (Schutz)

Swindbert männl., aus dem ahd. »swinde« (stark, geschwind) und »beraht« (glänzend). *Weitere Formen:* Swidbert, Suidbert

Swinde weibl., Kurzform von Vorn. mit »swind«. *Weitere Formen:* Swinda

Swindger männl. aus dem ahd. »swinde« (stark, geschwind) und »ger« (Speer)

Sybil weibl., engl. Form von Sibylle

Sylvester männl., Nebenform von Silvester. *Bekannter Namensträger:* Sylvester Stallone, amerikan. Filmschauspieler und Regisseur

Sylvi weibl., skand. Form von Silvia. *Weitere Formen:* Sylvie (französ.)

Sylvia weibl., Nebenform von Silvia

Syra weibl., Herkunft und Bedeutung unklar, wahrscheinlich »die Syrerin«

Syste männl., fries. Form von Silvester

Tabea weibl., Nebenform von Tabitha. *Weitere Formen:* Tabe

Tabitha weibl., aus der Bibel übernommener Vorn. hebr. Ursprungs, »tabja« (Gazelle). *Weitere Formen:* Tabea

Tade männl., fries. Form von Vorn. mit »Diet-«. *Weitere Formen:* Taelke, Taetse, Take

Tage männl., aus dem Schwed. übernommener Name; früher Beiname eines Bürgen oder Gewährsmannes

Taiga weibl., russ. (gemeint ist damit der sibir. Nadelwaldgürtel) oder Kurzform von russ. Vorn. mit »Diet-« oder fries. Form von Theda

Tale weibl., fries. Kurzform zu Adelheid. *Weitere Formen:* Talea, Taletta, Taleja

Talesia weibl., bask. Form von Adelheid

Talida weibl., fries. Form von Adelheid

227

Talika weibl., fries. Form von Adelheid. *Weitere Formen:* Talka, Talke

Tam männl., engl. Kurzform von Thomas

Tamara weibl., russ. Vorn. hebr. Ursprungs, »Dattelpalme«. *Weitere Formen:* Thamara, Tamar

Tamás männl., ungar. Form von Thomas

Tamina weibl. Form von Tamino

Tamino männl., aus dem griech. »tamias« (Herr, Gebieter). Gestalt aus Mozarts Oper »Die Zauberflöte«

Tamme männl., alte fries. Form von Dankmar oder Thomas. *Weitere Formen:* Tammo, Dammo, Tammy

Tammes männl., dän. Form von Thomas

Tanja weibl., Nebenform von Tatjana. *Weitere Formen:* Tania, Tanjura; Taina (finn.). *Bekannte Namensträgerin:* Tania Blixen, dän. Schriftstellerin

Tanko männl., Nebenform von Dankwart

Tankred männl., normann. Form von Dankrad. Tankred von Tarent (12. Jh.) war Teilnehmer am ersten Kreuzzug und wurde eine der Hauptfiguren in Tassos Epos »Das befreite Jerusalem«. *Bekannter Namensträger:* Tankred Dorst, deutscher Dramatiker und Gründer einer Marionettenbühne in München

Tarek männl., arab., Tarek war ein arab. Feldherr. Nach ihm wurde Gibraltar (Fels des Tarek) benannt. *Weitere Formen:* Tarik, Tarick

Tassia weibl., russ. Form von Anastasia. *Weitere Formen:* Tasia

Tassilo männl., Koseform von Tasso. *Weitere Formen:* Thassilo. *Bekannter Namensträger:* Thassilo von Scheffer, deutscher Schriftsteller und Übersetzer

Tasso männl., italien. Vorn. lat. Herkunft von »taxus« (Eibe)

Tatjana weibl., russ., Bedeutung und Herkunft unklar. In Deutschland wurde der Name vor allem durch Tschaikowskis »Eugen Onegin« bekannt. *Weitere Formen:* Tanja, Tata

Tebbe männl., fries. Form von Theodebert oder fries. Form von Vorn. mit »Diet-«. *Weitere Formen:* Tebbo

Ted männl., engl. Kurzform von Theodor oder Eduard. *Weitere Formen:* Teth, Teddy

Teddy männl., Koseform von Ted

Tede männl., fries. Kurzform von Vorn. mit »Thed-« und »Diet-«. *Weitere Formen:* Thede; weibl. Form von Theodora; eindeutiger Zweitname erforderlich

Teida weibl., fries. Form von Adelheid

Teilhard männl., franz., Bedeutung unsicher; erster Namensbestandteil wohl auf einen Ort bezogen oder german. »tille« (Linde), zweiter Bestandteil aus ahd. »harti« (hart, stark)

Tela fries. Form von Adelheid. *Weitere Formen:* Tele

Tell männl., schweiz. Familienname, zu Ehren des Nationalhelden auch als Vorn., vielleicht aus dem german. »dala« (hell, klar)

Telsa fries. Form von Elisabeth. *Weitere Formen:* Telse, Telseke

Temme männl., fries. Form von Dietmar

Teodora weibl., italien. Form von Theodora

Teresa weibl., span. und engl. Form von Therese. *Bekannte Namensträgerin:* Mutter Teresa (eigentlich Agnes Gonxha Bojaxhui), ind. Ordensschwester, Friedensnobelpreisträgerin

Térèse weibl., französ. Form von Therese. *Weitere Formen:* Thérèse

Terezie weibl., tschech. Form von Therese

Terézie, Terka weibl., ungar. Formen von Therese

Terzia weibl., aus dem lat. »tertia« (die Dritte)

Tess, Tessa, Tessy weibl., engl. Koseformen von Therese

Tetje männl., fries. Kurzform von Vorn. mit »Diet-«. *Weitere Formen:* Tete

Tettje weibl., fries. Kurzform von Vorn. mit »Diet-«. *Weitere Formen:* Tetta

Teudelinde weibl., Nebenform von Theodelinde

Teutobert männl., alte Form von Theodebert

Teutward männl., Nebenform von Theodeward

Tewes männl., Nebenform von Matthäus

Thaddäus männl., aus der Bibel übernommener Vorn. unklarer Herkunft und Bedeutung. Thaddäus war der Beiname des Heiligen Judas. *Weitere Formen:* Taddäus, Thady; Tadeusz (poln.). *Bekannter Namensträger:* Thaddäus Troll, deutscher Schriftsteller. *Namenstag:* 28. Oktober

Thaisen männl., fries. Form von Matthias

Thea weibl., Kurzform von Dorothea, Theodora oder Therese. *Bekannte Namensträgerin:* Thea von Harbou, deutsche Schriftstellerin

Theda weibl., Kurzform von Vorn. mit »Diet«

Theis männl., Kurzform von Matthias

Thekla weibl., aus dem griech. »theós« (Gott) und »kléos« (guter Ruf, Ruhm); in Ostfriesland ist Thekla auch als Kurzform zu Vorn. mit »Theod-« gebräuchlich. Seit dem Mittelalter als Heiligenname verbreitet; im 19. Jh. neu belebt durch Schillers »Wallenstein«. *Bekannte Namensträgerin:* Thekla Carola Wied, deutsche Schauspielerin. *Namenstag:* 23. September, 28. September

Themke männl., Nebenform zu Dietmar

Theo männl., Kurzform von Theodor oder Theobald. *Weitere Formen:* Teo. *Be-*

kannter Namensträger: Theo Lingen, deutscher Schauspieler

Theobald männl., latinisierte Form von Dietbald oder aus dem griech. »théos« (Gott). *Weitere Formen:* Debald, Diebald, Diebold; Theobald, Tibald (engl.); Thibaud, Thibault, Thibaut, Théobald (französ.); Tebaldo, Teobaldo (italien.)

Theoda weibl., Kurzform von Vorn. mit »Theo-«

Theodebert männl., latinisierte Form von Dietbert. *Weitere Formen:* Tebbe (fries.)

Theodegar männl., latinisierte Form von Dietger. *Weitere Formen:* Theodeger

Theodelinde weibl., latinisierte Form von Dietlinde

Theodemar männl., latinisierte Form von Dietmar. *Weitere Formen:* Teutomar

Theoderich männl., latinisierte Form von Dietrich

Theodeward männl., latinisierte Form von Dietward

Theodolf männl., latinisierte Form von Dietwolf. *Weitere Formen:* Theodulf

Theodor männl., aus dem griech. »theódoros« (Gottesgeschenk). Im Mittelalter durch die Verehrung des Heiligen Theodors verbreitet, später durch die Begeisterung für Theodor Körner (Dichter des Freiheitskampfs gegen Napoleon) neu belebt. *Weitere Formen:* Theo; Theodore, Ted, Teddy (engl.); Théodore (franzö́s.); Theodoro (italien.); Fjodor, Fedor, Feodor (russ.). *Bekannte Namensträger:* Theodor Mommsen, deutscher Historiker und Nobelpreisträger; Theodor Storm, deutscher Schriftsteller; Theodor Fontane, deutscher Schriftsteller; Theodor Heuss, erster deutscher Bundespräsident. *Namenstag:* 16. August, 9. November

Theodora weibl. Form von Theodor. *Weitere Formen:* Dora, Thekla, Thea, Theodore; Fjodora, Feodora (russ.); Teodora (italien.)

Theodore männl., engl. Form von Theodor; weibl., Nebenform von Theodora; eindeutiger Zweitname erforderlich

Théodore männl., franzö́s. Form von Theodor

Theodoro männl., italien. Form von Theodor

Theodosia weibl. Form von Theodosius. *Weitere Formen:* Feodosia (russ.)

Theodosius männl., griech., »von Gott geschenkt«. *Weitere Formen:* Feodosi (russ.)

Theofried männl., latinisierte Form von Dietfried

Theophil männl., aus dem griech. »theóphilos« (Freund Gottes). Der Zauberer Theophilus ist eine mittelalterliche Legendenfigur und eine Vorstufe der Faustgestalt. *Weitere Formen:* Théophile (franzö́s.); Theophilus. *Bekannter Namensträger:* Théophile Gautier, franzö́s. Dichter

Theophora weibl., aus dem griech. »theóphora« (Gottesträgerin)

Theresa weibl., Nebenform von Therese. *Weitere Formen:* Theresina

Therese weibl., griech., »die von der Insel Thera Stammende«. Die Heilige Therese von Avila gründete im 16. Jh. mehrere Klöster und reformierte den Karmeliterorden. Später wurde der Name durch die Verehrung der Kaiserin Maria Theresia volkstümlich. *Weitere Formen:* Theresa, Theresia, Thesi, Thery, Thesy, Resi; Teresa (span., engl.); Tess, Tessa, Tessy (engl.); Térèse (franzö́s.); Terezie (tschech.); Terka, Terézie (ungar.). *Bekannte Namensträgerin:* Heilige Theresa von Avila, Klostergründerin und Reformerin des Karmeliterordens; Therese Giehse, deutsche Schauspielerin. *Namenstag:* 15. Oktober

Theresia weibl., Nebenform von Therese

Thery, Thesi, Thesy weibl., Koseformen von Therese

Thiedemann männl., Nebenform von Vorn. mit »Diet-«. *Weitere Formen:* Thielemann

Thiemo männl., Kurzform von Vorn. mit »Diet«

Thierri männl., franzos. Form von Dieterich. *Weitere Formen:* Thierry

Thies männl., Kurzform von Matthias. *Weitere Formen:* Thieß

Thilde weibl., Kurzform von Mathilde, *Weitere Formen:* Tilde

Thilo männl., Kurzform von Vorn. mit »Diet-«. *Weitere Formen:* Tilo. *Bekannter Namensträger:* Thilo Koch, deutscher Journalist

Thimo männl., Nebenform von Dietmar. *Weitere Formen:* Tiemo, Thietmar

This männl., niederd. Form von Matthias

Thomas männl., aus der Bibel übernommener Vorn. hebr. Ursprungs, »Zwillingsbruder«. Die Verehrung des Heiligen Thomas (ungläubiger Thomas, weil er an der Auferstehung Jesu zweifelte und erst dann daran glaubte, als er die Wundmale berühren durfte) führte zur großen Verbreitung des Namens. Der Thomastag (21. 12.) ist mit vielen Volksbräuchen verknüpft, z. B. mit Liebesorakeln. *Weitere Formen:* Thoma, Tam; Tamme (fries); Tom, Tommy, Tomy (engl); Thomé (französ.); Tomaso, Tommaso (italien.); Tomás (span.); Tomas (schwed.); Toma (slaw.); Tammes (dän.); Tamás (ungar.). *Bekannte Namensträger:* Thomas von Aquin, bedeutender Philosoph und Theologe; Thomas Morus, engl. Kanzler; Thomas Münzer, Führer des Bauernaufstandes; Thomas Stearns Eliot; engl. Schriftsteller; Thomas Jefferson, 3. Präsident der USA; Thomas Hardy, engl. Dichter; Thomas Alva Edison, amerikan. Erfinder; Thomas Mann, deutscher Schriftsteller; Thomas Bernhard, österr. Schriftsteller; Thomas Gottschalk, deutscher Fernsehunterhalter und Filmschauspieler; Thomas Freitag, deutscher Kabarettist. *Namenstag:* 3. Juli

Thomé männl., französ. Form von Thomas

Thona weibl., Nebenform von Antonia

Thora weibl., Form von Thore. *Weitere Formen:* Tora

Thoralf männl., nord., aus dem german. »thor« (Gott) und »alf« (Elf, Naturgeist). *Weitere Formen:* Toralf

Thorben männl., dän. Form von Torbjörn. *Weitere Formen:* Torben

Thorbrand männl., nord., zu german. »thor« (Gott) und »brant« (Brand). *Weitere Formen:* Torbrand

Thordis weibl., nord., zu german. »thor« (Gott) und altschwed. »dis« (Göttin). *Weitere Formen:* Tordis

Thore männl., nord., zu german. »thor« (Gott), zweiter Bestandteil ungeklärt. *Weitere Formen:* Tore, Ture, Thure

Thorfridh männl., aus dem german. »thor« (Gott) und dem ahd. »fridu« (Friede)

Thorgard weibl., schwed., zu german. »thor« (Gott) und »gard« (Schutz). *Weitere Formen:* Torgard, Torgerd, Torgärd

Thorger männl., nord., zu german. »thor« (Gott) und »ger« (Speer). *Weitere Formen:* Torger, Thorge

Thorgert männl., Nebenform von Thorger

Thorgund weibl., schwed., zu german. »thor« (Gott) und dem ahd. »gund« (Kampf). *Weitere Formen:* Torgund, Torgun, Torgunnd

Thorhild weibl., schwed., zu german. »thor« (Gott) und dem ahd. »hiltja« (Kampf). *Weitere Formen:* Torhild, Torhilda, Törilla

Thorid weibl., nord., zu german. »thor« (Gott) und dem ahd. »fridu« (Friede). *Weitere Formen:* Torid, Turid

Thorolf männl., schwed., zu german. »thor« (Gott) und altisländ. »ulfr« (Wolf). *Weitere Formen:* Torulf, Torolf

Thorsten männl., nord., zu german. »thor« (Gott) und »sten« (Stein). *Weitere Formen:* Torsten

Thorwald männl., nord., zu german. »thor« (Gott) und dem ahd. »waltan« (walten, herrschen). *Weitere Formen:* Torwald, Torvald

Thusnelda weibl., aus dem ahd. »thurs« (Riese) und »hiltja« (Kampf). *Weitere Formen:* Thusnelde, Tusnelda, Tursinhilda, Tussinhilda

Thyra weibl., schwed., latinisiert, aus dem german. »thor« (Gott) und dem ahd. »wig« (Kampf). *Weitere Formen:* Tyra, Thyrvi, Tyre

Tiada weibl., fries. Kurzform von Vorn. mit »Diet-«. *Weitere Formen:* Tjada

Tiade männl., fries. Kurzform von Vorn. mit »Diet-«. *Weitere Formen:* Tjade

Tialf männl., fries. Kurzform von Detlef. *Weitere Formen:* Tjalf

Tiana weibl., Nebenform von Christiana

Tiard männl., fries. Kurzform von Diethard. *Weitere Formen:* Tjard

Tiark männl., fries. Kurzform von Dietrich. *Weitere Formen:* Tiarke, Tjark, Tyärk

Tiba weibl., fries. Kurzform von Dietberga. *Weitere Formen:* Thiadberg, Thiadburg, Tibeta, Tibetha, Tibe

Tiberius männl., lat., »dem Flussgott Tiber geweiht«

Tibor männl., ungar. Form von Tiberius. *Bekannter Namensträger:* Tibor Déry, ungar. Schriftsteller; Tibor Varga, ungar. Geiger und Dirigent

Tida weibl., fries. Kurzform von Adelheid

Till männl., fries. Kurzform von Vorn.

mit »Diet«. Till Eulenspiegel (14. Jh.) ist als Schelm überliefert, aber auch als fläm. Freiheitsheld Thyl Ulenspiegel. *Weitere Formen:* Tile, Tyl

Tilla weibl., Kurzform von Ottilie oder Mathilde. *Weitere Formen:* Tilli, Tilly

Tillmann männl., alte fries. Form von Vorn. mit »Diet«, besonders zu Dietrich. *Weitere Formen:* Tilmann, Tillman, Tilman, Tillo. *Bekannter Namensträger:* Tilman Riemenschneider, Bildhauer

Tilse weibl., fries. Form von Elisabeth

Timm männl., Kurzform von Thiemo oder Timotheus. *Weitere Formen:* Tim, Timme, Timmo, Timo

Timotheus männl., aus dem griech. »timan« (schätzen, ehren) und »theós« (Gott). Der Heilige Timotheus war ein Schüler und Gehilfe des Apostels Paulus. *Weitere Formen:* Timo, Tiemo, Timm; Timothy (engl.); Timothée (französ.); Timofej (russ.)

Timothy männl., engl. Form von Timotheus

Timpe männl., Märchengestalt aus »Der Fischer un syne Fru«. Eindeutiger Zweitname erforderlich

Tina weibl., Kurzform von Vorn. mit

»-tina«, vor allem von Christina oder Martina. *Weitere Formen:* Tine, Tini. *Bekannte Namensträgerin:* Tina Turner, amerikan. Popsängerin

Tinette weibl., französ. Koseform von Antoinette

Tinka weibl., Kurzform von Katharina

Tino männl., italien. Kurzform von Vorn. mit »-tino«, vor allem von Valentino

Tirza weibl., aus der Bibel übernommener Vorn. hebr. Ursprungs, »die Anmutige«. *Weitere Formen:* Thirza, Thyrza, Thirsa

Tito männl., italien. Form von Titus

Titus männl., aus dem lat. »titulus« (Ruhm, Verdienst, Ansehen), eigentlich Name des altröm. Geschlechts Titius, oder aus dem lat. »titus« (Wildtaube); auch mit dem Riesen Tityos in Zusammenhang gebracht. Titus Flavius Vespasianus zerstörte 70 n. Chr. Jerusalem und ließ den Titusbogen in Rom errichten. *Weitere Formen:* Tito, Tiziano (italien.). *Namenstag:* 6. Februar

Tiziana weibl. Form von Tiziano. *Weitere Formen:* Titia

Tiziano männl., italien. Form von Titus

Tjarde weibl. Form von Tiard

Töbe, Töbi männl., Kurzform von Tobias

Tobias männl., aus der Bibel übernommener Vorn. hebr. Ursprungs, »Gott ist gnädig«. Tobias ist in der Bibel der fromme Sohn, der mit seinem erblindeten Vater eine gefährliche Reise unternimmt und seinen Vater heilt. Die Tobiasgeschichte war in der Reformationszeit weit verbreitet und trug maßgeblich zur Beliebtheit des Namens bei. *Weitere Formen:* Tobi, Tobie, Tobia, Tobies, Töbi; Tobit (griech.); Tobia (italien.); Tobias, Toby (engl.). *Bekannte Namensträger:* Tobias Stimmer, schweiz. Maler und Holzschnitzer; Johan Tobias Sergel, schwed. Bildhauer

Tobsy weibl., Koseform von Tove

Toby männl., engl. Koseform von Tobias

Tom männl., engl. Kurzform von Thomas. *Bekannte Namensträger:* Tom Cruise, amerikan. Schauspieler; Tom Jones, engl. Popsänger; Tom Selleck, amerikan. Schauspieler

Toma männl., slaw. Form von Thomas

Tomas männl., schwed. Form von Thomas

Tomaso, Tommaso männl., italien. Formen von Thomas

Tomasz männl., poln. Form von Thomas

Tommy, Tomy männl., engl. Koseformen von Thomas

Tona weibl., Kurzform von Antonia. *Weitere Formen:* Tonia, Tonja

Toni männl., Kurzform von Anton; weibl., Kurzform von Antonia; eindeutiger Zweitname erforderlich. *Weitere Formen:* Tony. *Bekannte Namensträger:* Toni Morrison, amerikan. Schriftstellerin, Nobelpreisträgerin; Toni Schumacher, deutscher Fußballspieler

Tonio männl., italien. Form von Anton

Torbjörn männl., nord., zu german. »thor« (Gott) und altschwed. »biorn« (Mann, Held, Häuptling)

Tord männl., Nebenform von Thorfridh

Tosja weibl., russ. Koseform von Antonia

Toska weibl., italien., »die Toskanerin«. *Weitere Formen:* Tosca

Tove weibl. Form von Tobias oder nord. Kurzform von Vorn. mit »thor«, im Schwed. auch männl.

Traude weibl., Kurzform von Gertraud. *Weitere Formen:* Traudel, Traute, Traudl

Traudhild weibl., aus dem ahd. »trud« (Kraft, Stärke) und »hiltja« (Kampf). *Weitere Formen:* Traudhilde, Trudhild, Trudhilde

Traudlinde weibl., aus dem ahd. »trud« (Kraft, Stärke) und »linta« (Schutzschild aus Lindenholz). *Weitere Formen:* Trudlinde

Traugott männl., pietistische Neubildung

Trauthelm männl., aus dem ahd. »trud« (Kraft, Stärke) und »helm« (Helm, Schutz)

Trauthold männl., aus dem ahd. »trud« (Kraft, Stärke) und »waltan« (walten, herrschen). *Weitere Formen:* Trautwald

Trautmann männl., aus dem ahd. »trud« (Kraft, Stärke) und »man« (Mann)

Trautmar männl., aus dem ahd. »trud« (Kraft, Stärke) und »mari« (berühmt)

Trautmund männl., aus dem ahd. »trud« (Kraft, Stärke) und »munt« (Schutz der Unmündigen)

Trautwein männl., aus dem ahd. »trud« (Kraft, Stärke) und »wini« (Freund). *Weitere Formen:* Trautwin

Treumund männl., aus dem altsächs. »triuwi« (treu, wahr) und dem ahd. »munt« (Schutz der Unmündigen)

Treumunde weibl. Form von Treumund

Trina weibl., Kurzform von Katharina. *Weitere Formen:* Trine, Trinette

Tristan männl., kelt., »Waffengeklirr«. Die Liebesgeschichte von Tristan und Isolde wurde oft künstlerisch bearbeitet und hat den Namen bekannt gemacht

Trix weibl., Kurz- und Koseform für Beatrix. *Weitere Formen:* Trixa, Trixi, Trixy

Trudbert männl., aus dem ahd. »trud« (Kraft, Stärke) und »beraht« (glänzend)

Trude weibl., Kurzform von Gertrud oder Waltraut

Trudeliese weibl., Doppelname aus Trude und Liese

Trutz männl., nhd., »Trotz, Gegenwehr, Widerstand«

Tulla weibl., alte Form von Ursula (Sankt Ulla). *Weitere Formen:* Tulle

Tünnes männl., rhein. Kurzform von Antonius

Tusja weibl., Kurzform von Natalija

Tyrmin männl., Herkunft und Bedeutung unklar

U

Ubald männl., aus dem ahd. »hugo« (Sinn, Geist) und »bald« (kühn). *Weitere Formen:* Hugbald; Ubalde (französ.); Ubaldo (italien.)

Ubba weibl. Form von Ubbo

Ubbo männl., fries. Kurzform von Ubald

Ubert männl., rätoroman. Form von Odilbert

Uda weibl., Nebenform von Oda. *Weitere Formen:* Ude

Udelar männl., Nebenform von Adolar

Udele weibl., Nebenform von Adele

Udo männl., Nebenform von Otto oder Ulrich. *Weitere Formen:* Odo, Uto, Utto. *Bekannte Namensträger:* Udo Jürgens, deutscher Schlagersänger und Komponist; Udo Lattek, deutscher Fußballtrainer; Udo Lindenberg, deutscher Rockmusiker, Sänger und Schlagzeuger

Ueli männl., schweiz. Form von Ulrich

Ufe männl., fries. Kurzform von Wolfbert. *Weitere Formen:* Uffe, Ufert, Uffke, Ufko

Ugo männl., italien. Form von Hugo. *Weitere Formen:* Ugolino

Uhl männl., Kurzform von Ulrich

Uland männl., aus dem ahd. »uodal« (Erbgut, Heimat) und »lant« (Land)

Ulbe männl., fries. Form von Odilbert. *Weitere Formen:* Ulbert, Ulbet

Ule männl., Nebenform von Ulrich. *Weitere Formen:* Ulerk (fries.)

Uletta weibl., roman. Form von Ulla

Ulf männl., nord., »wolf« (Wolf), oder fries. Kurzform von Ulfried. *Weitere Formen:* Ulfo, Ulw; Ulv (schwed.). *Bekannte Namensträger:* Ulf Merbold, deutscher Astronaut, erster Deutscher im All

Ulfart männl., fries. Form von Wolfhard

Ulfhild weibl., nord. Form von Wolfhild. *Weitere Formen:* Ulvhild (schwed.)

Ulfilas männl., Nebenform von Wulfila (Wölfchen)

Ulfo männl., Nebenform von Ulf

Ulfried männl., aus dem ahd. »uodal« (Erbgut, Heimat) und »fridu« (Friede). *Weitere Formen:* Ulfrid, Ulf, Ulfert, Olfert, Uodalfrid, Odalfrid

Uli männl., Kurzform von Ulrich. *Bekannter Namensträger:* Uli Stein, deutscher Cartoonist

Uliana weibl., russ. Form von Juliana

Ulita weibl., russ. Form von Julitta

Ulla weibl., Kurzform von Ursula oder Ulrike. *Weitere Formen:* Ula. *Bekannte Namensträgerin:* Ulla Hahn, deutsche Schriftstellerin

Ulla-Britt weibl., schwed. Doppelname aus Ulla und Britta

Ulli männl., Koseform von Ulrich

Ullmann männl., aus dem ahd. »uodal« (Erbgut, Heimat) und »man« (Mann)

Ullus männl., Nebenform von Ulrich

Ulric männl., engl. Form von Ulrich

Ulrich männl., aus dem ahd. »uodal« (Erbgut, Heimat) und »rihhi« (reich, mächtig). Durch die Verehrung des Heiligen Ulrich (9./10. Jh.) seit dem Mittelalter vor allem in Süddeutschland und der Schweiz verbreitet. Um 1900 wurde der Name oft in Adelskreisen gewählt. *Weitere Formen:* Uli, Ule, Ulli, Udo, Ullus, Utz, Uhl, Ohlsen; Ulrik, Ule (schwed.); Ulric (engl.); Olderico (italien.); Ueli (schweiz.). *Bekannte Namensträger:* Ulrich (eigentlich Huldrych) Zwingli, schweiz. Reformator; Ulrich von Hutten, deutscher Humanist; Ulrich Schamoni, deutscher Filmregisseur; Ulrich Wickert, deutscher Nachrichtenredakteur und Autor; Ulrich Tucur, deutscher Schauspieler und Sänger; Ulrich Meyer, deutscher Fernsehmoderator. *Namenstag:* 4. Juli

Ulrik männl., schwed. Form von Ulrich

Ulrika weibl., dän. und schwed. Form von Ulrike

Ulrike weibl. Form von Ulrich. *Weitere Formen:* Ulla, Ulrika, Rika, Rike, Riken; Ulrique (französ.). *Bekannte Namensträgerin:* Ulrike Meyfarth, deutsche Hochspringerin und Olympiasiegerin

Ulrique weibl., französ. Form von Ulrike

Ultima weibl. Form von Ultimus

Ultimus männl., aus dem lat. »ultimum« (zuletzt, zum letzten Male); im übertragenen Sinne ist das letzte Kind gemeint

Ulv männl., schwed. Form von Ulf

Ulysses männl., lat. Form von Odysseus (vielleicht »der von Zeus Gehasste«). *Weitere Formen:* Ulisse, Ulyxes, Ulixes

Umberto männl., italien. Form von Humbert. *Bekannter Namensträger:* Umberto Eco, italien. Schriftsteller

Umma weibl. Form von Ummo

Ummo männl., fries. Kurzform von Otmar. *Weitere Formen:* Umme

Una weibl., engl., vielleicht vom lat. »una« (die Einzige) oder zu gäl. »uan« (Lamm)

Undine weibl., aus dem lat. »unda« (Welle); eigentlich ist damit eine im Wasser hausende Nixe gemeint. Das Märchen der Nixe Undina, die einen Menschen zum Mann wählt, um eine unsterbliche Seele zu bekommen, wurde mehrfach künstlerisch bearbeitet

Uno männl., schwed. Form von One, »gedeihen, sich heimisch fühlen«. *Weitere Formen:* Unno, Unne

Uorsin männl., rätoroman. Form von Ursus

Urban männl., lat., »Stadtbewohner«. Der Heilige Urban, Patron der Winzer, wurde im Mittelalter vor allem in Süddeutschland und Tirol verehrt. *Weitere Formen:* Urbain (französ.); Urbano (italien.). *Namenstag:* 25. Mai

Urdin männl., aus dem bask. »urdin« (blau wie der Himmel)

Urdina weibl. Form von Urdin

Uri männl., Kurzform von Uriel

Uriel männl., aus der Bibel übernommener Vorn. hebr. Ursprungs, »Gott ist mein Licht«. Uriel ist der Name des Erzengels, der die Verstorbenen zum Jüngsten Gericht begleitet, er ist der Engel der Erde. *Bekannter Namensträger:* Uriel Acosta, jüd. Religionsphilosoph

Urs männl., Kurzform von Ursus. *Bekannte Namensträger:* Urs Graf, schweiz. Maler und Holzschnittmeister; Hans Urs von Balthasar, schweiz. Theologe und Schriftsteller

Ursa weibl., Kurzform von Ursula

Urschel weibl., Nebenform von Ursula

Urschla weibl., rätoroman. Form von Ursula

Ursel weibl., Kurzform von Ursula

Ursetta weibl., rätoroman. Form von Ursula

Ursin männl., französ. Form von Ursus

Ursina weibl., Nebenform von Ursula

Ursinus männl., Nebenform von Ursus

Ursio männl., italien. Form von Ursus

Ursly weibl., engl. Form von Ursula

Ursola weibl., span. Form von Ursula

Ursula weibl. Form von Ursus. Die Heilige Ursula wurde der Legende nach auf der Rückreise von Rom mit ihren elftausend Jungfrauen von den Hunnen bei Köln ermordet. Sie ist die Schutzpatronin von Köln. Der Name ist in Deutschland seit dem Mittelalter verbreitet. *Weitere Formen:* Ursel, Ursela, Ursina, Ursa, Ursuline, Ursulane, Urschel, Uschi, Sula; Orsch, Orscheli (schweiz.); Urschla, Ursetta (rätoroman.); Ursly, Usle (engl.); Ursel, Orsel (niederländ.); Ursule (französ.); Orsola (italien.); Ursola (span.); Orsolya (ungar.). *Bekannte Namensträgerinnen:* Ursela Monn, deutsche Schauspielerin; Ursula Andress, schweiz. Schauspielerin. *Namenstag:* 21. Oktober

Ursule weibl., französ. Form von Ursula

Ursuline weibl., erweiterte Form von Ursula. Ursprünglich der Name einer Novizin, die sich den Ursulinen geweiht hatte. *Weitere Formen:* Ursulina, Ursulane, Ursina, Ursine

Ursus männl, aus dem lat. »ursus« (Bär). *Weitere Formen:* Urs, Ursinus; Ursio (italien.); Uorsin (rätoroman.); Ursin (französ.). *Namenstag:* 30. September

Urte weibl., bask. Form von Ruth oder balt. Form von Dorothea

Uschi weibl., Koseform von Ursula. *Bekannte Namensträgerin:* Uschi Glas, deutsche Schauspielerin

Usle weibl., engl. Form von Ursula

Usmar männl., Nebenform von Osmar

Ute weibl., Nebenform von Oda. Im Nibelungenlied ist Uote der Name von Kriemhilds Mutter. Bis zum 12. Jh. war der Name durch Fürstinnen in verschiedenen Heldensagen weit verbreitet. *Weitere Formen:* Uta, Utta. *Bekannte Namensträgerin:* Ute Lemper, deutsche Sängerin und Tänzerin

Uthelm männl., Nebenform von Othelm

Utlinde weibl., Nebenform von Otlinde

Uto männl., Nebenform von Udo

Utz männl., Kurzform von Ulrich und anderen Vorn. mit »uodal« (Erbgut, Heimat). *Weitere Formen:* Uz

Uwe männl., fries. Form von Vorn. mit »Ot-«. *Weitere Formen:* Uwo, Uve, Uvo. *Bekannte Namensträger:* Uwe Seeler, deutscher Fußballspieler; Uwe Ochsenknecht, deutscher Schauspieler und Sänger

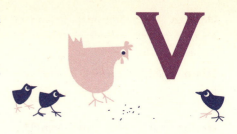

Václaw männl., tschech. Form von Wenzeslaus. *Weitere Formen:* Václav. *Bekannter Namensträger:* Václav Havel, tschech. Schriftsteller und Politiker

Valente männl., italien. Form von Valentin

Valentin männl., aus dem lat. »valere« (gesund sein). Valentin, Patron von Passau und Schutzheiliger bei Epilepsie sowie ein weiterer Heiliger Valentin, der Schutzpatron der Liebenden (Valentinstag, 14. 2.), sorgten für die Verbreitung des Namens. *Weitere Formen:* Feltes, Valtin, Valten, Velten; Valente, Valentino (italien.). *Namenstag:* 7. Januar, 14. Februar

Valentina weibl. Form von Valentin. *Weitere Formen:* Valentine, Valente, Valentia. *Bekannte Namensträgerin:* Valentina Tereschkowa, russ. Kosmonautin

Valentine weibl., Nebenform von Valentina

Valentino männl., italien. Form von Valentin. *Weitere Formen:* Valentiniano

Valer männl., Nebenform von Valerius

Valeria weibl. Form von Valerius. *Weitere Formen:* Valerie, Valeriane. *Namenstag:* 4. Mai, 20. Mai

Valerian männl., Nebenform von Valerius

Valerie weibl., Nebenform von Valeria

Valerio männl., italien. Form von Valerius

Valerius männl., lat. »aus dem Geschlecht der Valerier«. Der Heilige Valerius war ein Schüler von Petrus und wurde im 3. Jh. Bischof von Trier. Durch seine Verehrung wurde der Name in Deutschland im 16. Jh. beliebt. *Weitere Formen:* Valer, Valerian; Valerio (italien.); Valérien (französ.). *Namenstag:* 29. Januar

Valeska weibl., poln. Form von Valeria oder weibl. Form von Wladislaw

Valten, Valtin männl., Kurzformen von Valentin

Vanda weibl., italien. und schwed. Form von Wanda

Vanessa weibl., engl. Vorn., der eigentlich eine Schmetterlingsgattung bezeichnet, oder von J. Swift in seinem Gedicht »Cadenus und Vanessa« aus den Anfangssilben des Namens Esther Vanhomrigh gebildet. *Bekannte Namensträgerin:* Vanessa Redgrave, engl. Schauspielerin

Vanja weibl., seit dem 19. Jh. in Schweden gebräuchliche weibl. Form von Wanja; männl., russ. Koseform von Iwan; eindeutiger Zweitname erforderlich

Vanna weibl., Kurzform von Giovanna. *Weitere Formen:* Vannina

Varus männl., lat., vielleicht nach dem röm. Statthalter in Germanien Publius Quinctilius Varus; besonders in der Schweiz verbreitet

Vasco männl., aus dem span. oder portug. »vasco« (der Baske). *Bekannter Namensträger:* Vasco da Gama, portug. Seefahrer und Entdecker des Seeweges nach Indien

Vasja männl., russ. Koseform von Wassilij

Veicht, Veidi, Veil männl., bayr. Formen von Veit

Veit männl., deutsche Form von Vitus, Bedeutung unklar. Der Heilige Vitus (oder Veit) war Nothelfer bei Krämpfen, Fallsucht und Blindheit. Nach ihm wurden auch einige Krankheiten benannt (z. B. Veitstanz). *Weitere Formen:* Vit, Wido; Veicht, Veidl, Veil (bayr.); Vit, Vito, Guido (roman.); Voit (französ.); Guy (engl.); Witas (schwed.); Vida (ungar.); Vit, Veit (russ.). *Bekannte Namensträger:* Veit Stoß, deutscher Holzschnitzer und Bildhauer; Veit Harlan, deutscher Filmregisseur. *Namenstag:* 15. Juni

Velten männl., Kurzform von Valentin

Vera weibl., aus dem russ. »vera« (Glaube) oder Kurzform von Verena oder Veronika. *Weitere Formen:* Wera, Veruschka (russ.). *Bekannte Namensträgerin:* Vera Tschechowa, deutsche Schauspielerin

Verena weibl., Herkunft und Bedeutung unklar, eventuell Nebenform von Veronika oder aus dem lat. »vereri« (sich scheuen, verehren). Die Heilige Verene von Solothurn wurde vor allem in der Schweiz verehrt. *Weitere Formen:* Vera, Rena; Vreni (schweiz.); Vérène (französ.). *Namenstag:* I. September

Vérène weibl., französ. Form von Verena

Vergie weibl., Nebenform von Virginia

Verita weibl. Form von Veritas

Veritas männl., aus dem lat. »veritas« (Wahrheit)

Verona weibl., Nebenform von Veronika. *Weitere Formen:* Veronia. *Bekannte Namensträgerin:* Verona Pooth (geb. Feldbusch)

Veronika weibl., griech., »die Sieg Bringende«. Die Heilige Veronika von Jerusalem hat Christus auf dem Weg zur Kreuzigung ein Schweißtuch gereicht. *Weitere Formen:* Berenike, Vera, Verona, Frony, Veronica; Véronique (französ.). *Bekannte Namensträgerin:* Veronica Ferres, deutsche Schauspielerin. *Namenstag:* 9. Juli

Véronique weibl., französ. Form von Veronika

Vesta weibl., aus dem griech. »Herd«, Name der griech. Herd- und Feuergöttin

Veva weibl., Kurzform von Genoveva. *Weitere Formen:* Vevi

Vicky weibl., eng. Kurzform von Viktoria. *Weitere Formen:* Vicki, Viki. *Bekannte Namensträgerinnen:* Vicki Baum, österr. Schriftstellerin

Vico männl., italien. Kurzform von Viktor. *Weitere Formen:* Vicco, Viggo. *Bekannter Namensträger:* Vicco von Bülow, deutscher Satiriker

Victor männl., engl. und französ. Form von Viktor. *Bekannte Namensträger:* Victor Hugo, französ. Schriftsteller; Victor de Kowa, deutscher Schauspieler und Regisseur

Victoria weibl., Nebenform von Viktoria

Victorien weibl., französ. Form von Viktoria

Viktor männl., aus dem lat. »vincere« (siegen). Durch die Verehrung mehrerer Heiliger weit verbreitet in Deutschland. Der Heilige Viktor von Xanten wird am Xantener Dom als Drachentöter dargestellt. *Weitere Formen:* Viktorian, Victor; Vico, Vittore, Vittorio (italien.); Vitja (russ.); Victor (engl., französ.). *Bekannter Namensträger:* Viktor von Scheffel, deutscher Schriftsteller. *Namenstag:* 30. September, 10. Oktober

Viktoria weibl. Form von Viktor. *Weitere Formen:* Victoria, Viktoriana, Viktoriane, Viktorina, Viktorine; Fieke (fries.); Victorien (französ.); Vicky (engl.). *Bekannte Namensträgerinnen:* Viktoria, Gattin von Kaiser Friedrich III.; Victoria Principal, amerikan. Schauspielerin. *Namenstag:* 17. November, 23. Dezember

Viktorian männl., Nebenform von Viktor. *Weitere Formen:* Viktorianus (lat.)

Viktoriana weibl., Nebenform von Viktoria

Viktoriane weibl., Nebenform von Viktoria

Viliana weibl., russ. Vorn., aus den Initialen von »Wladimir Lenin« gebildet

Vilja weibl., finn., »Reichtum, Güte«

Vilma weibl., ungar. Form von Wilma

Vilmar männl., aus dem ahd. »filu« (viel) und »mari« (berühmt)

Vilmos männl., ungar. Form von Wilhelm

Vincent männl., engl., französ. und niederländ. Form von Vinzenz. *Bekannter Namensträger:* Vincent van Gogh, niederländ. Maler

Vincenta weibl., Nebenform von Vinzenta

Vincente männl., italien. Form von Vinzenz

Vincentia weibl., Nebenform von Vinzenta

Vincenzo männl., italien. Form von Vinzenz

Vinzent männl., Nebenform von Vinzenz

Vinzenta weibl. Form von Vinzenz. *Weitere Formen:* Senna, Zenzi, Zenta; Vinzentia, Vinzentina, Vincenta, Vincentia

Vinzenz männl., aus dem lat. »vincere« (siegen). *Weitere Formen:* Zenz, Vinzent; Vincent (engl., französ. niederländ.); Vincente, Vincenzo (italien.). *Bekannter Namensträger:* Vinzenz von Beauvais, französ. Dominikaner und Verfasser einer großen Enzyklopädie. *Namenstag:* 22. Januar, 19. Juli

Viola weibl., aus dem lat. »viola« (Veilchen). Durch die gleichnamige Gestalt aus Shakespeares »Was ihr wollt« bekannt geworden. *Weitere Formen:* Violetta (italien.); Violette (französ.); Violet, Violett (engl.); Violanta (lat.)

Violanta weibl., latinisierte Form von Viola oder Nebenform von Jolanthe

Violet weibl., engl. Form von Viola

Violetta weibl., italien. Koseform von Viola

Violette weibl., französ. Koseform von Viola

Virgie weibl, Kurzform von Virginia

Virgil männl., aus dem Lat. übernommener Vorn. wahrscheinlich etrusk. Ursprungs, Bedeutung unklar. Der altrömische Dichter Publius Vergilius Maro (I. Jh. v. Chr.) wurde für einige Humanisten im 16. Jh. zum Namensvorbild. In Österreich wurde der Name durch die Verehrung des Heiligen Virgilius, der im 8. Jh. Bischof von Salzburg sowie ein bedeutender Gelehrter war, bekannt und beliebt. *Namenstag:* 24. September

Virgilia weibl., Nebenform von Virginia

Virginia weibl., aus dem Lat. übernommener Vorn., eine Nebenform des heute nicht mehr gebräuchlichen Vorn. Verginia, »die aus dem Geschlecht der Verginier«. *Weitere Formen:* Virginie, Virgie, Vergie, Virgilia, Ginnie, Jinny; Virna (italien.); Virginie (französ.); Ginger, Ginnie (engl.). *Bekannte Namensträgerinnen:* Virginia Woolf, engl. Schriftstellerin; Geena Davis, amerik. Schauspielerin. *Namenstag:* 7. Januar

Virginie weibl., französ. Form von Virginia

Virna weibl., italien. Form von Virginia

Vit männl., Kurzform, roman. und russ. Form von Veit

Vitalis männl., aus dem lat. »vitalis« (kräftig, munter, lebenserhaltend). *Weitere Formen:* Vital; Vitale (italien.); Vidal (span.). *Namenstag:* 20. Oktober, 4. November

Vitja männl., russ. Form von Viktor. *Weitere Formen:* Vitulja

Vito männl., roman. Form von Veit

Vittore männl., italien. Form von Viktor

Vittorino männl., italien. Form von Viktor

Vittorio männl., italien. Form von Viktor

Vitus männl., Herkunft und Bedeutung unklar, vielleicht latinisierte Form von dem ahd. »witu« (Holz, Wald). *Weitere Formen:* Veit. *Bekannter Namensträger:* Vitus Bering, dän. Polar- und Asienforscher

Vivian weibl. und männl., aus dem Engl. übernommener Vorn., vermutlich nach »vibianus«, einer erweiterten Form des röm. Geschlechternamens »vibus«, auch mit »vivus« (lebendig) in Verbindung gebracht; eindeutiger Zweitname erforderlich. *Weitere Formen:* Vivien (französ.); Viviano (italien.); Bibieno (portug.)

Viviane weibl. Form von Vivian. *Weitere Formen:* Viviana, Vivien, Bibiana; Vivienne (französ.). *Bekannte Namensträgerin:* Vivien Leigh, engl. Schauspielerin

Voit männl., französ. Form von Veit

Volbert, Volbrecht männl., Nebenformen von Volkbert

Volkbert männl., aus dem ahd. »folc« (Volk, Kriegsschar) und »beraht« (glänzend)

Volkberta weibl. Form von Volkbert

Volkbrand männl., aus dem ahd. »folc« (Volk, Kriegsschar) und »brant« (Brand)

Volker männl., aus dem ahd. »folc« (Volk, Kriegsschar) und »heri« (Heer). *Bekannte Namensträger:* Volker Lechtenbrink, deutscher Schauspieler; Volker Schlöndorff, deutscher Regisseur

Volkhart männl., aus dem ahd. »folc« (Volk, Kriegsschar) und »harti« (hart). *Weitere Formen:* Volhard, Volkert

Volkhild weibl., aus dem ahd. »folc« (Volk, Kriegsschar) und »hiltja« (Kampf). *Weitere Formen:* Volkhilde; Folke (fries.)

Volkhold männl., Nebenform von Volkwald

Volkmann männl., aus dem ahd. »folc« (Volk, Kriegsschar) und »man« (Mann)

Volkmar männl., aus dem ahd. »folc« (Volk, Kriegsschar) und »mari« (berühmt)

Volko männl., Kurzform von Vorn. mit »Volk-«

Volkrad männl., aus dem ahd. »folc« (Volk, Kriegsschar) und »rat« (Ratgeber)

Volkram männl., aus dem ahd. »folc« (Volk, Kriegsschar) und »hraban« (Rabe)

Volkwald männl., aus dem ahd. »folc« (Volk, Kriegsschar) und »waltan« (walten, herrschen)

Volkward männl., aus dem ahd. »folc« (Volk, Kriegsschar) und »wart« (Hüter)

Volkwin männl., aus dem ahd. »folc« (Volk, Kriegsschar) und »wini« (Freund)

Volla weibl., fries. Kurzform von Vorn. mit »Volk-«

Volma weibl. Form von Volkmar

Volmar männl., Kurzform von Volkmar

Volprecht männl., Nebenform von Volkbert. *Weitere Formen:* Volpert, Volbert

Volrad männl., Nebenform von Volkrad. *Weitere Formen:* Vollrad, Volrat

Vreda weibl., niederd. Form von Frieda

Vreni weibl., schweiz. Form von Verena. *Weitere Formen:* Vreneli. *Bekannte Namensträgerin:* Vreni Schneider, schweiz. Skirennläuferin

Vroni weibl., Kurz- und Koseform von Veronika

Walbert männl., Nebenform von Waldebert

Walberta weibl. Form von Walbert

Walborg weibl., Nebenform von Walburg

Walburg weibl., aus dem ahd. »waltan« (walten, herrschen) und »burg« (Schutz, Zuflucht). Die Heilige Walburga war Äbtissin in Heidenheim. Ihre Reliquien wurden am 1. Mai 871 nach Eichstätt überführt. Daher stammt auch der Brauch, die Walpurgisnacht zu feiern. *Weitere Formen:* Walburga, Walburge, Walpurga, Walpurgis, Wala, Walli, Wally, Burga, Burgl, Walborg; Valborg (dän., schwed.); Vaubourg (französ.). *Namenstag:* 25. Februar, 1. Mai

Walburga, Walburge weibl., Nebenformen von Walburg

Walda weibl., Kurzform von Vorn. mit »Wald-«

Waldebert männl., aus dem ahd. »waltan« (walten, herrschen) und »beraht« (glänzend). *Weitere Formen:* Walbert

Waldegund weibl., aus dem ahd. »waltan« (walten, herrschen) und »gund« (Kampf). *Weitere Formen:* Waldegunde

Waldemar männl., aus dem ahd. »waltan« (walten, herrschen) und »mari« (berühmt). *Weitere Formen:* Waldomar, Waldo, Walo, Woldemar; Valdemar (dän.). *Bekannte Namensträger:* Waldemar I., König von Dänemark; Waldemar Bonsels, deutscher Schriftsteller; Waldemar (Waldi) Hartmann, deutscher Sportreporter

Waldfried männl., aus dem ahd. »waltan« (walten, herrschen) und »fridu« (Friede)

Waldmann männl., aus dem ahd. »waltan« (walten, herrschen) und »man« (Mann). *Weitere Formen:* Waltmann

Waldo männl., Kurzform von Waldemar oder Walter

Waldomar männl., Nebenform von Waldemar

Walfried männl., Nebenform von Waldfried

Walfriede weibl. Form von Walfried

Walli weibl., Kurzform von Walburg, Valerie oder Valentine. *Weitere Formen:* Wally

Walo männl., Kurzform von Vorn. mit »Wal-« oder »Wald-«, z. B. Waldemar

Walpurga, Walpurgis weibl., Nebenform von Walburg

Walram männl., Nebenform von Waltram

Walt männl., deutsche und engl. Kurzform von Walter. *Bekannte Namensträger:* Walt Disney, amerikan. Comiczeichner; Walt Whitman, amerikan. Lyriker

Walter männl., aus dem ahd. »waltan« (walten, herrschen) und »heri« (Heer). Durch die Verehrung des Heiligen Walter sowie durch den Minnesänger Walther von der Vogelweide verbreiteter Name. *Weitere Formen:* Walther, Walt; Wolter (niederd.); Walter, Walt, Walty (engl.); Wälti (schweiz.); Wouter, Wout (niederländ.); Gautier, Gauthier (franzos.); Gualtiero, Gualterio (italien.). *Bekannte Namensträger:* Walter Scott, engl. Schriftsteller; Walter Kollo, deutscher Operettenkomponist; Walter Gropius, deutscher Architekt und »Bauhaus«-Leiter; Walter Scheel,

deutscher Politiker, ehemaliger Bundespräsident; Walter Jens, deutscher Sprachwissenschaftler und Schriftsteller; Walter Plathe, deutscher Schauspieler

Waltfried männl., aus dem ahd. »waltan« (walten, herrschen) und »fridu« (Friede). *Weitere Formen:* Walfrid, Walfried

Walthard männl., aus dem ahd. »waltan« (walten, herrschen) und »harti« (hart)

Waltheide weibl., aus dem ahd. »waltan« (walten, herrschen) und »heit« (Art, Wesen)

Walther männl., Nebenform von Walter. *Bekannter Namensträger:* Walther Rathenau, deutscher Staatsmann

Walthild weibl., aus dem ahd. »waltan« (walten, herrschen) und »hiltja« (Kampf). *Weitere Formen:* Walthilde

Wälti männl., schweiz. Form von Walter

Waltmann männl., Nebenform von Waldmann

Waltram männl., aus dem ahd. »waltan« (walten, herrschen) und »hraban« (Rabe). *Weitere Formen:* Walram, Wallram, Walraf

Waltraut weibl., aus dem ahd. »waltan« (walten, herrschen) und »trud« (Kraft, Stärke). *Weitere Formen:* Waldtraut, Waltraud, Waltrud, Waltrude, Waltrudis, Trude

Waltrun weibl., aus dem ahd. »waltan« (walten, herrschen) und »runa« (Geheimnis, Zauber)

Walty männl., engl. Koseform von Walter

Wanda weibl., slaw., »Wendin«. In der polnischen Nationalsaga ist Wanda eine Prinzessin, die sich lieber ertränkt als eine ungewollte Verbindung einzugehen.

Wanja männl., russ. Nebenform von Iwan; weibl. Form von Iwan; eindeutiger Zweitname erforderlich

Wanko männl., bulgar. Form von Iwan

Warand männl., Kurzform von Vorn. mit »war« (aus dem ahd. »warjan«, wehren, verteidigen). *Weitere Formen:* Warant, Weriant, Werant

Warmud männl., aus dem ahd. »warjan« (wehren, verteidigen) und »munt« (Schutz der Unmündigen). *Weitere Formen:* Warimut

Warnart männl., fries. Form von Wernhard

Warner männl., fries. Form von Werner

Warnert männl., fries. Form von Wernhard

Warren männl., angelsächs. Form von ahd. »warjan« (wehren). *Bekannter Namensträger:* Warren Beatty, amerikan. Schauspieler und Oscarpreisträger

Wasmod männl., Nebenform von Wasmut

Wasmut männl., aus dem ahd. »wahsan« (wachsam) und »muot« (Sinn, Geist). *Weitere Formen:* Wachsmut

Wassili männl., russ. Form von Basilius. *Weitere Formen:* Wassily, Wassilij, Vassilij, Wasja, Vasja, Wasil. *Bekannter Namensträger:* Wassily Kandinsky, russ. Maler; Wassili der Selige, russ. Heiliger, um 1500

Wassilij männl., Nebenform von Wassili

Wazlav männl., poln. Form von Wenzeslaus

Weda weibl., fries. Kurzform von Vorn. mit »Wede-« oder »Widu-«. *Weitere Formen:* Wedeke, Weeda

Wedekind männl., Nebenform von Widukind

Wedig männl., niederd.-fries. Form von Vorn. mit »Wede-«. *Weitere Formen:* Wedigo

Weeka weibl., fries. Form von Vorn. mit »Wede-«. *Weitere Formen:* Weeke

Weerd männl., fries. Form von Wighard. *Weitere Formen:* Weert

Weiart männl., fries. Form von Wighard. *Weitere Formen:* Weierd, Weiert

Weigand männl., Nebenform von Wiegand, abgeleitet aus dem ahd. Wort für »kämpfen«

Weigel männl., alte Nebenform von Wiegand

Weike männl., Nebenform von Wighard; weibl., Nebenform von Vorn. mit »wig«; eindeutiger Zweitname erforderlich

Weikhard männl., Nebenform von Wighard

Weinrich männl., Nebenform von Winrich

Weke männl., fries. Kurzform von Vorn. mit »Wede-«. *Weitere Formen:* Weko

Weko männl., Nebenform von Weke

Welda weibl., Kurzform von Vorn. mit »Wald-«

Welf männl., wahrscheinlich durch das alte Fürstengeschlecht der Welfen bekannt; auch »Tierjunges, junger Hund«

Welfhard männl., neuer Doppelname aus Welf und ahd. Vorn. mit »-hard«

Wellem männl., rhein., niederd. und niederländ. Form von Wilhelm

Wellemina weibl., rhein. und fries. Form von Wilhelmine

Welmer männl., Nebenform von Willimar

Welmot männl., fries. Form von Wilmut. *Weitere Formen:* Welmuth

Wencke weibl., nord., zu niederd. Weneke oder niederd. Kurzform von Vorn. mit »Wern-« oder »wine«. *Weitere Formen:* Wenke. *Bekannte Namensträgerin:* Wencke Myrhe, Schlagersängerin

Wendel männl., Kurzform von Vorn. mit »Wendel-«

Wendelbert männl., aus dem ahd. Stammesnamen der Wandalen und »beraht« (glänzend)

Wendelburg weibl., aus dem ahd. Stammesnamen der Wandalen und »burg« (Schutz, Zuflucht)

Wendelgard weibl., aus dem ahd. Stammesnamen der Wandalen und »gard« (Schutz)

Wendelin männl., Kurzform von Vorn. mit »Wendel-«. Der Heilige Wendelin ist Schutzpatron der Hirten und des Viehs. *Weitere Formen:* Wenddin, Wendel, Wendig, Wendling, Wennig, Wander. *Namenstag:* 20. Oktober

Wendeline weibl. Form von Wendel

Wendelmar männl., aus dem ahd. Stammesnamen der Wandalen und »mari« (berühmt)

Wendi weibl., Kurzform von Wendelburg oder Wendelgard

Wendula weibl., Kurzform von Vorn. mit »Wendel-«

Weneke weibl., niederd.-fries. weibl. Kurzform von Wenemar

Wenemar männl., niederd. Form von Winemar. *Weitere Formen:* Wennemar

Wennig männl., Kurz- und Koseform von Wendelin

Wenz männl., Kurzform von Werner

Wenzel männl., Kurzform von Wenzeslaus. Der Heilige Wenzel ist der Nationalheilige der Böhmen und der erste heilig gesprochene Tscheche. *Namenstag:* 28. September

Wenzeslaus männl., latinisierte Form eines slaw. Vorn., aus dem slaw. »vjace« (mehr) und »slava« (Ruhm). *Weitere Formen:* Wenzel; Wazlav (poln.); Václav (tschech.)

Wera weibl., Nebenform von Vera

Werna weibl., Kurzform von Vorn. mit »Wer-«

Wernburg weibl., aus dem ahd. »warjan« (wehren) und »burg« (Schutz, Zuflucht)

Werner männl., aus dem ahd. »warjan« (wehren) und »heri« (Heer). *Weitere Formen:* Wernher, Neres, Wenz, Wetzel; Warner (fries.); Verner (dän., schwed.); Garnier, Vernier (französ.); Guarnerio, Vernerio (italien.). *Bekannte Namensträger:* Werner von Siemens, deutscher Erfinder und Industrieller; Werner Krauß, deutscher Schauspieler; Werner Egk, deutscher Komponist; Werner Finck, deutscher Kabarettist; Werner Heisenberg, deutscher Atomphysiker und Nobelpreisträger; Werner Veigel, deutscher Nachrichtensprecher und Zeichner. *Namenstag:* 18. April

Wernfried männl., aus dem ahd. »warjan« (wehren) und »fridu« (Friede)

Werngard weibl., aus dem ahd. »warjan« (wehren) und »gard« (Schutz)

Wernhard männl., aus dem ahd. »warjan« (wehren) und »harti« (hart). *Weitere Formen:* Wernhart, Wehrhart, Werhart

Wernher männl., Nebenform von Werner. *Bekannter Namensträger:* Wernher von Braun, deutsch-amerikan. Physiker und Raketenkonstrukteur, Raumfahrtpionier

Wernhild weibl., aus dem ahd. »warjan« (wehren) und »hiltja« (Kampf). *Weitere Formen:* Wernhilde

Werno männl., Kurzform von Vorn. mit »Wern-«

Wernt männl., Kurzform von Vorn. mit »Wern-«

Wernz männl., Kurz- und Koseform von Werner

Wetzel männl., Nebenform von Werner

Wiard männl., fries. Form von Wighard. *Weitere Formen:* Wiardo, Wiart, Wiardus (latinisiert)

Wibald männl., Nebenform von Wigbald

Wibert männl., Nebenform von Wigbert

Wibke weibl., fries. und niederd. Kurzform von Vorn. mit »wig« (Kampf, Krieg). *Weitere Formen:* Wiba, Wiebke, Wibeke, Wübke, Viveka (schwed.), Wybke

Wibo männl., fries. Kurzform von Wigbald

Wibranda weibl. Form von Wigbrand. *Weitere Formen:* Wibrande

Widar männl., aus dem ahd. »witu« (Wald, Gehölz) und »hari« (Kriegsvolk). *Weitere Formen:* Wiar; Vidar (skand.)

Wide männl. und weibl., Kurzform von Vorn. mit »Wide-« oder »Wede-«; eindeutiger Zweitname erforderlich

Wido männl., Kurzform von Vorn. mit »Wid-« oder »Wit-«. Bekannter ist die romanisierte Form Guido

Widukind männl., aus dem ahd. »witu« (Wald, Gehölz) und »kind« (Kind, Sohn). *Weitere Formen:* Wedekind, Wendekind, Wittekind, Widu; Wide (fries.)

Wiegand männl., aus dem ahd. »wig« (Kampf) und »nendan« (kühn, wagemutig). *Weitere Formen:* Wigand

Wieka weibl., Kurzform von Ludowika. *Weitere Formen:* Wieke

Wieland männl., altengl., »Goldschmied«; ursprünglich aus angelsächs. »veljan« (List) und »lund« (Gesinnung). Wieland war in einer german. Heldensage ein Schmied, der sich an seinem Kerkermeister König Nidhard rächte und danach durch die Lüfte entfloh. *Weitere Formen:* Wielant, Welant, Wiolant

Wiete weibl., fries. Kurzform von Vorn. mit »Wig-«. *Weitere Formen:* Wietske

Wigbald männl., aus dem ahd. »wig« (Kampf) und »bald« (kühn). *Weitere Formen:* Wigbold

Wigbert männl., aus dem ahd. »wig« (Kampf) und »beraht« (glänzend). *Weitere Formen:* Wigbrecht

Wigberta weibl. Form von Wigbert. *Weitere Formen:* Wiberta

Wigbrand männl., aus dem ahd. »wig« (Kampf) und »brant« (Brand)

Wigbrecht männl., Nebenform von Wigbert

Wigburg weibl., aus dem ahd. »wig« (Kampf) und »burg« (Schutz, Zuflucht). *Weitere Formen:* Wiburg

Wiggo männl., Kurzform von Vorn. mit »Wig-«. *Weitere Formen:* Wigo

Wighard männl., aus dem ahd. »wig« (Kampf) und »harti« (hart). *Weitere Formen:* Wighart, Wichard, Wickart, Wickhart, Wichert

Wigmar männl., aus dem ahd. »wig« (Kampf) und »mari« (berühmt)

Wigmund männl., aus dem ahd. »wig« (Kampf) und »munt« (Schutz der Unmündigen)

Wikko männl., Kurzform von Viktor

Wilbert männl., aus dem ahd. »willo« (Wille) und »beraht« (glänzend). *Weitere Formen:* Willibert, Willbrecht, Wilbrecht

Wilbrand männl., aus dem ahd. »willo« (Wille) und »brant« (Brand). *Weitere Formen:* Willibrand

Wilbur männl., amerikan.; wahrscheinlich von dem weibl. Vorn. Wilburg abgeleitet, oder von dem Familiennamen »Wildeboer« (Bauer auf Ödland). *Bekannter Namensträger:* Wilbur Wright, amerikan. Flugpionier

Wilburg weibl., aus dem ahd. »willo« (Wille) und »burg« (Schutz, Zuflucht)

Wilderich männl., Nebenform von Willerich

Wildfried männl., Nebenform von Wilfried

Wilfer männl., Nebenform von Wilfried

Wilfried männl., aus dem ahd. »willo« (Wille) und »fridu« (Friede). Durch den angelsächsischen Heiligen Wilfried, Bischof von York, im Mittelalter vor allem in Norddeutschland bekannt geworden. *Weitere Formen:* Wilfried, Willfried, Wilfred, Wilfer, Wilferd, Wilfert, Willifrid, Willefried; Wilfred (engl.). *Namenstag:* 24. April, 12. Oktober

Wilfriede weibl. Form von Wilfried. *Weitere Formen:* Wilfride, Willfriede, Willefriede

Wilgard weibl., aus dem ahd. »willo« (Wille) und »gard« (Schutz)

Wilgund weibl., aus dem ahd. »willo« (Wille) und »gund« (Kampf). *Weitere Formen:* Wilgunde

Wilhard männl., aus dem ahd. »willo« (Wille) und »harti« (hart).

Weitere Formen: Willard, Willhart, Willehard, Willard (engl.); Willaert (niederländ.); Guillard (französ.)

Wilhelm männl., aus dem ahd. »willo« (Wille) und »helm« (Helm, Schutz). Der Heilige Wilhelm von Aquitanien (8./9. Jh.) war frühes Namensvorbild, aber auch die Sagengestalt des Wilhelm von Orange. Wilhelm war auch der Name vieler deutscher Fürsten und nicht zuletzt auch Kaiser- und Königsname. Die Sagengestalt des »Wilhelm Tell« und Goethes »Wilhelm Meister« trugen ebenfalls dazu bei, dass Wilhelm im 19. Jh. der beliebteste Vorname war. *Weitere Formen:* Willehalm, Will, Willi, Willy, Wilm, Wim; Helm, Helmke, Wilko, Wilke, Wilken (fries.); Wellem (rhein.); Willem (niederländ.); William, Bill (engl.); Guillaume (französ.); Guglielmo (italien.); Guillermo (span.); Vilém (tschech.); Vilmos (ungar.). *Bekannte Namensträger:* Wilhelm Grimm, deutscher Philologe, Sagen- und Märchenforscher; Wilhelm von Humboldt, deutscher Kulturpolitiker und Sprachforscher; Wilhelm Hauff, deutscher Schriftsteller; Wilhelm Busch, deutscher Humorist; Wilhelm Raabe, deutscher Schriftsteller; Wilhelm II., letzter deutscher Kaiser; Wilhelm C. Röntgen, deutscher Physiker; Wilhelm Furtwängler, deutscher Dirigent; Wilhelm Kempff, deutscher Pianist; Wilhelm Backhaus, deutscher

Pianist. *Namenstag:* 1. Januar, 10. Januar, 28. Mai

Wilhelma weibl. Form von Wilhelm. *Weitere Formen:* Elma, Minna, Mina, Minja, Mine, Miggi, Wilma, Wilhelmina, Wilhelmine, Helmina; Wellemina (rhein.); Wilma, Willa (engl.); Guglielmina (italien.); Guillerma (span.); Vilema (tschech.); Vilma (ungar.)

Wilhelmina, Wilhelmine weibl., Nebenformen von Wilhelma. *Bekannte Namensträgerin:* Wilhelmine, Königin der Niederlande

Wilke männl., fries. Form von Wilhelm

Wilken männl., fries. und engl. Form von Wilhelm

Wilko männl., fries. Form von Wilhelm

Will männl., Kurzform von Vorn. mit »Wil-« oder »Will-«. *Bekannter Namensträger:* Will Quadflieg, deutscher Schauspieler

Willa weibl., engl. Form von Wilhelma und Kurzform von Vorn. mit »Wil-«. *Weitere Formen:* Wilja

Willard männl., Nebenform von Wilhard

Willbrecht männl., Nebenform von Wilbert

Willehad männl., aus dem ahd. »willo« (Wille) und »hadu« (Kampf)

Willehalm männl., Nebenform von Wilhelm

Willem männl., niederländ. Form und Kurzform von Wilhelm. *Bekannter Namensträger:* Willem Dafoe, amerikan. Schauspieler

Willerich männl., aus dem ahd. »willo« (Wille) und »rihhi« (reich, mächtig)

Willi männl., Kurzform von Wilhelm. *Bekannter Namensträger:* Willi Fritsch, deutscher Schauspieler; Willi Daume, deutscher Sportfunktionär

William männl., engl. Form von Wilhelm. *Bekannte Namensträger:* William Shakespeare, engl. Schriftsteller; William Booth, Gründer der Heilsarmee; William Somerset Maugham, engl. Schriftsteller; William Faulkner, amerikan. Schriftsteller; William Count Basie, afroamerikan. Jazzmusiker; William Hurt, amerikan. Schauspieler und Oscarpreisträger

Willibald männl., aus dem ahd. »willo« (Wille) und »bald« (kühn). *Namenstag:* 7. Juli

Willibernd männl., Doppelname aus Willi und Bernd

Willigis männl., aus dem ahd. »willo« (Wille) und »gisal« (Geisel). *Weitere Formen:* Willegis, Willeger. *Bekannter Namensträger:* Heiliger Willigis, Erzbischof von Mainz. *Namenstag:* 23. Februar

Willimar männl., aus dem ahd. »willo« (Wille) und »mari« (berühmt). *Weitere Formen:* Wilmar

Willram männl., aus dem ahd. »willo« (Wille) und »hraban« (Rabe)

Willy männl., Koseform von Wilhelm. *Bekannte Namensträger:* Willy Forst, deutscher Schauspieler; Willy Messerschmitt, deutscher Flugzeugkonstrukteur; Willy Brandt, deutscher Politiker; Willy Bogner, ehemaliger Skiläufer, Unternehmer und Filmemacher

Wilm männl., Kurzform von Wilhelm

Wilma weibl., deutsche und engl. Kurzform von Wilhelmina

Wilmont männl., aus dem ahd. »willo« (Wille) und »munt« (Schutz der Unmündigen)

Wilmut männl., aus dem ahd. »willo« (Wille) und »muot« (Sinn, Geist). *Weitere Formen:* Willmut

Wilrun weibl., aus dem ahd. »willo« (Wille) und »runa« (Geheimnis)

Wiltraud weibl., aus dem ahd. »willo« (Wille) und »trud« (Kraft, Stärke). *Weitere Formen:* Wiltrud. *Namenstag:* 6. Januar, 30. Juli

Wim männl., Kurzform von Wilhelm. *Bekannte Namensträger:* Wim Thoelke, deutscher Fernsehunterhalter; Wim Wenders, deutscher Filmregisseur

Wina weibl., Kurzform von Winfrieda

Winald männl., aus dem ahd. »wini« (Freund) und »waltan« (walten, herrschen)

Winand männl., aus dem ahd. »wig« (Kampf) und »nendan« (kühn, wagemutig). *Weitere Formen:* Wienand, Wignand

Winemar männl., aus dem ahd. »wini« (Freund) und »mari« (berühmt). *Weitere Formen:* Winmar, Wimmer, Wemmer

Winfried männl., aus dem ahd. »wini« (Freund) und »fridu« (Friede). *Weitere Formen:* Winfred (engl.). *Namenstag:* 3. November

Winfrieda weibl. Form von Winfried

Wingolf männl., erster Namensbestandteil unklar. zweiter Bestandteil ahd. »wolf« (Wolf), oder aus dem altnord. »vingolf« (Freundeshalle)

Winibald männl., aus dem ahd. »wini« (Freund) und »bald« (kühn)

Winibert männl., aus dem ahd. »wini« (Freund) und »beraht« (glänzend)

Winifred weibl., wahrscheinlich engl. Form von Winfrieda oder angelsächs. Form von Gwenfrewi, zu walis. »guen« (weiß, heilig) und »frewi« (Versöhnung). *Weitere Formen:* Winfrida, Winnie. *Namenstag:* 3. November

Winimar männl., aus dem ahd. »wini« (Freund) und »mari« (berühmt)

Winnetou männl., Phantasiename K. Mays für einen Indianerhäuptling; vom indianischen »wintu« (Indianer). Vom Amtsgericht Darmstadt 1974 zugelassen

Winnie weibl., Kurzform von Vorn. mit »win«

Winona weibl., angloamerikan. Vorname indianischen Ursprungs, »erstgeborene Tochter«. *Bekannte Namensträgerin:* Winona Ryder, amerikan. Schauspielerin

Winold männl., fries. Form von Winald. *Weitere Formen:* Winolt, Winno

Winrich männl., aus dem ahd. »wini« (Freund) und »rihhi« (reich, mächtig)

Winston männl., engl. Vorn., nach dem gleich lautenden Ortsnamen, aus dem Altengl., »aus des Freundes Stadt«. *Bekannter Namensträger:* Winston Churchill, engl. Staatsmann

Wintrud weibl., aus dem ahd. »wini« (Freund) und »trud« (Kraft, Stärke)

Wipert männl., Nebenform von Wigbert

Wippold männl., Nebenform von Wigbald. *Weitere Formen:* Wigbold

Wiprecht männl., Nebenform von Wigbrecht

Wisgard weibl., aus dem ahd. »wisi« (weise) und »gard« (Schutz)

Wisgund weibl., aus dem ahd. »wisi« (weise) und »gund« (Kampf)

Wismut weibl., aus dem ahd. »wisi« (weise) und »muot« (Sinn, Geist)

Wissia weibl., Kurzform von Aloisia

Witiko männl., Kurzform von Vorn.

mit »Wit-« oder »Wid-«. Der Name wurde durch den gleichnamigen Roman von A. Stifter bekannt. *Weitere Formen:* Wittiko, Wedigo

Wito männl., Kurzform von Vorn. mit »Wit-«

Witold männl., aus dem ahd. »witu« (Wald, Gehölz) und »waltan« (walten, herrschen). *Weitere Formen:* Widuwalt, Widold, Widolt, Witold (poln.)

Witta weibl., Kurzform von Vorn. mit »Wit-«. *Bekannte Namensträgerin:* Witta Pohl, deutsche Schauspielerin

Wittekind männl., Nebenform von Widukind

Wladimir männl., russ., zu slaw. »vlast« (Macht) und russ. »mir« (Friede). *Bekannter Namensträger:* Wladimir Iljitsch Lenin, russ. Politiker. *Namenstag:* 15. Juli

Wladislaw männl., slaw. Form von Ladislaus

Woldemar männl., Nebenform von Waldemar

Wolf männl., selbstständige Kurzform von Vorn. mit »Wolf-«. *Weitere Formen:* Wulf. *Bekannte Namensträger:* Wolf Biermann, deutscher Schriftsteller und Liedermacher; Wolf von

Lojewski, deutscher Nachrichtenredakteur

Wolfbert männl., Neubildung aus Wolf und Vorn. mit »-bert« (aus dem ahd. »beraht«, glänzend)

Wolfdieter männl., Doppelname aus Wolf und Dieter

Wolfdietrich männl., Doppelname aus Wolf und Dietrich. *Weitere Formen:* Wulfdietrich, Wolfdieter. *Bekannter Namensträger:* Wolfdietrich Schnurre, deutscher Schriftsteller

Wolfer männl., Kurzform von Wolfhard

Wolfgang männl., aus dem ahd. »wolf« (Wolf) und »ganc« (Waffengang, Streit). Durch die Verehrung des Heiligen Wolfgang, Bischof und Schutzpatron von Regensburg, war der Vorname im Mittelalter vor allem in Süddeutschland und Österreich beliebt. In der Neuzeit waren Wolfgang Amadeus Mozart und Wolfgang von Goethe Namensvorbilder. *Weitere Formen:* Wolf, Olf. *Bekannte Namensträger:* Johann Wolfgang von Goethe, deutscher Dichter; Wolfgang Amadeus Mozart, österr. Komponist; Wolfgang Borchert, deutscher Schriftsteller; Wolfgang Neuß, deutscher Kabarettist. *Namenstag:* 31. Oktober

Wolfger männl., aus dem ahd. »wolf« (Wolf) und »ger« (Speer)

Wolfgund weibl., aus dem ahd. »wolf« (Wolf) und »gund« (Kampf)

Wolfhard männl., aus dem ahd. »wolf« (Wolf) und »harti« (hart)

Wolfhelm männl., aus dem ahd. »wolf« (Wolf) und »helm« (Helm, Schutz)

Wolfhild weibl., aus dem ahd. »wolf« (Wolf) und »hiltja« (Kampf). *Weitere Formen:* Wolfhilde, Wulfhild, Wulfhilde; Ulfhild (schwed.)

Wolfrad männl., aus dem ahd. »wolf« (Wolf) und »rat« (Ratgeber)

Wolfram männl., aus dem ahd. »wolf« (Wolf) und »hraban« (Rabe). *Bekannter Namensträger:* Wolfram von Eschenbach, deutscher Dichter. *Namenstag:* 20. März

Wolfried männl., aus dem ahd. »wolf« (Wolf) und »fridu« (Friede). *Weitere Formen:* Wolfrid

Wolfrun weibl., aus dem ahd. »wolf« (Wolf) und »runa« (Geheimnis)

Wolodja männl., russ. Form von Waldemar

Wolter männl., niederd. Form von Walter

Woody männl., angloamerikan. Koseform von Vorn. mit »wood«, z. B. Woodrow, altengl., »der vom Waldrand«. *Bekannter Namensträger:* Woody Allen, amerikan. Filmregisseur und Schauspieler

Wout männl., niederländ. Kurzform von Walter

Wouter männl., niederländ. Form von Walter

Wunibald männl., aus dem ahd. »wunna« (hohe Freundschaft) und »bald« (kühn). *Weitere Formen:* Wunnibald, Winnibald. *Namenstag:* 18. Dezember

Wunibert männl., aus dem ahd. »wunna« (hohe Freundschaft) und »beraht« (glänzend)

Wunna weibl., aus dem ahd. »wunna« (hohe Freude)

Wyneken männl., fries. Form von Winand. *Weitere Formen:* Wyn, Wyne, Wynand

X

Xander männl., rätoroman. Form von Alexander

Xandra weibl., rätoroman. Form von Alexandra

Xaver männl., span., eigentlich der verselbständigte Beiname des Heiligen Franz Xaver. Er erhielt den Beinamen nach seinem Geburtsort, dem Schloss Xavier (Javier) in Navarra (Spanien). Der Heilige Franz Xaver (16. Jh.) hat den Jesuitenorden mitbegründet und wirkte als Apostel in Asien. Durch seine Verehrung war der Name vor allem in Süddeutschland verbreitet. *Weitere Formen:* Xavier, Javier (engl., französ.). *Bekannte Namensträger:* Franz Xaver, Mitbegründer der Jesuiten; Franz Xaver von Baader, deutscher Philosoph; Franz Xaver Gabelsberger, Erfinder der Stenografie; Franz Xaver Kroetz, deutscher Schriftsteller und Schauspieler. *Namenstag:* 3. Dezember

Xaveria weibl. Form von Xaver. *Weitere Formen:* Xavera, Xaviera

Xavier männl., engl. und französ. Form von Xaver

Xenia weibl., Kurzform von Polyxenia (griech. die Fremde, der Gast). *Weitere Formen:* Xena, Xenja, Xeniya. *Bekannte Namensträgerin:* Heilige Xena von Rom (5. Jh.)

Xenos männl., aus dem griech. »xenos« (fremd). *Weitere Formen:* Xeno (engl.)

Xerxes männl., griech. Form eines pers. Königsnamens. *Weitere Formen:* Xerus, Xeres (engl.); Ahasver (hebr.)

Xochil weibl., mexikanisch »Die Blume«

Xylon männl., aus dem griech. »xylon« (Holz)

Yale männl., engl. Form von den fries. Vorn. Yale, Jale, Jele, auf das ahd. »geil« (übermütig, ausgelassen) zurückgehend

Yan männl., Kurzform von Yanneck. *Weitere Formen:* Yann

Yanneck männl., schweiz. Form des breton. Vorn. Yannic, einer Nebenform von Johannes. *Weitere Formen:* Yannick, Yannik, Yanik. *Bekannter Namensträger:* Yannick Noah, französ. Tennisspieler

Yasmin weibl., Nebenform von Jasmin. *Weitere Formen:* Yasmine, Yasmina

Yente weibl., Ableitung aus dem italien. »gentile« (freundlich, höflich) sowie die weibl. Variante des jiddischen Vornamens Yentl

Yolande weibl., französ. und engl. Form von Jolanthe. *Weitere Formen:* Yolanda, Yola

York männl., dän. Form von Georg, auch engl. Ortsname und engl. Herzogtitel. *Weitere Formen:* Yorck, Yorrick, Yorick

Yule männl., schott. und nordengl. Vorn., der auf »yule« (Weihnachten, Mittwinterfest) zurückgeht

Yusuf männl., arab. Vorname analog zu Joseph. *Weitere Formen:* Yousef, Yossef, Yosef. *Bekannter Namensträger:* Yusuf Islam, früher Cat Stevens, brit. Sänger

Yvan männl., Nebenform von Iwan

Yves männl., aus dem Französ. übernommener Vorn., der auf die altfranzös. Ritternamen Ive, Ivon und Ivo zurückgeht. *Bekannte Namensträger:* Yves Montand, französ. Schauspieler; Yves Saint Laurent, französ. Modeschöpfer

Yvette weibl. Form von Yves. *Weitere Formen:* Yvetta

Yvo männl., Nebenform von Yves. *Weitere Formen:* Yvon

Yvonne weibl. Form von Yvo. *Weitere Formen:* Ivonne, Nonna

Zacharias männl., aus der Bibel übernommener Vorn. hebr. Ursprungs, »Jahwe (Gott) hat sich meiner erinnert«. Der Name geht zurück auf den Vater von Johannes dem Täufer, der wegen seines Zweifels an der Engelbotschaft mit Stummheit gestraft wurde und seine Sprache erst nach der Geburt von Johannes wieder erlangte. *Weitere Formen:* Zachäus; Zacharie (französ.); Zaccaria (italien.); Zachariah, Zachary, Zachery (engl.); Sachar (russ.). *Bekannte Namensträger:* Zacharias Werner, deutscher Dramatiker; Zachery Ty Bryan, amerik. Schauspieler; Papst Zacharias. *Namenstag:* 15. März

Zacharie männl., französ. Form von Zacharias

Zachäus männl., Nebenform von Zacharias

Zadok männl., aus der Bibel übernommener Vorn. hebr. Ursprungs, »der Gerechte«. *Bekannte Namensträger:* biblische Gestalt des jüdischen Priesters Zadok im Alten Testament

Zaid männl., arab. »der Glückliche«

Zaira weibl., arab. »die Blume«

Zala weibl. Form von Zalo. *Weitere Formen:* Zalona

Zalo männl., bulgar., »gesund, heil«

Zalona weibl., bulgar., »die Gesunde«

Zammert männl., fries. Form von Dietmar

Zander männl., rätoroman. Form von Alexander. *Weitere Formen:* Sander, Saunder (engl.), Sandro (italien.), Sándor (ungar.). *Bekannte Namensträger:* Sander Kleinenberg, niederländ. DJ und Musikproduzent; Sander L. Gilman, amerik. Historiker

Zarah weibl., Nebenform von Sarah. *Weitere Formen:* Zara; Zehra (türk.). *Bekannte Namensträgerin:* Zarah Leander, schwed. Schauspielerin und Sängerin. *Namenstage:* 13. Juli, 9. Oktober

Zarin männl., bulgar., »Zar, Herrscher«. *Weitere Formen:* Zarjo

Zarina weibl. Form von Zarin. *Bekannte Namensträgerin:* Zarina Bhimji, brit. Künstlerin indischer Abstammung

Zäzilie weibl., Nebenform von Cäcilie. *Weitere Formen:* Zäzilia

Zdenka weibl., tschech. Form von Sidonia. *Bekannte Namensträgerin:* Zdeňka Baldová, tschechische Schauspielerin

Zdenko männl., tschech. Form von Sidonius. *Bekannter Namensträger:* Zdenko Kožul, kroatischer Schachmeister

Zefyrinus männl., griech. »sanft wie der Westwind«

Zelda weibl., engl. Form von Griselda

Zella weibl., Kurzform von Marzella

Zelma weibl., engl. und amerikan. Form von Selma

Zena weibl., Nebenform von Zenobia

Zenab weibl., engl. Form von Zenobia

Zenaida, Zenaide weibl., französ. Form von Zenobia. Auch Gattungsname verschiedener Taubenarten

Zeno männl., griech. Kurzform eines Vorn. mit »Zeno« (Zeus). Verschiedene griech. Philosophen trugen diesen Namen. Durch die Verehrung des Heiligen Zeno, Bischof von Verona (4. Jh., Schutzpatron der Opfer von Überschwemmungen und Wasserschäden sowie von Kindern, die schlecht Gehen und Sprechen lernen) war der Name vor allem in Bayern, Tirol und am Bodensee verbreitet. *Weitere Formen:* Zenobio, Zenobius, Zenon. *Bekannte Namensträger:* Zeno Stanek, österr. Regisseur; Michael Zeno Diemer, deutscher Maler. *Namenstag:* 12. April

Zenobia weibl. Form von Zenobio. Die Königin Zenobia machte Palmyra in Syrien im 3. Jh. zu einem Zentrum der Kultur, wurde dann aber besiegt und nach Rom gebracht. *Weitere Formen:* Zena, Zenobia, Zenab, Zenaida, Zizi (engl.); Zenobie, Zenaide (französ.); Zenovia (russ.). *Namenstag:* 12. April

Zenobie weibl., französ. Form von Zenobia

Zenobio, Zenobius männl., Nebenformen von Zeno

Zenon männl., Nebenform von Zeno. *Bekannte Namensträger:* Zenon Veronese, italien. Maler; Robert Frederick Zenon Geldorf, irischer Musiker, Künstlername Bob Geldorf

Zenovia weibl., russ. Form von Zenobia

Zenta weibl., Kurzform von Innozentia, Kreszentia oder Vinzenta

Zenz männl., Kurzform von Innozenz, Kreszenz oder Vinzenz. *Weitere Formen:* Zenzi; weibl. Kurzform von In-

Z nozentia, Kreszentia oder Vinzenta; eindeutiger Zweitname erforderlich

Ziena weibl., fries. Kurzform von Vorn. mit »-cina« oder »-sina«, vor allem von Gesina. *Weitere Formen:* Zientje, Zina, Zinske, Zinskea

Zilla weibl., Kurzform von Cäcilie. *Weitere Formen:* Zilli, Zilly. Zilla ist der Name einer biblischen Person in der Bibel im Buch Genesis

Zinnia weibl., neuer engl. Vorn., an eine Pflanzengattung (mexikan. Gattung der Korbblütler) angelehnt

Zippora weibl., hebr., »Vögelchen«. Zippora ist in der Bibel die Ehefrau von Moses

Ziska weibl., Kurzform von Franziska. *Weitere Formen:* Zissi, Zissy. *Bekannte Namensträgerin:* Ziska Riemann, deutsche Comiczeichnerin und Drehbuchautorin

Ziskus männl., Kurzform von Franziskus

Zita weibl., Kurzform von Felizitas (Glück) oder aus dem italien. »zita« (Mädchen, junges Ding). Die Heilige Zita von Lucca (Italien) wird auf Grund ihrer Wohltätigkeit verehrt und ist Patronin der Hausangestellten. *Namenstag:* 27. April

Ziya männl., arab. »Glanz«

Zizi weibl., engl. Kurzform von Zenobia

Zlatko männl., slaw. Kurzform von Vorn. mit »Zlato-« (Gold, golden)

Zoe weibl., griech., »Leben«. *Weitere Formen:* Zoi, Zoë, Zoé; Zoa (span.). *Namenstage:* 14. Januar, 2. Mai

Zofia weibl., poln. Form von Sophia

Zoltán männl., ungar., »Sultan«. *Bekannter Namensträger:* Zoltán Kodály, ungar. Komponist

Zora weibl., Nebenform von Aurora (Morgenröte, Sonnenaufgang)

Zwaantje weibl., fries. Form von Vorn. mit »swan« oder »schwan«. *Weitere Formen:* Zwanette. *Namenstag:* 27. August

Zygmond männl., ungar. Form von Siegmund. *Weitere Formen:* Zygmunt (poln.)

Zyprian männl., Nebenform von Cyprian. *Weitere Formen:* Zyprianus

Der schönste Name für Dich
Für Ihre Notizen

Der schönste Name für Dich
Für Ihre Notizen

Der schönste Name für Dich
Für Ihre Notizen

Der schönste Name für Dich
Für Ihre Notizen

Der schönste Name für Dich
Für Ihre Notizen

Der Text dieses Buches entspricht den Regeln
der neuen deutschen Rechtschreibung

ISBN 978-3-8094-2249-5

© 2008 by Bassermann Verlag, einem Unternehmen der Verlagsgruppe
Random House GmbH, 81673 München

Die Verwertung der Texte und Bilder, auch auszugsweise, ist ohne
Zustimmung des Verlags urheberrechtswidrig und strafbar.
Dies gilt auch für Vervielfältigungen, Übersetzungen, Mikroverfilmung
und für die Verarbeitung mit elektronischen Systemen.

Umschlaggestaltung: Atelier Versen, Bad Aibling
Grafiken: Daphne Patellis, München
Redaktion dieser Auflage: Anja Halveland
Herstellung: Sonja Storz

Die Ratschläge in diesem Buch sind von der Autorin und vom Verlag
sorgfältig erwogen und geprüft, dennoch kann eine Garantie nicht
übernommen werden. Eine Haftung der Autorin bzw. des Verlags und
seiner Beauftragten für Personen-, Sach- und Vermögensschäden ist
ausgeschlossen.

Satz: Filmsatz Schröter, München
Druck: Těšínská tiskárna, Český Těšín

Printed in the Czech Republic

817 2635 4453 6271